古越遗珍研究

王结华　毛　颖　刘丽文　著

科学出版社
北　京

内 容 简 介

越王剑、会稽镜和越窑瓷是商周至唐宋时期越地人民创造的物质文化的典型代表。本书通过对越王剑、会稽镜和越窑瓷的综合研究，力图梳理出这些古越遗珍的渊源关系，还原出这些古越遗珍的历史原貌，并进而揭示出它们的精神价值和文化内涵。

本书可供吴越文化及相关学科研究者参考使用，亦可供广大文物爱好者和收藏者参阅鉴赏。

图书在版编目（CIP）数据

古越遗珍研究／王结华，毛颖，刘丽文著. —北京：科学出版社，2010.9

ISBN 978-7-03-028815-8

I. ①古… Ⅱ. ①王… ②毛… ③刘… Ⅲ. ①文化史－研究－华东地区 Ⅳ. ①K295

中国版本图书馆CIP数据核字（2010）第168325号

责任编辑：宋小军　杨明远／责任校对：陈玉凤
责任印制：赵德静／装帧设计：北京美光制版有限公司

科学出版社出版
北京东黄城根北街16号
邮政编码：100717
http://www.sciencep.com

文物出版社印刷厂 印刷
科学出版社发行　各地新华书店经销
*
2010年9月第 一 版　开本：787×1092　1/16
2017年7月第二次印刷　印张：14 3/4
字数：335 000

定价：180.00元

（如有印装质量问题，我社负责调换）

序

于越民族在中华民族的发展史上，是一个有着鲜明民俗特征和独特文化内涵的民族，千百年间，他们在浙江这块美丽富饶的土地上，以其特有的文化渊源，营造出富有自己特色的文化类型，其所创造的灿烂的物质文化和精神文化，对中国古代文明的发展作出了卓越的贡献。稽山鉴水，峰峦叠嶂；古越大地，朝霞夕晖。扑朔迷离的越国历史，底蕴深厚的越地文化，是中华文明宝库中一颗璀璨的明珠。越王剑、会稽镜、越窑瓷……这些凝聚着越人智慧和民族精神的物质代表，使人向往，令人陶醉。

如今，一本厚厚的、散发着浓郁墨香的《古越遗珍研究》书稿已放在了我的桌上，这是王结华同志与其曾经的同事毛颖女士和刘丽文女士历时三载完成的学术论著。字里行间，流露出几位作者对古越文化的无限眷恋；广征博引，更表明了作者对学术的孜孜追求。捧读再三，爱不释手。

本书作者之一王结华同志原在江苏镇江博物馆工作，六年前调至浙江省宁波市文物考古研究所。来甬工作后，在忙忙碌碌的行政和业务工作之余，也对古越和越地文化产生了极大的兴趣，并开始潜心研究，笔耕不辍。一分耕耘，一分收获，经过短短的几年努力，如今终有大成，合作撰写出了这样一本综合反映古越遗珍历史价值的学术专著，为古越文化和越地文化的研究献上了一份学术盛宴！我深为几位作者持之以恒的学术追求精神所感动，佩服他们在《古越遗珍研究》中凝聚的心血和付出的艰辛，也为他们在《古越遗珍研究》中所取得的成就感到由衷的欢欣和鼓舞。

青铜剑确实是古越人创造的最具代表性的物质文化，是越文化中的精髓内容。特别是以越王剑为典范的具王铭青铜剑，代表了越国青铜文化的最高水平，是研究和揭示越国青铜文化不可或缺的重要内容。《古越遗珍研究》一书在搜集整理出土越王剑和其他越国青铜剑材料的基础上，对越王剑的铭文书体、铭文内容、铭文特征、铭文成型工艺、铸造技术以及越国青铜剑的起源、演变与发展和越国青铜剑对其他地区的影响等方面，进行了多视角全方位的综合梳理与深入研究。有材料，有归纳，有分析，有观点，可以认为，这是我所见到的最为系统、最为详尽地研究越国青铜剑的学术著作。

考古学文化是在一定的时间和一定的地点，由一定的人群所创造的物质文化和精神文化。从研究内容上看，《古越遗珍研究》将越王剑、会稽镜、越窑瓷这三种不同时期的物质遗存，作为最具典型性的古越物质文化进行研究，显然超出了考古学研究的越文化时空概念，已属于越地文化研究的范畴。然而，由于某一民族或社会团体在某一历史时期所产生的一种文化，并不会因其政治或社会实体的消失而完全消失，它必然会对当地一定时空范围内的后续文化产生深远的影响。因此，这种泛文化式的研究也自有它的特殊意义，可以更加深刻地揭示一种文化，或以一种物质文化为载体的民族精神的某种传承和发展，更可表现出文化背后所蕴藏着的伟大民族精神的经久不衰。譬如，汉六朝时期，特别是当魏晋南北朝时因北方地区的铜镜铸造质量下降、品种不多、很少创新，甚至于西晋末年后几乎濒临瘫痪，而被称为铜镜发展史上的中衰期的时候，以会稽山阴为代表的南方地区却成为著名的铸镜中心，以其独具特色的画像镜、神兽镜、龙虎镜等镜类和多姿多彩的私家作坊名号镜等为这一时期的铜镜发展史书写了重要的篇章。而此时会稽镜的异军突起、闻名中外，当与此前越国时期高超的青铜剑制作技术有着千丝万缕的联系，应该是古越遗民在不同历史时期对冶铸技术新的杰出贡献；再如越窑青瓷与商周时期越地的原始瓷。原始瓷是于越民族的伟大发明与创造，也是于越民族具有特征性的文化内涵，而东汉以后出现的成熟青瓷，无疑是由原始青瓷直接发展而成，是原始瓷生产技术不断精进与提高的必然结果。可以这样认为，没有商周时期于越人创烧的原始瓷，就不可能产生汉六朝时期的成熟青瓷，更不会出现有“千峰翠色”之美誉的唐宋越窑青瓷。汉以后至唐宋越窑青瓷在原先古越大地上不断发展与大放异彩，正是生活在这块土地上的于越后人对传统制瓷文化不断创新与提高的一种体现。因此，把商周时期的青铜剑与后来的会稽镜，把商周时期的原始瓷与后来的越窑瓷作为越地典型的传统文化进行联系研究，更能体现出古越文化的渊远与流长；将越文化与越地文化联系研究，也更能揭示出古越文化的迷人魅力和越地深厚的文化底蕴，更能弘扬我们优秀的民族文化，激发我们的民族自豪感。这正是《古越遗珍研究》一书在写作思路上非常值得肯定的地方。另外，本书作者对于许多重要的学术问题，也在综合研究分析的基础上，大胆地提出了自己的见解，具有鲜明的学术观点。这些认识与观点，不少是真知灼见，有的虽然可能为一家之言，但也不乏闪光点，其学术勇气尤其值得肯定。

说实在的，我对书中所涉内容多无系统研究，也从未为人写序，只是结华同志再三希望我为他们的大作作序，实在难以推辞，只好勉而为之，写上几句。唯愿几位作者在今后古越文化研究的道路上越走越远，也愿《古越遗珍研究》一书在古越文化研究中产生越来越大的影响，发挥越来越大的作用。

陈元甫

二〇〇九年六月于杭州寓所

目录

导论

在中华文明的历史长河中，绍兴绝对是不容忽视的重要一环；在中华民族的历史舞台上，绍兴也同样是不可或缺的重要一章。古代绍兴既是当年越国的都城、会稽的郡治和越州的首府，又是闻名遐迩的越王剑的渊薮之地、会稽镜的制作中心和越窑瓷的主要产区。考古发现与文献记载表明，以古代绍兴为核心的浙东宁绍平原一带人类活动与文明演进的历史迄今已近万年，从史前时代区系文化的自成一家，到商周时期青铜文化的风骚擅领，再到秦汉以降地域文化的异彩纷呈，这里有着相对完整清晰而又特色独具的文化发展脉络和文化嬗变轨迹。千百年间，生活在这片美丽沃饶的土地上的古代于越族群及其后裔，与历史上不同时期陆续迁入的各地移民一道，共同创造了光辉灿烂、流传不息的物质文明与精神财富。

于越，又作於越、大越，简称为越。越的起源，历来纷争不一，未有定论，史籍所见于越的历史最早可以追溯到夏，确凿可信的越国的历史则始于越王允常，即春秋时期。《史记·越王句践世家》云："越王句践，其先禹之苗裔，而夏后帝少康之庶子也。封于会稽，以奉守禹之祀……后二十余世，至于允常。允常之时，与吴王阖闾战而相怨伐。允常卒，子句践立，是为越王。"又《史记正义》引《舆地志》："越侯传国三十余叶，历殷至周敬王时，有越侯夫谭，子曰允常，拓土始大，称王，《春秋》贬为子，号为於越。"越之疆域，初建时仅统辖以余望山（今绍兴附近）为中心的周边地区，春秋中晚期后越王允常"拓土始大，称王"。允常在位60余年，此后句践继位，《国语·越语上》记其时疆土为"句践之地，南至于句无，北至于御儿，东至于鄞，西至于姑蔑，广运百里。"据考，句无、御儿、鄞及姑蔑即今诸暨、嘉兴、鄞县（宁波市鄞州区）、龙游一带，范围大致包括现在的杭嘉湖地区、宁绍平原和金衢地区，并以太湖与吴为界[1]。句践囚吴归越时，"吴封百里于越，东至炭渎，西至周宗，南造于山，北薄于海"（《吴越春秋》），《越绝书》记为"东西百里"，其时疆域大约在钱塘江及其上游浦阳江南岸，包括今萧山、诸暨的一部分和山阴、会稽等于越部族的聚居中心。不久，吴王夫差又增越封地，《吴越春秋》卷八载："东至于句甬，西止于檇李，南至于姑末，北至于平原，纵横八百余里。"至句践平吴称霸、迁都琅琊后，越尽占吴故地，东至东海，北至齐鲁，西到淮河流域与长江中游，南到江西乃至福建北部，越国疆域达到鼎盛时期。

1 《尔雅》："吴越之间有具区。"

句践之后，越王朱句“灭滕”“灭郯”（《古本竹书纪年》），越王翳“灭缯”（《战国策·魏四》），越之疆域在山东仍有扩展。然“翳三十三年，迁于吴”“粤子无颛薨，后十年，楚伐徐州”（《古本竹书纪年·魏纪》），越在山东的势力被逐步削弱，江淮之地也因楚的扩张难以保全，不得不迁都至江南吴地。此后又因连续发生“越人三弑其君”事件（《庄子·让王》），越国国势日趋衰微。《史记·越王句践世家》载公元前333年越王无彊时，“楚威王兴兵伐之，大败越，杀王无彊，尽取故吴地至浙江”。彼时越的疆域已一分为二，北方仍局促于山东琅琊一带，从无彊之子之侯到亲共历三代；南方则为浙东宁绍平原地区，即后来的山阴、会稽、诸暨、萧山、上虞、嵊县、新昌和余姚、慈溪、鄞县一带。公元前262～前252年间，楚考烈王并吞琅琊，“楚伐之，走南山”（《越绝书》卷八），北方越民渐次回迁浙东故土，但浙南山区、江西和福建的北部仍属越国的势力范围。秦王政二十五年（公元前222年），秦始皇使大将王翦平定江南，越君降秦，越国至此彻底消失在历史的舞台之上。越自立国至灭亡，前后延续凡一千八百余年，其间越人不仅谱写过“卧薪尝胆”的历史佳话，同时还创造了高度发达的青铜文明，尤其是以越王句践剑、越王者旨於睗剑、越王州句剑等具王铭兵器为代表的越国青铜兵器精良绝伦、举世无匹，在群星璀璨的中国古代青铜文化星河中焕发出炫目的光辉。

王翦平定江南，降百越之君后，秦以故吴越地设会稽郡，辖区北至长江南岸，南至今浙江衢州、金华、奉化一带，东至大海，西至今安徽芜湖、宁国、屯溪一线，辖有吴、曲阿、乌伤、毗陵、余暨、阳羡、诸暨、无锡、山阴、丹徒、余姚、娄、上虞、海盐、剡、由拳、大末、乌程、句章、余杭、鄞、钱塘、鄮、富春、治、回浦二十六县，郡治在吴（今江苏苏州），曾经是越国政治、经济和文化中心的绍兴不过是会稽全郡所辖二十六县中一个小小的山阴县而已。由于政治中心北移，于越部族流散，地域人口减少，生产趋于停滞，秦至西汉时期的宁绍平原一带社会与经济发展缓慢，越国故都绍兴（山阴）人口最多不过四万人，被《史记·货殖列传》描述为“地广人稀”之所，成为关东人口稠密地区移民的目的地之一[1]。

东汉初年，由于“天下新定，道路未通，避乱江南者皆未还中土，会稽颇称多士。”[2]由于官僚地主举族入迁，显璜士庶接踵而来，会稽遂又“民物殷阜，王公妃主，邸舍相望”[3]，一改之前“地广人稀”的落后面貌。同时，人口的增加特别是士人的入迁也带来了生产力的提高、经济的增长和文化的繁荣。东汉顺帝永建四年（129年），吴、会分治[4]，会

1 《通典》卷一《食货·田制上》：“至武帝，遂徙关东贫人于陇西、北地、西河、会稽。”

2 《后汉书》卷七十六《循吏列传·任延传》，中华书局，1974年。

3 《宋书》卷五十七《蔡廓传》，中华书局，1974年。

4 《后汉书·孝顺皇帝纪》。

稽郡大体以钱塘江为界分为吴、会二郡，会稽郡治迁至山阴，领辖山阴、余姚、上虞、剡、诸暨、余暨、句章、鄮、鄞、大末、乌伤、章安、永宁、东侯官十四县，广有今浙江省钱塘江、富春江、衢江以东及福建全省之地。政治地位的提升必然推动经济发展的提速，作为会稽郡治所在的山阴开始迈入了一个新的发展时期。据记载，分治后仅十二年的永和五年（140年），会稽郡守马臻即主持了鉴湖围堤工程：以郡城为中心，筑堤塘长达127里，在会稽山麓线以北、郡城以南筑成一片面积超过二百平方公里的人工湖泊，即鉴湖[1]。湖周广三百五十多里，灌溉良田九千余顷，对当地的农业生产和经济发展起到了重要的促进作用，会稽也由此一跃成为当时越窑青瓷的首创之地和铜镜工艺的制作中心。

东汉末季至三国之初，中原动乱，北人南向，遗黎播迁，会稽一带再度成为北方流民的重要移居地，孙吴政权中的许多官吏即多从江北南渡，著名的有张昭、全琮、周瑜、鲁肃、诸葛瑾、步骘、严畯等。同时，孙吴还不断向土著山越发起进攻，强令居住在深山的山越人和南逃的汉人迁入平原，编入户籍或征入行伍。会稽郡的人口借此得到较大幅度增长，尤其是南迁的北方士人带来了中原地区先进的生产经验和生产技术，对本地经济的进一步开发和手工业的进一步拓展起到了明显的推动作用。虽然孙吴之际的会稽郡设置时有改变，辖地也曾遭一步步削减，据洪亮吉、谢重英《补三国疆域志补注》所考，孙吴后期会稽郡仅统有山阴、上虞、始宁、余姚、句章、鄞、鄮、剡、永兴、诸暨十县，但尽管如此，以宁绍平原为核心的会稽郡，仍是其时江南最富庶的地区之一，尤其是铜镜与青瓷的铸造呈现出一派欣欣向荣的景象，俨然已经成为当时民间的普遍商品。

两晋时期，由于鉴湖水利工程的完成，特别是公元300年前后，晋会稽内史贺循又主持开凿漕渠，将原有的若干河道连接和疏浚，以满足灌溉需要[2]，北部山会平原得到迅速开拓，耕地扩大，农业生产大幅提高，手工业也获得快速发展，地区经济实力日渐雄厚。恰恰这个时候，中原出现了战乱，朝廷被迫南迁，大量中原居民随之而来，一些北方的显要家族如谢安、王羲之、孙绰、李充、许询、支遁等也纷纷举族南移，定居会稽[3]，涌入的平民必然更多，于是人口增长，需求增加，城市发展，市场兴盛，文化发达，各行各业迅速扩充，出现了“今之会稽，昔之关中”的繁荣局面。东晋咸和四年（329年），首都建康（今江苏南京）发生苏峻之乱，宫阙灰烬[4]，三吴人士甚至提出了朝廷迁都会稽的主张[5]，可见当时会稽的名望之隆，地位之高，已仅次于都城建康，以至于王羲之在永和九年（353年）三月三日发起一次兰亭修禊的聚会时，聚集的著名文人学士如王羲之、谢安、谢万、孙绰等多达42

1 陈桥驿：《古代鉴湖兴废与山会平原农田水利》，《地理学报》第28卷第3期，1962年。

2 《嘉泰会稽志》卷十：“晋司徒循临郡，凿此以溉田。”

3 《晋书·王羲之传》。

4 《晋书·诸葛恢传》。

5 《资治通鉴》卷九十四《晋记十六》。

人，文风鼎盛一至如斯。

南北朝时作为会稽郡治的山阴已号称“海内剧邑”[1]。刘宋孝建元年（454年）以浙东的会稽、东阳、永嘉、临海、新安五郡置东扬州，州治就设在会稽[2]，山阴从一郡郡治成为五郡首府。刘宋大明三年（459年），又一度把扬州州治从原来的建康迁到会稽[3]。按：自晋建武东渡后，建康既为扬州州治，又是都城所在，故“扬州刺史为诸州统帅，多以上相领之，六朝皆然”[4]，而会稽膺此重寄，足见当时城市的繁华和地位的重要。虽然扬州州治旋即迁回建康，但会稽从梁代初年起，又被升格为东扬州[5]。梁中大同元年（546年）东扬州、会稽郡同治山阴。对此，清代学者全祖望曾解释道：“六朝扬州封内以丹阳为王郡，而吴郡乃其近畿，故多合二郡为扬州，而今会稽为东扬州。”[6]说明正是由于“会稽人阜物殷”[7]，使其俨然与建康东西相峙，成为当时江南的两大都会。同时，随着生产的发展和经济的繁荣，会稽郡治山阴城市不断扩大，政事亦日益繁剧，最终在南朝陈时促成了山（阴）、会（稽）分治的实行[8]，郡城之内遂出现了一个郡治建置和两个县治建置的空前格局。

隋唐时期，改会稽郡为越州，隶江南东道。当时的越州不仅是一州首府同时也是江南东道的节度所在，俨然一大都市，成为全国著名的重镇。唐开元二十六年（738年），又分越州立明州（今浙江宁波），辖鄮、奉化、慈溪、翁山4县。其时国家升平，社会稳定，文化发达，物足民丰，越地经济生产也因此得以再度繁荣和长足发展，特别是这一时期的越窑瓷业开始步入兴盛阶段，创烧出了驰名古今的秘色瓷器，青瓷产品不仅畅销内地，而且远销海外。

唐末五代钱氏建立吴越国，以杭州为西府，越州为东府，并数番进贡明州上林湖所产秘色瓷器于中原王朝，以期保境安民。北宋末年，金人入侵，偏都临安，史称南宋。建炎四年（1130年），高宗赵构驻跸越州，寓承继国统之意，于翌年改元绍兴，升越州为绍兴府。绍兴做了一年零八个月的南宋临时国都，行宫即在府治之内，宋《进士题名录一》云：“越今为陪都，要非余郡可比。”[9]陆游《嘉泰会稽志序》亦云：“今天下巨镇，惟金陵与会稽耳，荆、扬、梁、益、潭、广，皆莫敢望也。”越地政治之地位、经济之繁华与文化之发展至此达到了历史的顶峰。

---

1 《宋书·顾恺之传》。

2 《资治通鉴》卷一二八《宋记十》。

3 《宋书·沈怀文传》。

4 （清）李慈铭：《越缦堂日记补》，咸丰十一年五月十九日。

5 《舆地广记》卷二十二。

6 （清）全祖望：《鲒埼亭集外编》卷四十九。

7 《资治通鉴》卷一五九《梁记十五》。

8 （清）顾祖禹《读史方舆纪要》卷九十二《浙江四》。

9 （清）杜春生：《越中金石记》卷四。

古代宁绍，以“越”为名；今日浙人，以“越”为荣。越地自商周至唐宋留下了浩如烟海而又风致殊胜的物质文化遗存，越王剑、会稽镜和越窑瓷无疑是其中最具典型性的代表，是古越先民为中国古代文明奉献的弥足自傲的物质遗珍。不仅如此，越王剑所蕴含的开拓意识与胆剑精神、会稽镜所昭示的文化意义与价值取向、越窑瓷所体现的创新理念与审美情趣，千百年来已逐渐融入古越人民及其后代的血脉之中，成为他们生存发展的精神财富和力量源泉。这，既是本书以越王剑、会稽镜和越窑瓷作为研究对象之目的，也是本书力图还归这些古越遗珍历史原貌之初衷。

第一章 越王剑

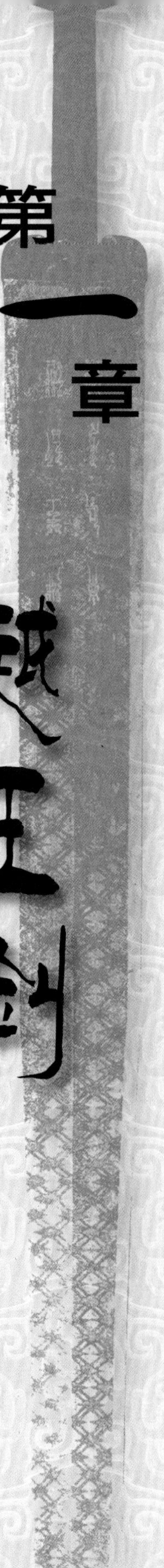

夏商周三代，青铜文化大放异彩。中原青铜器以其数量庞大、种类齐全、构思巧妙、装饰精美、铸铭记史、藏礼于器而呈现出无与伦比的魅力；各地区、各诸侯国的青铜器皿也各具特质、色彩纷呈。地处江南的越国虽然在青铜器的起源、数量、种类，特别是礼制色彩方面比中原各国甚至是相邻的吴国稍逊一筹，当中原王朝和其他诸侯国将彼时最为珍贵的材料用于铸造精美的礼器时，越国却不惜耗费人力物力用于制作武器和农具，充分反映出越人重视耕战的文化特征，并因此借其精良绝伦的青铜兵器，特别是以越王剑为最高典范的青铜剑，在群星璀璨的青铜文化星河中焕发出夺目的光辉。可以这样说，越王剑是越国青铜文明誉享名驰的鼎盛标志，代表了商周时期越国青铜文化的最高水平。

研究越王剑是揭示越国青铜文化面貌的重要一环，也是研究越国青铜文化不可或缺的一章。越国的物质文明特别是具铭文的青铜器和青铜剑，不但见诸古代方志的各种记述，同样也颇受19世纪以来各类青铜器图录或古文字著录的青睐，从收藏家到学者，从国人到外籍人士皆有所涉猎。如王懿荣先生（以下全书略去敬称）《天壤阁杂记》，吴式芬《攈古录金文》，邹安辑《周金文存》，刘体智《善斋吉金录》，罗振玉《贞松堂集古遗文续编》《三代吉金文存》《小校经阁金文拓本》，于省吾《双剑誃吉金图录》《商周金文录遗》，商承祚《长沙古物闻见记》，陈仁涛《金匮论古初集》，容庚《鸟书考》，孙稚雏《金文著录简目》，严一萍《金文总集》和英国人的《古代中国铜器》，法国人的《中华古青铜器集》，日本人的《书道全集》《周汉遗宝》等均著录有越王剑等各式越国青铜器物。这些著录不仅仅是记录拓本、描述文字，而且有详尽的考订和研究，堪称洋洋大观。台湾古越阁王振华、龚钦龙等著名的收藏家也对越国兵器特别是越王剑情有独钟，收藏有越王州句剑、越王不寿剑等身世显赫、工艺精湛的越国兵器[1]。

近20年来，对越王剑等越国青铜兵器的著录和研究工作更为全面深入，李学勤主编《中国美术全集·青铜器》，上海博物馆编写组《商周青铜器铭文选》，董楚平《吴越徐舒金文集释》，中国社科院考古研究所《殷周金文集成》，中国青铜器全集编辑委员会《中国青铜器全集》，张光裕、曹锦炎《东周鸟篆文字汇编》，曹锦炎《鸟虫书通考》以及华东师范大学中国文字研究与应用中心编《金文引得》等书都著录了相当数量的越王剑。考古专家、科技专家、青铜器专家和古文字专家们都从各自的角度对越王剑的类型、铸造、铭文、纹饰以及越国历史、越王世系等作了大量的探讨，有关越国青铜兵器特别是越王剑的研究工作进入了一个全新的收获时期。

虽然著录、图录一直是保存和研究古代器物资料的重要手段与载体，但与之相比，考古调查和发掘无疑更具全面性和科学性。20世纪30年代，卫聚贤等创立“吴越文化史地研究

---

1 古剑：《〈台湾古越阁藏青铜兵器精粹展〉巡礼》，《文物》1995年第8期；南京博物院编：《台湾龚钦龙藏越王剑暨商周青铜兵器》，南京出版社，2003年。

会”，致力于调查越城遗址，开始了越文化的相关研究。新中国成立以后，随着越国、越地及各处墓葬的相继发现与发掘，越国青铜兵器的研究亦步入了一个科学、系统的阶段，综合分析各地遗址、窑址、城址、墓葬及出土物所包含的文化因素和文化特征等构成了越国青铜兵器研究的坚实基础，也使全方位地揭示越王剑的历史面貌成为可能。

与邻近的吴国的王铭兵器和精品兵器多出于吴境以外一样，宁绍地区作为越国的中心，其所出兵器却并无极精之作，特别是较少具王铭兵器，且所出各类兵器并不能代表越国在各时期的主要兵器类型。越国青铜兵器中之王铭兵器和精品兵器亦随着越楚交锋、争霸征战和领土扩张等原因而多出于楚国境内及中原地区，尤以湖北、湖南、河南、安徽、山东等地为多。主要有：1965年湖北江陵望山1号墓出土越王句践剑[1]；1974年湖北江陵张家山小墓[2]、1979年河南淮阳平粮台楚墓[3]出土、征集越王盲姑剑；1987年安徽安庆王家山战国墓出土越王丌北古剑[4]；1959年安徽淮南蔡侯产墓出土越王者旨於睗剑两件[5]；1973年湖北江陵藤店1号墓[6]、1977年湖南益阳赫山庙42号墓[7]、1980年湖北秭归香溪镇[8]、1987年湖北荆门子陵岗等地出土越王州句剑；1988年湖北江陵纪南城出土越王鹿郢剑[9]。特别是江陵作为楚故都郢城所在地先后出土了句践、者旨於睗（即鹿郢）、盲姑（也有学者考定为越王无彊）、州句四代越王宝剑各1件，且多出自大夫以下的楚墓。这4件具铭越王剑的发现，在学术界掀起了越国青铜兵器的研究热潮，内容涉及其类型、纹饰、铭文、合金、铸造等各个方面，特别是越王句践剑所采用的复合金属嵌铸法、菱形暗花纹、剑首同心圆等精湛高超的技术工艺所反映的科技成就，成为中国青铜器研究和科技史研究不可或缺的重要课题。

---

1 湖北省文化局文物工作队：《湖北江陵三座楚墓出土大批重要文物》，《文物》1966年第5期。

2 《湖北省文物考古工作新收获》，《文物考古工作三十年》，文物出版社，1979年。

3 曹桂岑等：《淮阳县平粮台四号墓发掘简报》，《河南文博通讯》1980年第1期。

4 朱世力：《安庆出土之越王丌北古剑》，《故宫文物月刊》十卷十一期，1992年。

5 安徽省文化局文物工作队：《安徽淮南市蔡家岗赵家孤堆战国墓》，《考古》1963年第4期。

6 荆州地区博物馆：《湖北江陵藤店一号墓发掘简报》，《文物》1973年第2期。

7 文物编辑委员会：《文物考古工作三十年》，文物出版社，1979年。

8 杨权喜：《江汉地区发现的商周青铜器》，《中国考古学会第三次年会论文集》，文物出版社，1984年。

9 《中国文物报》1988年4月22日、11月11日。

第一节　存世越王剑

剑者，兵器也。《释名》：“剑，检也，所以防检非常也。又歛也，以其在身时，拱歛在臂内也。”剑是古代贵族和战士随身佩带用以自卫防身或进行格斗的可斩可刺的卫体武器，与刀、矛、戟、矢并称为“五刃（五兵）”之一。

剑在原始社会末期已经出现。据《史记·黄帝本纪》载：“帝采首山之铜铸剑。”《管子·数地篇》：“昔葛天卢之山，发而出金，蚩尤受而制之，以为剑、铠、矛、戟，此剑之始也。”银雀山汉简《孙膑兵法·势备》也有“皇帝作剑，以陈象之”之说。考古发掘也证明龙山文化时期确已出现有剑，山东临朐西朱封遗址出土有龙山文化时期的石剑，为青石质，中起脊，锋刃锐利，通长20、宽约3厘米，已初具剑的形制[1]。

商代是否有剑，尚无实物证明。但马承源在《中国青铜器》一书里认为，西周早期的剑体，与日本学者梅原末治《殷墟》一书中所载的骨矛形式一致[2]，因而不排除商代已经开始铸造青铜剑的可能。

西周时期特别是西周初期，中原地区的实战以车战为主，作为仅有十几厘米锋刃的短兵器的剑在实战中并不占重要位置。当时两军对阵时首先用远射的弓矢，战车错毂格斗时用长柄的戈、戟和矛、钺，只有双方战士扭打在一起时，剑才会起作用，但这种机会显然并不多见。但由史载可知，剑在西周初期确已应用于军队装备和实战之中，且形制也已成熟。《史记·周本纪》载周军攻入朝歌后，武王“先入，适王所。乃克射之，三发而后下车，而击之以轻剑，斩之以黄钺，折县诸太白……散宜生、太颠、夭皆执剑以卫武王”。考古发掘也不乏这一时期剑的实物出土，陕西长安张家坡西周墓出土了一件柳叶形青铜剑（报告称匕首），全长仅27厘米，细扁茎上有两个纵列的圆穿，应是在两侧附贴木柄，通过圆孔钉合起来使用[3]；同样的柳叶形剑也见于北京琉璃河53号墓[4]和陕西宝鸡竹园沟1号墓[5]。这些短剑有效使用锋刃不过17～18厘米，确实和匕首差不多。

西周以后，剑的地位有所提高，形制也由早期的扁茎剑变为柱脊剑。迄今发现的春秋早期剑都是柱脊剑[6]，剑体仍然比较短，一般为28～40厘米，有的有首、有的无首。只是

1　孙敬明：《先秦时期潍淄流域的兵器》，《中国文物报》1989年6月23日。

2　马承源：《中国青铜器》，第73页，上海古籍出版社，1988年。

3　中国社会科学院考古研究所：《沣西发掘报告》，文物出版社，1962年。

4　琉璃河考古工作队：《北京附近发现的西周奴隶殉葬墓》，《考古》1974年第5期。

5　宝鸡市博物馆：《宝鸡竹园沟等地西周墓》，《考古》1978年第5期。

6　林寿晋：《东周式铜剑初论》，《考古学报》1962年第2期；《论周代铜剑的渊源》，《文物》1963年第11期。

当时还处于车战盛行的后期，剑在战斗中的作用依然和西周时期相同，只能前刺，不能劈砍，故亦称之为“直兵”。《晏子春秋》记崔杼杀齐庄公后用武力逼诸将军大夫盟于大营，“有不盟者，戟拘其颈，剑承其心”，“曲刃钩之，直兵推之。”[1]河南洛阳金村出土铜镜上刻画了一位骑士跨马刺虎的图像，提供了当时以剑搏刺对方的形象资料[2]。

由于实战方式的不同，吴越地区和中原地区剑的发展演变有着各自不同的历史脉络。当战车在中原各国驰骋时，南方吴越地区军队中的主力却是步兵，装备的也是各种战船，战车没有用武之地，车战中使用的长柄戈、矛，长度接近人躯干的三倍，显然也不适于步兵作战。正如《考工记》所云：“凡兵无过三其身，过三其身，弗能用也，而无已，又以害人。”武器是随着军事的需求而改进的，步兵需要的是适于近战的锋利而轻便的短兵器，而剑恰恰具有这些特点。虽然《左传》载成公七年即吴寿梦二年（公元前584年），楚大夫申公巫臣逃到晋国，建议晋连吴抗楚，后又带着战车三十辆和士兵到吴国，“与其射御，教吴乘车，教吴战阵，教之叛楚”，帮助吴国组训了第一批战车部队[3]，但吴国军队的主力依然还是步兵。降至一个世纪后的公元前482年吴晋争先的黄池之会时，吴王夫差为了显示军威而排列的三个方阵，也依然是由精锐步兵组成[4]，“扁诸之剑，方阵而行。”[5]越王句践的军队同样也是以步兵为主，句践为了提高部队的战斗力，所采取的主要措施之一就是教练士兵提高击剑的水平，越女和袁（猿）公的传说[6]，反映的正是这一历史事实。檇李之战，越王句践使罪人三行，属剑于颈，震慑吴军，可见用剑之广[7]。当时吴越地区铸剑水平已远远超过中原诸国，铸造的各种剑不仅技术精湛、纹饰精美，同时还出现了许多传奇式的铸剑大师，如欧冶子、干将、莫邪等，他们的铸剑故事一直流传至今[8]。史籍中对吴越之剑的赞誉比比皆是，如《考工记》之“吴粤之剑，迁乎其地弗能为良”、《战国策·赵策三》之“夫吴干之剑，肉试则断牛马，金试则截盘匜”、《庄子·刻意》之“夫有干越之剑者，柙而藏之，不敢用也，宝之至也”、《越绝书》之句践接见孔子时“带步光之剑，杖物卢之矛”等。特别是《越绝书》所记薛烛为越王句践相纯钧剑的记载，成为迄今对宝剑的最高评价：“手振拂，扬其华，捽如芙蓉始出。观其釽，灿如列星之行；观其光，浑浑如水之溢于塘；观其断，岩岩如琐石；观其才，焕焕如冰释”——这样的剑精美绝伦！“虽复倾城量金，珠玉竭河，犹不能得此一物；有市之乡二、骏马千匹、千户之都

1 《左传·晏子春秋》卷五。

2 〔日〕梅原末治：《奈良县栎本东大寺山西坟的汉中平纪年的铁刀》，日本《考古学杂志》48卷第2号。

3 《左传·成公七年》。

4 《国语·吴语》。

5 《吴越春秋·夫差内传》。

6 《吴越春秋 》卷九《句践阴谋外传》。

7 《左传·定公十四年》。

8 《吴越春秋》卷四《阖闾内传》。

二，何足言哉”——这样的剑世间无价！

现综合出土资料及各家著录对存世越王剑作一简要介绍。

一、句践剑

存世之句践剑共有3件，分句践继位前后两种：继位前为越王之子句践剑，2件；继位后为越王句践剑，1件。

（一）越王之子句践剑

越王之子句践剑一

圆首，圆茎、双凸箍，宽厚格，剑身有脊，斜宽从，前锷收狭，尖锋。腊长47、腊广（近镡处）4.5、茎长8.4、首径3.7厘米。铭文在剑格，共8字：“戉（越）王戉（越）王/之子旇戔”，正面左右各铭鸟篆“戉王”2字，背左铭“句践”2字，背右铭“之子”2字，均阳文体（图1）。

出土地点不详。最早著录于陈仁涛《金匮论古初集》，释读为“越王句践之子”。于省吾《商周金文录遗》、容庚《鸟书考》均称“越王之子”剑，如《鸟书考》：“背面右为之子二字，左二字不可识。其句践之子乎？”[1]林巳奈夫《殷周时代的青铜武器》、孙稚雏《金文著录简目》称为“越王句践之子剑”。陈梦家《蔡器三记》也称其为“越王句践之子剑”。曹锦炎《吴越青铜器铭文述编》从之。

越王之子句践剑二

铭文在剑格，正背面各4字：“戉（越）王戉（越）王/之子旇戔”。

此剑未见著录，陈梦家《蔡器三记》言：越王句践之子剑有两把，一把如上述，“另一

图1 越王之子句践剑剑格铭文

1 容庚：《鸟书考》，《中山大学学报》1964年第1期。

把现在福格美术博物馆（今美国哈佛大学萨克拉美术馆），未著录，阴文。”[1]

张振林在比较了4件越王者旨於睗剑和6件越王州句剑铭文后，梳理出了越王剑中凡铭文铸于剑格者的排列顺序和共同规律，指出此剑铭文之旧释读顺序均有误，认为“所谓越王句践之子剑的铭文，应该读为‘戉王之子句践’”“此剑制作年代在越始称王的允常时期，即公元前496年之前句践尚作太子之时”“是目前所知最早的句践剑”[2]。

按：史载越国自允常始称王。《史记·越王句践世家》云：“……后二十余世，至允常……允常卒，子句践立，是为越王。”又《正义》引《舆地志》云：“越侯传国三十余叶……历殷至周敬王时，有越侯夫谭，子曰允常，拓土始大，称王。”越王之子句践剑剑铭证实了上述典籍记载。

（二）越王句践剑

存世仅1件。剑为圆盘首、铸11圈同心圆，圆茎中空、近首处略粗，宽格、正面用蓝色琉璃背面用绿松石镶嵌几何花纹，剑身较宽，中脊起棱，两锷微弧，剑饰满饰菱形暗花纹（图2）。剑身长45.6、全长55.6、宽4.6、格长5、茎长7.9、首径4.3厘米。铭文在剑身近格处，两行8字，鸟篆铭文：“（越）王尣浅/自乍（作）用鐱（剑）”。

1965年出土于湖北江陵故郢都纪南城遗址7公里处的望山1号楚墓[3]，现藏湖北省博物馆。发现时剑位于墓坑内棺底的人骨架左侧，套在髹黑漆的木剑鞘里。清洗时发现它制作精美，保存完好，刃薄而利，剑茎上还夹有两块弧形木片，但未见缠缚的丝线。剑在出土之时一次就划破了19层纸，其锋锐程度令人惊讶，其千年不锈之谜也引发了诸多推测：有人认为是在工艺上作了防锈处理，加之埋藏保存较好所致；也有人认为主要取决于埋藏的环境条

图2　湖北江陵出土越王句践剑

1　陈梦家：《蔡器三记》，《考古》1963年第7期。

2　张振林：《关于两件吴越宝剑铭文的释读问题》，《中国语文研究》第7期。

3　湖北省文化局文物工作队：《湖北江陵三座楚墓出土大批重要文物》，《文物》1966年第5期。

件，因为墓坑夯土填实，深埋地下，椁棺相套，填塞白膏泥等，使得该墓的墓室几乎成了一个密闭的空间，加之墓所处位置地下水位较高，且为中性，墓室内空气的含量极少等因素是该剑不锈之主要原因[1]。

越王句践剑一经出土即引起了学者们的热烈讨论。方壮猷辨其铭文为“越王□□自乍（作）用鐱（剑）”，不识的两字当是“邵滑”，而邵滑可能是史书所记载的越王无彊的儿子越王玉，并据此将该墓认作越王墓。唐兰首先指出剑中的二字为“鸠浅”，即句践，剑为越王句践之剑，认为此墓不可能是越王墓，应是楚墓，剑是楚灭越以后所得的越国宝物。陈梦家紧接着指出剑铭为“越王句践自作用剑”，认为望山1号墓未必为越王墓，仍当是楚王族、贵族之墓，其年代可能早到战国初期。郭沫若也明确指出：“越王剑，细审确是句践之剑。”后经大家一致认可此剑为越王句践剑。同时，该剑的暗花纹、镶嵌等技术所反映的古代科技成就也同样吸引了学术界的高度关注和研究热潮。

那么，地处长江下游的越国国君句践之剑何以会出土于地处长江中游的楚国墓葬之中呢？墓葬的主人是谁？其时的楚越关系如何？学者们均作了探讨[2]。如方壮猷认为此剑是战国中期楚国灭掉越国后掠夺来的战利品；吕荣芳认为墓主邵固即邵滑，邵滑受怀王之派使越“以谋其国”，楚灭越后，怀王为表彰他显赫的战功，把灭越时的战利品越王剑赏赐给他；陈振裕等人则认为该剑可能是越女嫁到楚国时的陪嫁品，因为史载句践之女是楚昭王的宠姬。根据望山1号墓内的竹简考证，墓主人应为邵固，系楚威王或楚怀王前期的大贵族，与楚王室关系密切，人骨检测其死时尚不足30岁。楚王为了表彰他的忠心，赐予他越王句践剑，他死时将之作为随葬品是有可能的。而楚越之间的关系，据《史记·越王句践世家》《史记·楚世家》《左传》《吴越春秋》等书记载，两国在楚威王以前是很密切的，尔后才渐渐疏远，并且相互攻战，最后楚将越灭亡。越王句践剑的出土，无疑为研究楚越关系提供了有利的证据。

越王句践剑的发现也引起了社会各界的广泛关注，在国内外都产生了很大的影响，并被誉为“天下第一剑”。1973年在日本举办的中国出土文物展览中，这把剑和东汉的银缕玉衣等都是展出的精品，当时郭沫若曾题诗云：“越王句践破吴剑，专赖民工字错金。银缕玉衣今又是，千秋不朽匠人心”，并指出：“剑铭‘自作’，实赖民工；衣被王躯，裁

---

1 后德俊：《越王句践剑不锈之谜》，《江汉考古》1980年第1期。

2 中山大学古文字研究室楚简整理小组：《江陵邵固墓若干问题的探讨》，《中山大学学报》1979年第2期；方壮猷：《初论江陵望山楚墓的年代与墓主》，《江汉考古》1980年第1期；吕荣芳：《越王剑与〈史记·越王勾践世家〉》，《国际百越文化研究》，中国社会科学出版社，1994年；吕荣芳：《望山一号墓与越王勾践的关系》，《厦门大学学报》1977年第4期；郭德维：《江陵楚墓论述》，《考古学报》1982年第2期；陈振裕：《精美的吴越青铜剑和矛——兼析楚与吴越的关系》，《楚文化研究论文集》第一集，荆楚书社，1987年；陈振裕：《望山一号墓的年代与墓主》，《中国考古学会第一次年会论文集》，文物出版社，1980年。

成匠手……”[1]诚哉斯言。

二、越王者旨於睗剑

越王者旨於睗剑目前共发现10件。董楚平《吴越徐舒金文集释》曾录有4件，曹锦炎《鸟虫书通考》录有6件，张光裕、曹锦炎《东周鸟篆文字编》录有7件，曹锦炎在《浙江省博物馆新入藏者旨於睗剑笔谈》中加上浙江省博物馆从海外收购1件统计为8件，古越阁所藏为第9件，1996年安徽寿县新出土1件，计10件。

越王者旨於睗剑一

铭文8字在剑格，正背面各4字：“戉（越）王戉（越）王/者（诸）旨（稽）於睗”。

传出安徽寿县，先为德人杨宁史旧藏，现藏故宫博物院。对该剑的考释，学者们或从“对音”的角度，或从急读缓读的角度，或从姓氏的角度，均考定者“旨於睗”即“诸稽於睗”，也就是句践之子“鼫与”[2]。如陈梦家认为：“‘诸稽’是‘者旨’之对音，‘与夷’是‘於睗’之对音。”林沄认为：“鼫与一名和者旨於睗是声音相通的……至于与字和於字，则同为喉音字，同属鱼部……所以，缓言之为者旨於睗，急言之则为鼫与。”马承源最初将剑铭隶定为“鼯与”，指出“鼯与”即《越王句践世家》的“鼫与”，《竹书纪年》亦作“鼫与”，但《路史》后记十三引《竹书纪年》则作“鼯与”，今剑铭“者旨於睗”是此王有名号之别。“与睗”即“鼯与”，“鼫”是“鼯”的传抄之讹。“鼯与”亦即《战国策》之“適郢”，《竹书纪年》作“鹿郢”，“者旨”、“於睗”即“適郢”、“鼯与”。“与夷”之名见于《越绝书·越绝外传·记地传第十》，即“鼯与”的音转。“与夷”亦即“与睗”，“睗”、“夷”一声之转，故可通。由此亦证明“鼯”对而“鼫”非。《吴越春秋》作“兴夷”，“兴”是“与”的传抄之讹。曹锦炎指出：“者旨”为氏，即“诸稽”氏，为祝融八姓之彭姓之后，诸稽氏乃是越王之氏，“於睗”是名[3]。总之，鼫与、鹿郢、適郢、诸稽郢、与夷、兴夷的写法虽异，但均是指句践之子“者旨於睗”，辨识当以铜器铭文为是。

按：《史记·越王句践世家》：“句践卒，子王鼫与立。”《索隐》引《竹书纪年》：“於粤子句践卒，是为菼执。次鹿郢立，六年卒。”据此可知越王者旨於睗即鼫与，在位共6年（公元前464～前459年）。

越王者旨於睗剑二

铭文8字在剑格，正背面各4字：“戉（越）王戉（越）王/者（诸）旨（稽）於睗”。

1　郭沫若为中国出土文物展览题辞，见《文物》1973年第6期。

2　马承源：《越王剑、永康元年群神禽兽镜》，《文物》1962年第12期；陈梦家《蔡器三记》，《考古》1963年第7期；林沄：《越王者旨於睗考》，《考古》1963年第8期；殷涤非：《者旨於睗考》，《古文字研究》第10辑；容庚：《鸟书考》，《中山大学学报》1964年第1期。

3　曹锦炎：《越王姓氏新考》，《中华文史论丛》1983年第3期。

原为杨宁史旧藏，现藏故宫博物院。

越王者旨於睗剑三

圆首、饰同心圆纹，圆茎，双凸箍、饰云纹，宽格，斜宽从，狭前锷，尖弧锋。通长56.5、格宽4.8、首径3.9厘米。铭文8字在剑格，正背面各4字，格上嵌绿松石，双钩鸟篆："戉（越）王戉（越）王/者（诸）旨（稽）於睗"。

20世纪30年代安徽寿县出土，现藏上海博物馆。

越王者旨於睗剑四

圆首，圆茎、双凸箍、饰云纹，宽格，斜宽从，狭前锷，尖弧锋。通长55.9厘米。铭文在剑格，正背面各4字，共8字，双钩鸟虫书："郕（越）王郕（越）王/者（诸）旨（稽）於睗"。该剑铭"戉"字从"邑"（"郕"），与越王句践剑同，而与上述者旨於睗剑相异。

20世纪30年代安徽寿县出土，现藏国家博物馆。

越王者旨於睗剑五

圆首、内饰七道同心圆，椭圆实茎、双凸箍、箍面饰四道凸棱，宽格，剑身起脊，狭前锷，尖弧锋，刃部锋利。通长65、身宽4.6、格宽5厘米。剑身完整无损，也无锈蚀，出土时附有剑鞘，较精致。靠首端用木夹包夹呈圆形，柄其他部位均用丝绳裹缠。铭文在剑格，正背面各4字，共8字："戉（越）王戉（越）王/者（诸）旨（稽）於睗"，阳文，铭文空隙处填绿松石，字体与排列均与上海博物馆藏寿县出土之者旨於睗剑相同。

1986年湖北江陵雨台山官坪村9号楚墓出土[1]。墓位于纪南城北垣外，南距纪南城东北拐角城垣约5公里，墓主身份约为士级。墓中共出二剑，另一剑无铭，通长60厘米。同出铜鼎铁足，墓葬年代应在战国中期。现藏江陵博物馆。

越王者旨於睗剑六

铭文8字在剑格，正背面各4字："戉（越）王戉（越）王/者（诸）旨（稽）於睗"。字体不作双钩，与上述5件者旨於睗剑铭文有别。

近年新出土，地点不详，现为台湾高雄某氏收藏。

越王者旨於睗剑七

剑作斜宽从厚格式，圆盘首、饰五道同心圆，圆实茎、近首处渐粗，双凸箍、上饰细致的变形夔纹，倒凹字形厚格，两从斜弧，中脊起线，双刃近锋处收窄呈弧形。通长52.4厘米。铭文在剑格，正背面各4字，共8字，双钩鸟虫书："戉（越）王戉（越）王/者（诸）旨（稽）於睗"。

1995年自香港回购，现藏于浙江省博物馆（图3），为镇馆之宝[2]。该剑完整无损，光亮如

---

1 湖北省江陵县文物局：《江陵官坪楚墓发掘简报》，《江汉考古》1989年第3期。

2 曹锦炎等：《浙江省博物馆新入藏者旨於睗剑笔谈》，《文物》1996年第4期。

图3 浙江博物馆藏越王者旨於睗剑

新，为越王剑中所罕见，被誉为“旷世奇珍”“国家重宝”，与越王句践剑可并列为越剑之双绝。其箍上纹饰、格上铭文铸造极为精细，铭文字口间皆镶嵌有绿松石，绿松石薄如蝉翼，有部分脱落，脱落处地上显现有红色的物质，可能为黏合材料。剑茎上有缠缑，用丝带卷绕，丝带之下还有多层丝织品缠裹及木制品垫衬。另附有完整无缺保存良好的漆剑鞘，鞘为两薄木片，依剑形挖出凹槽后，黏拼为一体，并用丝线隔段缠缚加固后在鞘外髹以黑漆。

越王者旨於睗剑八

剑作斜宽从厚格式，圆盘首、饰两组七道同心圆、中心饰有七条燕尾状放射纹，圆茎、双凸箍、饰云雷纹，宽厚格、两面铸铭，剑身中脊起线，两从斜弧，前锷收狭，尖弧锋。通长53.8厘米。铭文在剑格，正背面各4字，共8字，双钩鸟虫书：“戉（越）王戉（越）王/者（诸）旨（稽）於睗”（图4）。

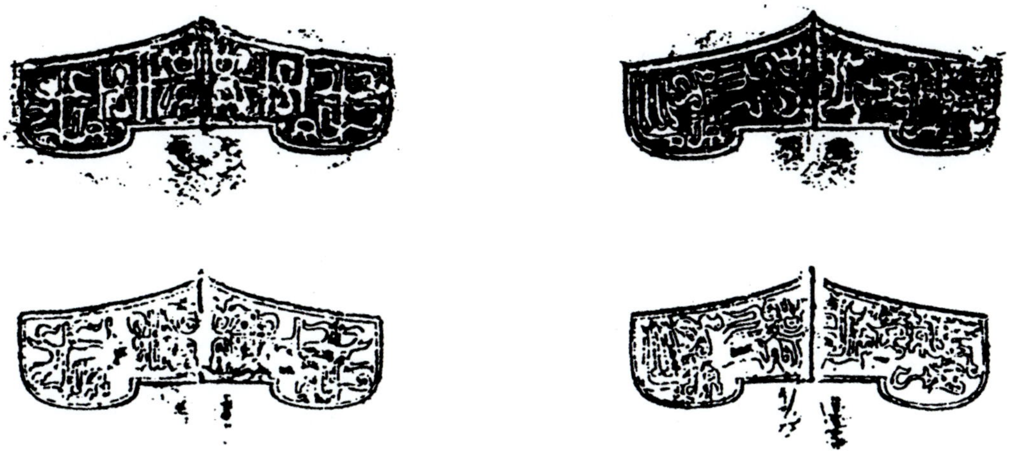

图4 龚钦龙藏越王者旨於睗剑剑格铭文

原藏台北古越阁[1]，后为龚钦龙收藏。此剑精致程度堪与浙江省博物馆从香港回购的越王者旨於睗剑相媲美，虽然其光洁度略逊于后者，但剑格字口间所镶绿松石基本完整，十分难得。

越王者旨於睗剑九

《浙江省博物馆新入藏者旨於睗剑笔谈》中李学勤引用张光裕、曹锦炎统计数字云，收藏者不明。

越王者旨於睗剑十

通长54.5厘米。铭文在剑格，正背面各4字，共8字，皆用绿松石镶嵌，鸟篆体："戉（越）王戉（越）王/者（诸）旨（稽）於睗"。

1996年安徽寿春出土，现藏寿县博物馆。

三、不寿剑

不寿器未见著录。迄今为止，越王不寿剑仅见1件，为台湾龚钦龙新获而收藏，系首次发现[2]（图5）。

剑作斜宽从厚格式，中起脊，两从斜弧，双刃呈弧形于近锋处收狭，喇叭形素面剑首，剑茎为柱形双凸箍。外有漆剑鞘，木胎，外表髹黑漆。通长69、连鞘长70厘米。剑身偏长，超过已见著录的所有越王剑的长度。另外，该剑丝织缠緱保存完整，缠绕及编结方法清晰；漆剑鞘完整且外面包裹锦带，并有纽孔用于佩系，形制似属首见。铭文凸铸在剑格两面，12字，正背面各6字，鸟虫书："戉（越）王不寿不寿/自乍（作）用佥（剑）用佥（剑）"。铭文或正书或反书，鸟虫书构形有简有繁，"越王自作用剑"等字与以往所见越王剑相同，构形尤接近于者旨於睗剑和州句剑铭文。

图5 越王不寿剑

越王不寿剑对研究越国历史意义重大，在该剑未被发现、研究前，学术界一直认为越王丌北古就是盲姑，也就是不寿；越王不寿剑问世后，关于金文与史籍中与不寿相对应的越王名的争议形成了两种观点：一是认为越王丌北古就是越王盲姑，盲姑即不寿，是句践之孙，鼫与或与夷之子[3]，丌北古

1 王振华：《古越阁藏铜兵萃珍——铜剑篇》26号，台北古越阁，1998年。

2 曹锦炎：《记新发现的越王不寿剑》，《文物》2002年第2期。

3 马承源：《越王剑、永康元年群神禽兽镜》，《文物》1962年第12期。

剑即为不寿剑，如安庆丌北古剑等[1]；一是认为越王丌北古不是不寿，越王大子不寿矛和不寿剑的发现可为明证，前者藏于上海博物馆，原为孙鼎氏旧藏，铭文为“於戉（越）台（嗣）王旨於之大子不寿”，明确记载了不寿为鼫与大子的说法，且明确写为不寿[2]。

按：越王不寿为句践之孙，鼫与之子，朱句之父，见载于《史记·越王句践世家》：“句践卒，子王鼫与立。王鼫与卒，子王不寿立。王不寿卒，子王翁立。”《竹书纪年》谓：“不寿立十年见杀，是为盲姑，次朱句立。”翁即朱句，前人皆有考证。但《越绝书》《吴越春秋》记载越王世系均缺“不寿”一代。越王不寿剑的问世，证明了司马迁及《竹书纪年》的记载可信，相比之下，作为战国时期流传于吴越地区的方志性史籍《越绝书》和《吴越春秋》在记载越王世系时反而有缺“不寿”，令人匪夷所思深觉不解。

四、越王州句剑

传世及出土的越王剑中以州句剑数量最多。陈梦家《六国纪年》、林巳奈夫《中国殷周时代的武器》统计为6件；李学勤1993年据此统计为10件，加新见古越阁剑为11件[3]；董楚平《吴越徐舒金文集释》著录10件，在另一篇文章中引用数据统计已知州句兵器18件[4]；曹锦炎《鸟虫书通考》著录15件，在另一文中统计为截止1994年5月达16件之多[5]；陈佩芬1996年曾统计为13件[6]；王人聪据施谢捷统计见于著录的共有16件[7]，加上香港中文大学近年收购1件，为17件[8]；董亚巍等2008年统计数据在20件左右[9]。准确统计之难于此可见一斑，也说明近十余年来越王剑不断有新的发现问世。

迄今所见的越王州句剑多作斜宽从厚格式，狭前锷，圆实茎，圆首。格上铸鸟虫书铭文，多为14字。均铸工精湛，有的有错金铭文，有的有暗花纹，有的有缠缑，有的有剑鞘，还有一件为复合剑。

---

1 黄光新：《安庆王家山战国墓出土越王丌北古剑等器物》，《文物》2000年第8期。

2 曹锦炎：《越王大子矛考释》，《吴越地区青铜器研究论文集》，两木出版社，1997年。

3 李学勤：《古越阁藏青铜兵器选粹》，《文物》1993年第4期。

4 董楚平：《越王州句复合剑铭文新释》，《黄盛璋先生八秩华诞纪念文集》，中国教育文化出版社，2005年。文中所引数据出自董楚平《中华文化通志·吴越文化志》上编第五章《越国金文》著录资料，第115～121页，上海人民出版社，1998年。

5 曹锦炎：《跋古越阁新藏之州句剑铭文》，《吴越地区考古与历史文集》，文物出版社，2007年。原载《第三届国际中国古文字学研讨会论文集》，香港中文大学，1997年。数据引自张光裕、曹锦炎主编《东周鸟篆文字编》所附图版，第251～266页，香港翰墨轩出版有限公司，1994年。

6 曹锦炎等：《浙江省博物馆新入藏越王者旨於睗剑笔谈》之陈佩芬统计数字，《文物》1996年第4期。

7 施谢捷：《吴越文字汇编》，第458～473页，江苏教育出版社，1998年。

8 王人聪：《新获吴王夫差剑与越王州句剑》，《黄盛璋先生八秩华诞纪念文集》，中国教育文化出版社，2005年。

9 董亚巍等：《越王句践剑铸造的几个问题》，《鉴藏》2006年第4期。

越王州句剑一

圆首，圆茎、近首端渐粗、双凸箍，宽凹格，剑身起脊，前锷收狭，尖弧锋。长56.2厘米。剑身近格处铸有两行8字错金鸟篆铭文："戉（越）王州句/自乍（作）用佥（剑）"。

1973年出土于湖北江陵藤店1号墓[1]，现藏荆州博物馆（图6）。出土时保存完好，未有锈蚀，刃部锋利，丝绳缠满剑茎，有漆鞘，近末端处缠有绸带，鞘长47厘米。同出另一剑长54.7厘米，剑格嵌绿松石，漆鞘长45.4厘米。

图6 湖北江陵出土越王州句剑

越王州句剑二

形制与藤店1号墓州句剑同。茎上两凸箍，锷尖略残。剑残长54.4厘米。铭文在剑格，正面6字，背面8字，共14字："戉（越）王州句州句/自乍（作）用僉（剑）自乍（作）用僉（剑）"，除"自""佥"外，余皆有鸟形。

1980年湖北秭归香溪镇出土[2]，现藏秭归屈原纪念馆。

越王州句剑三

圆首、饰七道同心圆纹，椭圆茎、双凸箍、饰云纹。腊光泽鉴人，满饰暗细线纹，格、箍、首均以细线纹为地。通长53.7、腊长44.9、宽4.5、首径3.7厘米。铭文在剑格，正面6字，背面8字，共14字："戉（越）王州句州句/自乍（作）用僉（剑）自乍（作）用僉（剑）"，字体款式同藤店1号墓州句剑。

1987年湖北荆门子陵岗东周墓出土[3]，现藏荆门市博物馆。

越王州句剑四

圆首，圆茎、双凸箍、饰云纹，宽凹格，剑身起脊，斜宽从，狭前锷，尖弧锋。腊部满饰菱形暗花纹。通长58厘米。铭文在剑格，正背面各8字，正面两侧各铸"戉（越）王州句"，背面两侧各铸"自乍（作）用佥（剑）"，共16字，单线阳文，鸟篆者12字。其正面铭文款式与其他州句剑略异，即铸有两个"戉王"。

1977年湖南益阳赫山庙42号楚墓出土[4]，现藏益阳市博物馆。

1 荆州地区博物馆：《湖北江陵藤店一号墓发掘简报》，《文物》1973年第9期。

2 杨权喜：《江汉地区发现的商周青铜器——兼述楚文化与中原文化的关系》，《中国考古学会第三次年会论文集》，文物出版社，1984年；刘彬徽：《湖北出土两周金文国别年代考述》，《古文字研究》第十三辑。

3 荆门市博物馆：《荆门市子陵岗古墓发掘简报》，《江汉考古》1990年第4期。

4 《光明日报》1979年1月24日；文物编辑委员会：《文物考古工作三十年》，第314页，文物出版社，1979年；周世荣：《湖南楚墓出土古文字丛考》，《湖南考古辑刊》第一集，1982年。

越王州句剑五

铭文在剑格，已有残缺，复原后正面6字、背面8字，应为14字。曹锦炎《鸟虫书通考》认为，虽正面文字模糊但仍可辨认出“戉王州句”4字，所以应称“越王州句剑”。背面铭文则颇多争议。参见“越王州句剑十六”。

出土地点不详，现藏国家博物馆。

越王州句剑六

铭文在剑格，正面6字，背面8字，共14字：“戉（越）王州句州句/自乍（作）用僉（剑）自乍（作）用僉（剑）”。

出土地点不详，现藏上海博物馆。

越王州句剑七

剑长市尺一尺五寸七分，剑格广一寸三分。铭文在剑格，正面6字，背面8字，共14字：“戉（越）王州丩州丩/自乍（作）用僉（剑）自乍（作）用僉（剑）”。此剑剑格铭文与前剑同，唯字泐太甚，同时铭文“句”字不从口，写作“丩”。句字本作“丩”声，《说文》：“句，曲也，从口，丩声。”

刘体智旧藏，现藏台北故宫博物院。

越王州句剑八

铭文在剑格，正面6字，背面8字，共14字：“戉（越）王州丩州丩/自乍（作）用僉（剑）自乍（作）用僉（剑）”。

近年出土，未见著录，现为台北古越阁王氏庋藏。

越王州句剑九

铭文在剑格，正面6字，背面8字，共14字：“戉（越）王州句州句/自乍（作）用僉（剑）自乍（作）用僉（剑）”。

近年出土，地点不详，为香港某氏收藏。

越王州句剑十

长市尺一尺八寸二分，格广二寸。铭文在剑格，正面6字，背面8字，共14字：“戉（越）王州句州句/自乍（作）用僉（剑）自乍（作）用僉（剑）”。

据王懿荣《天壤阁杂记》记载：光绪七年（1881年）得于西安，称“鸟形阳文”“锋如新”、自誉为“天下第一”剑。铭文长期无人识别，《周金文存》称“宝用剑”，《贞松堂集古遗文》与《三代吉金文存》皆称“鸟篆剑格”。1934年容庚作《鸟书考》说此剑已“归武进陶祖光君。剑之上半及柄均佚，唯存格及中段。”1964年容庚再作《鸟书考》，“据越王州句矛，复识州句二字。”

越王州句剑十一

铭文在剑格，正面6字，背面8字，共14字：“戉（越）王州句州句/自乍（作）用僉

（剑）自乍（作）用僉（剑）”。

曾先后藏于蔡季襄、卡尔贝尔、陈仁涛处。

越王州句剑十二

圆首，圆茎、双凸箍，宽凹格，剑身起脊，前锷收狭，尖弧锋。铭文在剑格，正面6字，背面8字，共14字：“戉（越）王州句州句/自乍（作）用僉（剑）自乍（作）用僉（剑）”。

1936年湖南长沙小吴门外出土。商承祚《长沙古物闻见记》载：“剑通长六十公分六公厘”“茎原折补，长九公分六公厘”“通体色灰黄绿，铜质尽挩，略有腐坏”，并释为“戊工”剑。后流入海外，曾为瑞典卡白克藏，陈梦家“于1947年八月游瑞典，见于卡白克处，并得其照片及拓本。”[1]董楚平《吴越徐舒金文集释》推测此剑即为今藏于上海博物馆之州句剑。

越王州句剑十三

圆首，圆茎、近首端较粗、双凸箍，宽凹格，剑身起脊，前锷收狭，尖弧锋。通长45.7厘米。铭文在剑格，正面6字，背面8字，共14字：“戉（越）王州句州句/自乍（作）用僉（剑）自乍（作）用僉（剑）”。

美国纽约温士洛（G. L. Winthrop）旧藏，后归哈佛大学福格博物馆（Fogg Museum），即今哈佛大学萨克拉（Sachlev）美术馆。

越王州句剑十四

剑锈蚀过甚，剑身中断。形制似为圆首，圆茎、双凸箍，宽凹格。长市尺一尺五寸三分，格广一寸六分。铭文在剑格，正面6字，背面8字，共14字：“戉（越）王州句州句/自乍（作）用僉（剑）自乍（作）用僉（剑）”，字中镶嵌蓝玉，间有脱落。

现藏法国巴黎赛尔诺什（Cernuschi）博物馆。

越王州句剑十五

仅存剑格，为宽凹格。剑身后配。铭文在剑格，正面6字，背面8字，共14字：“戉（越）王州句州句/自乍（作）用僉（剑）自乍（作）用僉（剑）”。剑格银灰色，可能是含铅较多缘故。

原藏北京尊古斋，现藏浙江省博物馆。

越王州句剑十六

剑作斜宽从厚格式，近锋处略收狭，宽格具铭，圆茎双箍，圆盘形剑首。通长53.5、身宽5、格宽5.5、茎长9厘米，重45公克[2]。

---

1 陈梦家：《六国纪年》，第103页，上海人民出版社，1956年。

2 王振华：《古越阁藏铜兵萃珍——铜剑篇》，台北古越阁，1998年。

该剑原为台湾古越阁王氏收藏，后为龚钦龙收藏，是现有州句剑中最佳的一件（图7）。剑格正面铭文照例为“戉（越）王州句”，反面却未作通常的“自作用剑”，而是另有一段文字，从而引起了学术界的热烈讨论。李学勤初隶定为“之唯用剑，余邘工利”[1]，认为“唯”训为“独”，“唯用剑”近于“自用剑”。“之唯用剑”与盱眙蔡侯剑之“蔡侯□之唯用剑”释读方法相同。“余邘”即地名“馀干”，在今江西余干东北。认为是邘地的工匠“利”铸作了这把剑，并认为这显然早于有工名的秦国兵器，是最早刻有工匠名的剑。后又认同马承源、施谢捷、李家浩等观点，改“利”为“廷”，即“囷”字，为“余邘工囷”。曹锦炎隶定为“之用佥（剑），唯余土利邘”[2]，“余土利邘”即“余土邘利”，吴被越灭，州句把邘地（即吴地）作为“余土”而为之称颂吉利。推测州句为自用之剑铸铭而称颂吴地吉利，可能已有迁都吴地之议，甚或越王翳迁都正是秉承其父遗愿，否则偌大一个越国，州句只为吴地一处颂吉似乎显得突兀。马承源最早释出“囷”字，将铭文隶定为“余干（捍）壬（廷）囷，之唯用佥”，认为意思是捍卫宫廷与仓库[3]。李家浩隶定为：“之用佥（剑），唯余土囷邘”，认为“囷”通假于“卷”，解释为“唯余土卷邘”，即“只有我的疆土扩张到邘”，并认为这段铭文反映的是州句十九年至三十四年间北上争霸中原、占领邘地的历史[4]。黄盛璋隶定为“之用佥（剑），唯余土廷（逶）邘”，解释为：要越国土地斜行以达于邘。认为“廷”是被秦罢废的吴越文字，即为秦文字的“逶”字。铭文从侧面反映了当时邘并不属于越土，而州句急于将越国疆土扩大到邘[5]。董楚平赞同马承源将邘读为“捍”，隶定为“余邘（捍）王利—之唯用佥（剑）”[6]，认为“之利”就是句践，“利”、“之利”多次出现于越国金文中如能原镈、之利钟等[7]，应是越国一个极重要的人物。同时认为此

图7-1　越王州句复合剑

1　李学勤：《新出现的十二字越王州勾复合剑》，香港《中国文物世界》第112期（1994年）；《十二字越王州句剑读释》，《台湾龚钦龙藏越王剑暨商周青铜兵器》，南京出版社，2003年。

2　曹锦炎：《跋古越阁新藏之越王州勾复合剑铭文》，《第三届国际中国古文字学研讨会论文集》，1997年。

3　马承源：《吴、越之剑人间瑰宝》，《古越阁藏铜兵萃珍——铜剑篇》，1998年，台北。

4　李家浩：《越王州勾复合剑铭文及其所反映的历史——兼释八字鸟篆钟铭文》，《北京大学学报》1998年第2期。

5　黄盛璋：《关于越王州句复合剑铭文的研究》，《台湾龚钦龙藏越王剑暨商周青铜兵器》，南京出版社，2003年。

6　董楚平：《越王州句复合剑铭文新释》，《黄盛璋先生八秩华诞纪念文集》，中国教育文化出版社，2005年。

7　董楚平：《“能原镈”、“之利残片”、“之利钟”、勾践剑铭文汇释兼谈郑越关系》，《故宫博物院院刊》1999年

剑铭文排列与湖南益阳州句剑一样，打破了越王剑铭左逆右顺的惯有顺序，左顺右逆排列是因为“之利”中有句践名而必须要放在上排，如曹锦炎所指出是为了避免举剑时字压在“王”字上面之不敬[1]。

越王州句剑十七

图7-2 越王州句复合剑剑格铭文

圆首，圆茎、双凸箍，倒凹字形宽格、正面饰简化的兽面纹，中部起脊，两从斜宽，两刃近锋内收呈弧形，尖弧锋。通体有较多绿锈。全长50.7、茎长9、宽4.5厘米。铭文在剑格，正背两面分别铸有阳文的鸟篆铭文，正面6字、重文2字：“戉（越）王州丩（句）州丩（句）”，背面8字、重文4字：“自乍（作）用佥（剑）自乍（作）用佥（剑）”，共14字。

香港中文大学文物馆近年购藏。按：目前所见州句剑的句字，多於丩下增一口旁作句，唯此剑与台北故宫博物院、巴黎色努施博物馆以及台北古越阁所藏的州句剑相同，作“丩”[2]。《说文》：“句，曲也，从口，丩声。”句与“丩”音同，例得相通，剑铭“州丩”即是州句。越国青铜器鸟篆铭文每喜增口旁为饰，如九作“㕤”，浅作“䏶”，鼓作“鼓”……则知此剑铭之“丩”应系州句之“句”的本字，其作“句”者，所增之口旁亦系文饰[3]。

越王州句剑十八

圆首，圆茎、双凸箍，宽格，剑身中脊起棱，前锷收狭，尖弧锋。格上有铭，为州句剑，通长61.3厘米[4]。

浙江绍兴出土，现藏浙江省博物馆。

按：州句，越王名，为不寿之子，句践之曾孙。所见其剑、矛等兵器均作“州句”，史籍中《竹书纪年》作“朱句”，余皆作“翁”。如《史记·越王句践世家》载：“句践卒，子王鼫与卒，子不寿立。王不寿卒，子王翁立。”《索隐》引《竹书纪年》云：“不寿立十

第4期。

1 曹锦炎：《跋古越阁新藏之越王州勾复合剑铭文》，《第三届国际中国古文字学研讨会论文集》，1997年。

2 施谢捷：《吴越文字汇编》，第469～471页，江苏教育出版社，1998年。

3 董楚平《吴越徐舒金文集释》、曹锦炎《鸟虫书通考》、施谢捷《吴越文字汇编》均有此论。

4 蒋琳：《浙江省博物馆藏出土先秦兵器》，《东方博物》第二十五辑。

年见杀，是为盲姑，次朱句立。”朱句即州句，“朱”与“州”同为章母字，朱属侯部，州属幽部，二字声母相同，侯幽旁转，例得通假。《索隐》又引《竹书纪年》云：“於粤子朱句，三十四年灭滕，三十五年灭郯，三十七年朱句卒。”《水经·沂水注》引《竹书纪年》亦云：“晋烈公四年[1]，越子朱句灭郯，以郯子鹄归。”

州句在位凡三十七年（公元前448～前412年），州句三十四年、三十五年距句践灭吴已近半个世纪，能在齐鲁附近灭滕灭郯，说明其时越国再度称强。《孟子·离娄》亦曾记及其伐鲁，《说苑·立节》曾记及其伐齐，其势力之盛与句践时代“横行于江淮之上”一样，难怪越被称为“天下好战之国”和“猛虎”[2]。由存世州句剑数量之众多、质量之精良，也可推知其时国力之强盛。

五、不光剑

存世不光剑数量仅次于州句剑，计有16件。与句践剑一样，不光剑也分不光继位前后两种：继位前为越王嗣旨不光剑，继位后为越王不光剑。其名则有“不光”、“旨不光”与“旨医（翳）”几种，或称“不光”，或称“旨不光”或称“旨医”，甚至在同一把剑上同时称“不光”与“医（翳）”。“翳”与“不光”乃一名一字，“旨不光”当为“者旨不光”之省写。

（一）越王嗣旨不光剑

越王嗣旨不光剑一

圆首，圆茎、双凸箍、并有错金纹饰，窄格。剑身略长于越王句践剑。通长65.2、格宽5厘米。铭文在剑格、剑首，错金。剑格正面4字，重文2字，背面8字：“訂（嗣）旨不光，自乍（作）用攻（？）”；剑首环列12字，隔字错金：“台（嗣）戊（越）不光隹（唯）曰：可，乍（作）於元用歛（剑）”（图8）。

图8 湖北江陵张家山小墓出土越王嗣旨不光剑剑格、剑首铭文

1974年湖北江陵张家山小墓出土[3]。现藏荆州博物馆。此剑有争议，曾被作为越王剑、越王盲姑剑[4]等著录或展出，认为剑格铭为“越王丌北古自作元用之”，剑首环铭“台越王丌北古自作元用之剑”。曹锦炎则隶定越王名为“不光”，称之为不光剑，并据此将

1 钱穆：《先秦诸子系年》卷二《越灭郯乃晋烈公三年非四年、六年辨》，中华书局，1985年。

2 《墨子·非攻下》：“今天下好战之国，齐、晋、楚、越。”《吕氏春秋·顺民篇》：“齐庄子请攻越，问于和子，和子曰：先君有遗令曰：无攻越，越，猛虎也。”

3 《湖北省文物考古新收获》，《文物考古工作三十年》，第301页，文物出版社，1979年。

4 董楚平《吴越文化新探》称“越王剑之三”；荆州博物馆展品说明为盲姑剑；董楚平《吴越徐舒金文集释》著录为“越王盲姑剑其二”；《集成》也称“戉王剑”。

平粮台越王剑及一批传世剑定为越王不光剑。作器者剑格铭作“越王嗣旨不光”，剑首铭作“嗣越不光”，可知“越王嗣（嗣越）”是身份，“旨不光”是人名，所谓“越王嗣”即越王的法定继承人，作器时尚未即位。“旨不光”疑为“者旨不光”之省，“者旨”即“诸稽”，“不光”是名，故剑首可省去氏而单称名。“不光”当即州句之子“不扬”，“光”、“扬”有通假的可能，也可能典籍中用中原音的“扬”来记吴越方言的“光”。又州句子典籍作“翳”，目有翳所以不见光明。剑铭作“不光”与“翳乃”一字一名，其取名正符合古人名、字相应的原则。由此可见，彼时越国王室贵族取名已有华夏化的倾向[1]。

越王嗣旨不光剑二

剑窄格。铭文在剑格，正面4字，重文2字，背面8字，共12字：“戉（越）王戉（越）王/台门（嗣）旨不光，自乍（作）用攻（？）”。

出土地点不详，现藏上海博物馆。

越王嗣旨不光剑三

剑窄格。铭文在剑格，正面4字，重文2字，背面8字：“台门（嗣）旨不光，自乍（作）用攻（？）”。

出土地点不详，为卡尔贝克旧藏。

（二）越王旨不光剑

剑倒凹形格。铭文在剑格，正面4字，重文2字，背面6字，重文3字，共10字：“戉（越）王戉（越）王/旨不光，旨不光”（图9）。剑铭器主已不冠以“嗣”字，可见已正式继位。

近年出土，地点不详，现为台湾高雄某氏收藏。

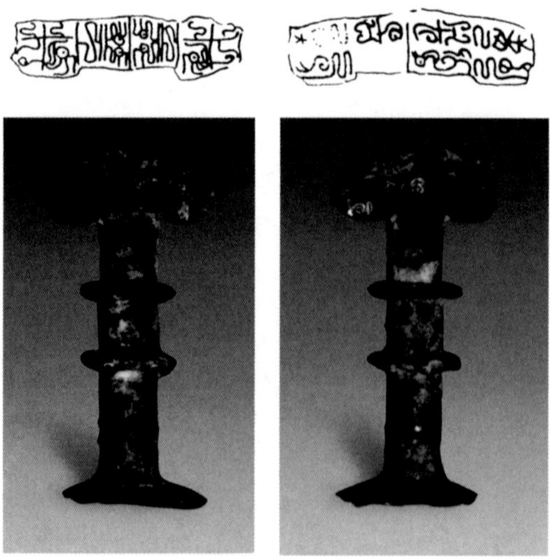

图9　台湾高雄某氏藏越王旨不光剑剑格铭文

（三）越王不光剑

越王不光剑一

圆首，扁圆茎、无箍，窄格，剑身较长，中起脊，前锷略收狭，尖弧锋。长57.5厘米。铭文错银，剑格正背面各4字，重文2字：“戉（越）王戉（越）王/不光不光”，文互反；剑首环列12字，重文6字：“□□□□□□，

1　曹锦炎：《越王嗣旨不光剑铭文考》，《文物》1995年第8期。

图10-1　河南淮阳平粮台越王不光剑剑格铭文

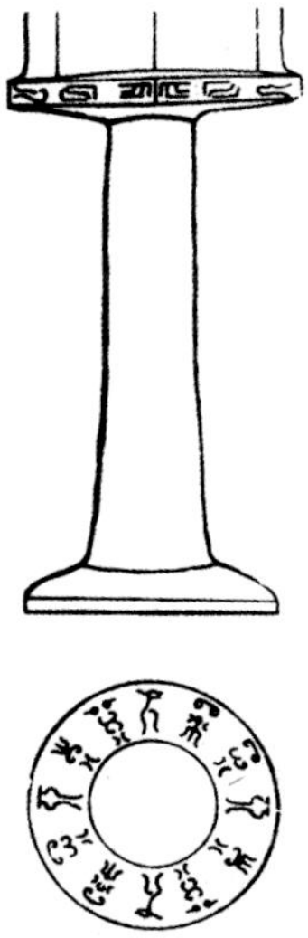

图10-2　河南淮阳平粮台越王不光剑剑格、剑首铭文

□□□□□□”，共20字（图10）。

1979年河南淮阳平粮台4号战国墓出土[1]，现藏河南省博物院。

越王不光剑二

圆首，扁圆茎、无箍、近首端较粗，窄格，剑身较长，中起脊，前锷收狭，尖弧锋。长61厘米。铭文错银，剑格正背面各4字，重文2字：“戉（越）王戉（越）王/不光不光”，文互反；剑首环列12字，重文6字：“□□□丌□□，□□□丌□□”，共20字。剑首铭文与上剑不同，有一“丌”字可辨认，但除丌字外，余均待考（见图10）。

1979年河南淮阳平粮台出土，现藏河南省博物院。

越王不光剑三

圆首，茎残，窄格，剑身较长，中起脊，前锷收狭，尖弧锋。铭文错银，剑格正背面各4字，重文2字“戉（越）王戉（越）王/不光不光”，文互反；剑首环列9字：“□□□□□□□□□”，共17字。剑首铭文9字，实只有3字，余皆为其重文，应是以此三字为铭，余作为装饰，字待考。

1979年河南淮阳平粮台4号战国墓出土，现藏河南省博物院（见图10）。

平粮台剑的剑首环铭中重复较多，且装饰味极强，无法辨识。

越王不光剑四

圆首，窄格。铭文错银，剑格正背面各4字，重文2字：“戉（越）王戉（越）王/不光不光”，文互反；剑首环列12字，重文6字：“□□□□□□，□□□□□□”，共20字。

出土地点不详，刘体智旧藏。

越王不光剑五

圆首，窄格。剑格正背面铭文各4字，重文2字：“戉（越）王戉（越）王/不光不光”，文互反；剑首铭文与上剑同，环列12字，重文6字：“□□□□□□，□□□□□□”，共20字。

1　曹桂岑等：《淮阳县平粮台四号墓发掘简报》，《河南文博通讯》1980年第1期。

出土地点不详，现藏故宫博物院。

越王不光剑六

圆首，窄格。剑格正背面铭文各4字，重文2字："戉（越）王戉（越）王/不光不光"，文互反；剑首环列12字，重文6字："□□□□□□，□□□□□□"，共20字。

出土地点不详。

越王不光剑七

圆首，窄格。剑格正背面铭文各4字，重文2字："戉（越）王戉（越）王/不光不光"，文互反；剑首铭模糊不清，环列12字，重文6字："□□□□□□，□□□□□□"，共20字。

出土地点不详。

越王不光剑八

圆首，窄格。铭文错银，剑格正背面各4字，重文2字："戉（越）王戉（越）王/不光不光"，文互反；剑首铭文与刘体智旧藏相同，环列12字，重文6字："□□□□□□，□□□□□□"，共20字。

出土地点不详。

越王不光剑九

圆首，窄格。剑格正背面铭文各4字，重文2字："戉（越）王戉（越）王/不光不光"；剑首环列10字："□□□□□□□□□□"，共18字。

出土地点不详。

越王不光剑十

圆首，圆茎，剑身中部起脊、截面为菱形，斜宽从，前锷收狭，尖弧锋。通长59.5、身宽4.7、茎长9.2、首径4.3厘米。铭文在剑格正背面和剑首。剑格两面分别有错金银的鸟篆文各4字，共8字，据考证正面铭文为"戉（越）王戉（越）王"，背面铭文为"不光不光"，其中"戉"字错金，余错银；剑首内侧宽边环列鸟篆铭文12字，每隔二字错金，余错银，惜未能通读。

2008年绍兴市博物馆征集并收藏。

（四）越王旨医剑

剑作厚格式。铭文在剑格两面，鸟虫书："戉（越）王戉（越）王/旨医旨医"。"旨医"即"者旨医"之省写。"医""殹"与"翳"，均从"医"声，故可异写。

1994年发现于香港市肆，现为台湾高雄某氏收藏。

（五）越王者旨不光（旨殹）剑

剑圆首，窄格。剑格正、背面铭文："戉（越）王戉（越）王/者旨不光，自乍（作）用佥

（剑）”；圆形剑首铭文：“戉（越）王旨自乍（作）用僉（剑）。唯尸邦旨（稽）大”（图11）。

出土地点不详，香港中文大学张光裕藏有铭文摹本。此剑王名剑格作“者旨不光”，剑首作“旨殹”。有学者认为，越王不光即越王翳，“翳”与“不光”乃一名一字，“旨不光”为“者旨不光”之省写，“旨殹”即“者旨殹”之省写，两者当为同一人[1]。名与字同见一器的例子也见于其他兵器，如吴王光趄戈和攻敔王光韩剑，“光”与“趄（韩）”即一名一字；攻敔王光剑刻铭“攻敔王光自乍（作）用僉（剑）。趄余允至，克戕多攻”，其名与字也是分列两处[2]，正与此剑相似。“唯尸邦旨（稽）大”句，“尸邦”读为“夷邦”，指蛮夷之邦，即越国；“旨”读为“稽”，考核之意。铭文意思是说夷邦之中数我为大。文句格式同于前述越王州句剑铭[3]。

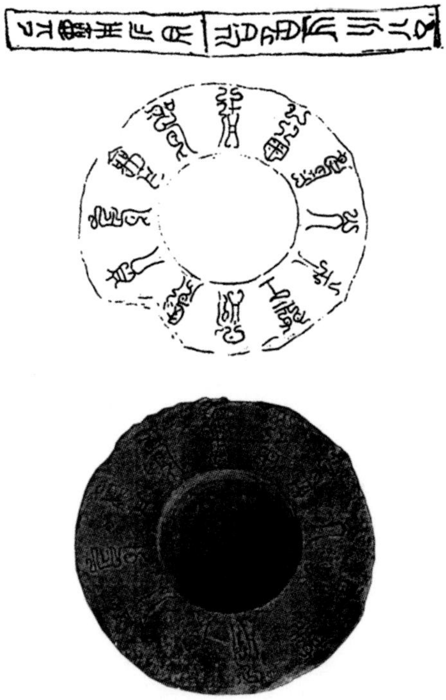

图11　张光裕藏越王者旨不光剑剑格、剑首铭文

按：越王翳在位时间甚长，共36年（公元前411～前376年）。王翳时灭缯，但此后因内乱不止而国势渐颓，以致在北方难以立足，于是在王翳三十三年（公元前379年），“于越迁于吴”（今本《竹书纪年》），不得不迁都苏州。《史记·越王句践世家》索隐引《竹书纪年》：“翳三十六年七月，太子诸咎弑其君翳。十月，粤（越）杀诸咎粤滑，吴人立服错为君。”至王无彊时，为图振兴，北向伐齐，后又受齐人鼓动，放弃攻齐而转伐楚国，结果反被楚击败。“……楚威王兴兵而伐之，大败越，杀王无彊，尽取故吴地至浙江……而越以此散，诸侯争立，或为王，或为君，滨于江南海上，朝服于楚。”（《史记·越王句践世家》）

六、丌北古剑

存世丌北古剑共2件，是目前所见考古出土和传世的越王剑中铭文字数最多的一种。

丌北古剑一

圆首，圆茎、双凸箍，凹字形格，剑身中部起脊，刃、锋残。剑体断为四截。剑残长

1　曹锦炎：《越王嗣旨不光剑铭文考》，《文物》1995年第8期。

2　参阅李家浩：《攻敔王光剑铭文考释》，《文物》1990年第2期。

3　曹锦炎：《新见越王兵器及其相关问题》，《吴越历史与考古论集》，文物出版社，2007年。

60.3、剑格广5.1、茎长9.5、首径4厘米。铭文分铸于剑格剑首两处，剑格正面10字、重文5字："古北丌王（越）戉/戉（越）王丌北古"，背面10字、重文5字："自□用（作）乍自/自乍（作）用□自"，剑首环列12字："□戉（越）王丌北自乍（作）元之用之僉（剑）"，合计32字，鸟书错金，字数之多为传世越王剑之冠。除剑首个别字有损外，余皆完整，金光灿然，极为美观（图12）。

现藏上海博物馆。据马承源考证[1]，此剑所铸越王的名字剑格铭文作"亓北古"，剑首铭文作"亓北"，省"古"字，"亓北古"当为越王全名。越王亓北古即越王盲姑，盲姑即不寿，为句践之孙，鼫与或与夷之子。按"亓"、"北"同属之部韵，韵尾相同，速读时易于省去一个音，即只剩北字音，文献及金文中这种省称的例子很多，如王子于戈就是吴王子州于。越音传到中原更加容易起变化，"北"、"盲"旁纽双声字，借"盲"声为"北"声，乃是声转的关系，"古"、"姑"是双声叠韵字，越王亓北古即为越王盲姑。

又，此剑剑首第一字已残，推测可能是"隹（唯）"字，隹是短尾鸟的总名。细看所残部分是一鸟头，全体是一鸟形，似无其他笔划。剑格背面第四字不识，从字句看，或许是剑名。

丌北古剑二

剑作斜从厚格式，圆盘首，圆实茎、双凸箍、饰突起的云雷纹，倒凹字形格，剑身起脊，斜宽从，狭前锷，尖弧锋。通长约64、茎长9.6、格宽5.2厘米。剑中部折断，但铸造精湛，通

图12-1 上海博物馆藏越王丌北古剑

图12-2 上海博物馆藏越王丌北古剑剑首铭文

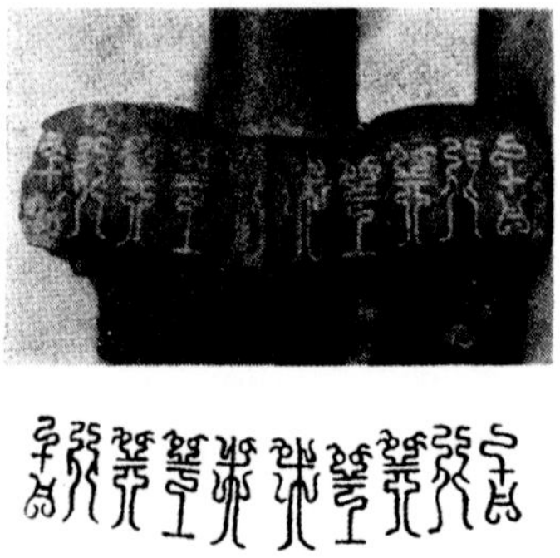

图12-3 上海博物馆藏越王丌北古剑剑格铭文（正面）

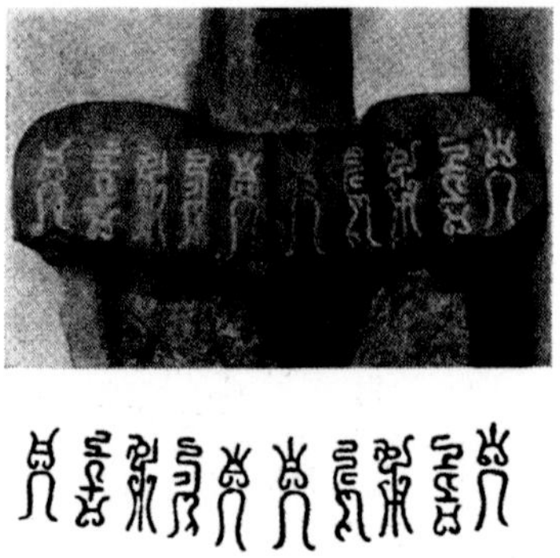

图12-4 上海博物馆藏越王丌北古剑剑格铭文（背面）

1 马承源：《越王剑、永康元年群神禽兽镜》，《文物》1962年第12期。

体无锈蚀，刃锋锐利。剑格、首铸错金鸟篆铭文，格两面各铸铭文10字："古北丌王戉（越）戉（越）王丌北古/自佥（剑）用乍（作）自自乍（作）用佥（剑）自"，首铸铭文12字："□戉（越）王丌北自乍（作）□之用之佥（剑）"，共32字。其中16字错金，与未错金文字相间排列。鸟篆铭文字迹清晰，错金铭文细如毫发（图13）。

1987年安徽安庆第二自来水厂战国楚墓出土[1]，现藏安庆市博物馆。此剑为越王丌北古自作用剑，报告者和研究者赞同马承源的观点，认为越王丌北古为句践之孙，即越王盲姑（不寿）。剑首第一字当为"隹（唯）"，剑格背面第四字释为"剑"。剑格正面10字应从中端向左右两侧顺读，为"戉（越）王丌北古"，背面10字也照此顺读，第5字可不读，为"自作用剑"，第5字应是对称而设，并无实际意义。剑首第8字不识，似为"公"，有待考证。

图13 安庆博物馆藏越王丌北古剑、剑首、剑格及铭文

七、其他越王剑

传世、出土与著录的越王剑中尚有部分或铭文不具王名，或铭文未识存有争议者，计越王剑4件、王用剑1件、越剑1件，另有越王钺1件，共7件。

（一）越王剑

越王剑一

圆首，圆茎、双凸箍，宽凹格，斜宽从，前锷近锋处收狭，尖弧锋。长市尺一尺六寸五分，刃长一尺三寸三分，剑格广一寸五分，有绿锈。锋锷仍犀利。铭文在剑格正背面，各4字，共8字，重文4字，双钩鸟虫书："戉（越）王戉（越）王/戉（越）王戉（越）王"（图14）。

传陕西省出土，现藏广州博物馆。此剑未具王名，不知为哪位越王。《鸟虫书通考》仅称"越王剑"，认为从形制及铭文风格看时代不会晚于州句之时，而将之列于州句剑后、丌北古剑前。

越王剑二

圆首，窄格。铭文在剑格，正背面各4字："戉（越）王

1 朱世力：《安庆出土之越王丌北古剑》，《故宫文物月刊》十卷十一期，1992年；黄光新：《安庆王家山战国墓出土越王丌北古剑等器物》，《文物》2000年第8期。

图14　广州博物馆藏越王剑剑格铭文

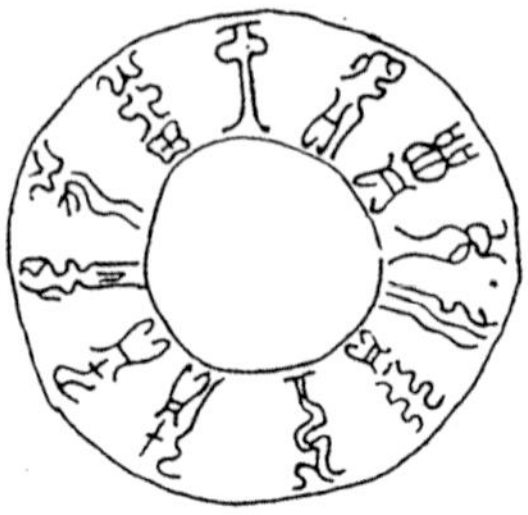

图15　陈仁涛旧藏越王剑剑首及铭文

戉（越）王/□□□□”，剑首环列12字：“隹（唯）弜之居旨邵亥（？）？丌？僉（剑）”，隔字错金，共20字（图15）。

陈仁涛旧藏，出土地点不详。《鸟虫书通考》称“越王剑一”，认为背面铭文无法看清，很可能也为“不光不光”4字。

越王剑三

圆首。铭文在剑首，环列12字：“隹（唯）弜？之居旨邵亥（？）？丌？僉（剑）”，其中6字错以金丝，与无金丝者相互间次。

刘体智旧藏，现藏台北故宫博物院。剑格虽无铭文，但剑首环列铭文与上剑同，当亦为同一越王所作，惜铭文未能通读。

越王剑四

圆首。铭文在剑首，环列12字：“隹（唯）弜？[之]居[旨]邵[亥]（？）？[丌]？[僉]（剑）”，与上剑同。

刘体智旧藏。《善斋吉金录》称“奇字剑”。《鸟虫书通考》认为从《善斋吉金录》所绘器形看，此剑与上剑形制有较大差异，其铭文笔画柔弱，且无错金，不排除有仿上剑而伪的可能。

（二）王用剑

1件。喇叭首，粗圆茎、中凹弧、茎上数道凸箍，窄格，斜从，尖弧锋。铭文在剑身近格处，错金，2行4字：“自乍（王）用”。

近年出土，地点不详，现为香港某氏收藏。此剑铭文未注明国属，从文字风格来看似为越器，“王”当指越王而言，但其形制特点与百越地区出土的铜剑相类，与吴越青铜剑有别。

（三）越剑

圆首。铭文在剑首，阳文，环列12字：“戉□自戉□自戉□自戉□自”。铭文装饰意味甚浓，“戉”“自”各4字，作十字交叉排列，其间再杂以他字。剔除装饰性重文后，实存5字，按顺时针方向为序，但其中3字不识，未能通读。

陈介祺旧藏。《奇觚室吉金文存》称“环剑”，《集成》称“先自剑”。《鸟虫书通考》认为“戉”即“越”，应为越剑。

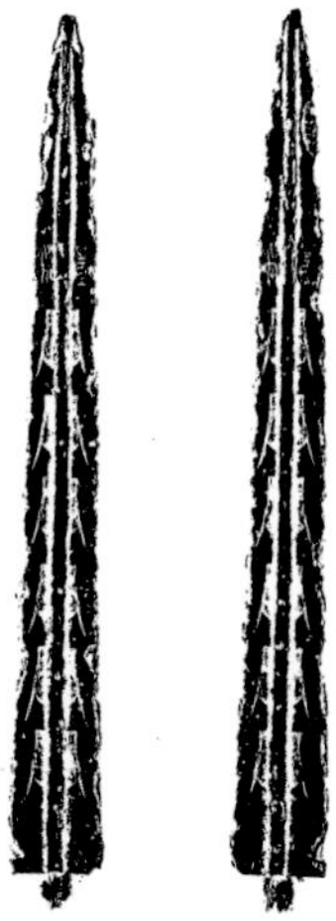

图16 浙江省博物馆藏越王铍

（四）越王铍

1件。身细长、起脊，断面呈菱形，似剑而无首，扁茎，无格。铭文在铍身上端中脊两侧，正背面各2字：“戉（越）王”，略似鸟篆，铍身饰六段鸟翼形纹饰（图16）。

1972年浙江省博物馆征集，出土地点不详。该器原称越王短剑[1]。董楚平《吴越徐舒金文集释》亦列入“越王剑其二”。《说文》：“铍，大鍼也。一曰剑如刀装者。”又《方言》卷九：“锬谓之铍”，郭璞注：“今江东呼大矛为铍。”可知铍是一种具胡剑的特征、植柄如矛的兵器。云梦秦简《法律答问》云：“铍、戟、矛有室者，拔以斗，未有伤殴，论比剑。”将铍戟矛列为一类，有别于剑。

第二节　越王剑铭文

越自立国以来语言文字自成系统，青铜器罕见有铭者，特别是浙江出土的春秋以前青铜器，除了安吉两件器有族氏铭文外，未见其他有铭者，可知这段时期内当地土著民族并未使用中原系统的文字。春秋中叶以后，受吴、徐、楚尤其是吴的影响，越国也开始在青铜器上铸刻铭文，王室礼器则出现长篇铭文，反映出其时越国青铜文化已深受中原华夏文化的影响。总体来说，越国有铭青铜器多为乐器、兵器，如钟、镈、句鑃、剑、戈、矛、铍等，其中乐器铭文篇幅较长，但存世器物较少；兵器均为越王或未继位越王之自作用器，铭文简洁、篇幅偏少，且时代稍迟，从世系上说未有早过允常者，从器主来说则未有早于句践之

1　浙江省博物馆：《浙江文物》三七，浙江人民出版社，1987年。

时，但因其涉及的器类多、存世器类也多，而得以在春秋战国时期独树一帜。这其中又以越王剑数量最庞大、内容最丰富，为研究彼一时期越国的历史、世系、文字、装饰风格乃至东周时期的书体演变等提供了重要的实物资料。

一、铭文书体

春秋战国时期，我国的社会、政治、经济、文化、礼制等方面都经历了巨大的变革，青铜器铭文的字体也随之发生了前所未有的改变，由西周时追求正体字形、重视记史功能，转而追求异体字形、重视字体的装饰和美化作用，字体排列方式等也刻意求异求新求美，文字不再只是简单的记录符号，而是兼具了装饰和美化的多重功能。郭沫若《周代彝铭进化观》言："有周而后，书史之性质变而为文饰，如钟镈之多韵语，以规整之款式镂刻于器表，其字体亦多作波磔而又说明了求工。又如《齐国差罏》亦韵语，勒于器肩，以一兽环为中轴而整列成九十度之扇面形，凡此均审美意识之下所施文饰也。其效用与花纹同。中国以文字为艺术品之习尚当自此始。"[1]鸟虫书便是这一时期流行的一种主要书体，尤以南方吴越楚蔡宋等国最为盛行，各国鸟虫书各具特征，又互为影响。

（一）鸟虫书的书体

鸟虫书最早称虫书，秦至汉初为"八体"之一。其名之见于文献始于东汉许慎《说文解字·叙》："自尔秦书有八体：一曰大篆，二曰小篆，三曰刻符，四曰虫书……"，同书又云："及亡新居摄，使大司空甄丰等校六书之部，自以为应制作，颇改定古文，时有六书：一曰古文，孔子壁中书也；二曰奇字，即古文而异者也……六曰鸟虫书，所以书幡信也。"鸟虫书一词首见于此。《汉书·艺文志》于《六艺略》小学家著录有《八体六技》，提到了汉"八体"和王莽"六技"。后世注家如颜师古注《汉书》云："虫书谓为虫鸟之形，所以书幡信也。"其他如徐锴《说文解字系传》将虫书与鸟虫书互注，段玉裁作《说文解字注》时也说虫书、鸟虫书为一事。由此可见，从秦书"八体"到汉书"八体"再到王莽"六技"，其中之一的鸟虫书即虫书，虫书即鸟虫书，而功能为书幡信。"书幡信"具体有两种，段玉裁作注云："书幡谓书旗帜，书信谓书符节。"

也有称为鸟书者。晋卫宏《四体书势》叙述新莽六书时，径称鸟虫书为鸟书："王莽时，使司空甄丰校文字部，改定文字，复有六书……六曰鸟书，所以书幡信也。"崔豹《古今注》亦云："信幡用鸟书，取其飞腾轻疾也。"可知鸟虫书、虫书、鸟书三者具有相同的"书幡信"功能，其名异而实同，惟称谓有别而已。

---

1 郭沫若：《周代彝器进化观》，《青铜时代》附录二，第317、318页。转引自曹锦炎《鸟虫书通考》第一章《绪论》，上海书画出版社，1999年。

另有称鸟篆者。《后汉书·蔡邕传》："初，（孝灵）帝好学，自造《皇义篇》五十章，因引诸生能为文赋者。本颇以经学相招，后诸为尺牍及工鸟篆者皆加引召，遂至数十人。"鸟篆之名沿用至三国时，如《三国志·魏志·卫觊传》："好古文、鸟篆、隶草，无所不善。"

容庚曾先后两次以《鸟书考》为文，将所搜集青铜礼器、兵器铭文中附有"鸟"形画像的铭文定名为"鸟书"或"鸟篆"文字[1]，此说为古文字学、铭刻学、考古学和历史学普遍采用。如马国权《鸟虫书论稿》："鸟书既以鸟形为特点，不管是寓鸟形于笔画之中，或附鸟形于笔画之外，只要具有鸟的形状，这都称为鸟书。"曹锦炎《鸟虫书通考》指出：虫书、鸟虫书、鸟书、鸟篆都是指那种文字具有鸟虫形的书体而言，即广义上的鸟虫书，而不是狭义地分为鸟书、虫书两类。这和后世狭义地专指附加鸟形、虫形的篆字是有原则区别的。事实上，春秋战国时期盛行的鸟虫书，真正用以装饰图案的在严格意义上讲只有鸟形一种，所谓虫形除了一件王子匜铭文中"之"字下附加两个"虫"字外，大多数构形均是以字体之笔画作盘旋弯曲或是在笔画首尾另饰若干弯曲线条来表现的。这类构形，有的仍可看出是由简化的鸟形变化而来，但大部分则无法指明像何种动物之形。当然把这种弯曲盘旋的书体构形视作像蜿蜒蠕动的爬虫之状也并非没有道理，或者正基于此，汉代的学者才将这种书体称为"虫书"[2]。

（二）鸟虫书的研究

关于鸟虫书的起源。有说是起源于周文王时"赤雀集户"、周武王时"丹鸟入室"的祥瑞之象，如唐玄度《论十体书》、韦续《五十六种书》；有说是始于商代，最早见于玄妇方壶铭文及卜辞之"高祖王亥"[3]；或云武乙时即有出现[4]。但容庚论述方壶之鸟形是文字，为图腾标志[5]；胡厚宣认为"亥"之鸟形为商部族之图腾[6]；马国权也指出："只据一两个附有鸟形符号的字便肯定当时已有鸟书是缺乏充分论据的。"[7]

关于鸟虫书与图腾。自容庚、胡厚宣之后，学术界对此也涉猎颇丰，且多联系楚越两国的鸟虫书与图腾作研究。如有学者在研究越国青铜器铭文时提出该书体与越国崇拜鸟图腾有

1 容庚：《鸟书考》，分别见于《燕京学报》1934年第16期、《中山大学学报》1964年第1期。

2 曹锦炎：《鸟虫书通考》，第2、3页，上海书画出版社，1999年。

3 董作宾：《殷代的鸟书》，《大陆杂志》六卷十一期。

4 王恒余：《浅说蝌蚪文和鸟虫书》，《中国文字》第42期。

5 于省吾：《关于古文字研究的若干问题》，《文物》1973年第2期。

6 胡厚宣：《甲骨文商族鸟图腾的遗迹》，《历史论丛》第一辑，中华书局，1964年；《甲骨文所见商族鸟图腾的新证据》，《文物》1977年第2期。

7 马国权：《论先秦时期以鸟篆铭兵的动机》，《民主中国》八卷第十期。

关[1]；有学者认为楚器铭文与楚的凤崇拜有关，从而释“鸟”为“凤”，认为楚国鸟虫书或鸟篆文字应定名为“凤饰鸟篆”[2]；还有学者认为是楚国“出于对凤鸟、龙蛇的特殊偏爱，将其形态变化为文字藻饰的主要形式而形成鸟虫书。”[3]推而论之，“楚国的文化、历史、风俗等等因素导致该种字体的产生，随后受楚文化影响的其他南方诸国也出现鸟篆。”[4]

关于鸟虫书的演变与发展。苏莹辉曾将成周以后至战国期间鸟虫书的发展过程分为三个阶段：“由殷周彝器之‘附加少数鸟形’（偶然的）期寖假而为‘专以铭兵’（非偶然的）之吴、越、楚三国鸟书。”[5]即早期鸟形（或附加之鸟形）文字均占极少数，晚期文字皆有鸟形，从附加少数鸟形到鸟形几遍全铭，从偶然的到非偶然的，最后归为吴越楚三国专以鸟书铭刻于兵器。容庚《鸟书考》一文在对传世40件鸟虫书器铭进行综合考察后指出：“有人名可考者，始于吴王子于（即位于公元前526年），终于越王州句（公元前448～前412年）。鸟书之流行不过150年，其有国名可考者为越吴楚蔡宋五国，而以越国所作器为最多。”20世纪中叶以后，随着传世、发掘资料的不断问世，在鸟虫书流行的时空地域和数量统计方面有了新的突破。如曹锦炎认为，迄今陆续出土和刊布的鸟虫书材料已多达一百几十件，流行地域也从长江上下游地区影响波及中原一带，以先秦国别而言见于越吴蔡楚曾宋齐徐等国，就年代可考者最早的应属楚王子午鼎（公元前558年），最晚的为越王不光剑（即越王翳，公元前411～前376年在位），流行时间已接近200年，时代以楚为最早，数量则以越为最多，达66件。又据罗卫东统计，鸟虫书数量已从容庚最初统计的40个增至“不重复鸟篆达264个”，其中东周时期共有铸刻鸟篆铭文的器物159件，时代可以确定的约122件，分别为春秋中期5件、春秋晚期38件、春秋时期（无法具体分期）5件、战国早期59件、战国晚期1件、战国时期13件；国别确定的131件，分别为越60件、楚34件、蔡19件、吴9件、曾5件、宋3件、徐1件[6]。

关于鸟虫书的结构形状。鸟虫书在各个时期、各个国家均各具特色，也各有变革，其独特性往往在于饰笔手法的应用和饰笔所置位置的不同。最早对此作系统研究的是容庚，分为加鸟形和加兽形两种，加鸟形者又先后细分为三种、四种，即：加一鸟于下或加二鸟于左右；鸟纹与笔画混合易分离者，或不易分离者；笔画作简单双钩鸟纹者。马国权除将虫书单独分出一种，其余分十三种：寓鸟形于笔画者、寓双鸟形于笔画者、附鸟形于字上下左右者，附双鸟形于字上下左右者、寓双钩鸟形于笔画者、附双钩鸟形于字旁者、附鸟形于二字

1 董楚平：《吴越文化新探》，浙江人民出版社，1988年。

2 徐俊：《楚国青铜器铭中的“鸟篆文字”为“凤饰篆字”辨析》，《华中师范大学学报（哲社版）》1991年第6期。

3 刘志基：《汉字体态论》，第306页，广西教育出版社，1999年。

4 罗卫东：《鸟篆与东周南方文化》，《中国文化研究》2008年第2卷。

5 苏莹辉：《论先秦时期以鸟篆铭兵的动机》，《民主中国》八卷第十期。

6 罗卫东：《鸟篆与东周南方文化》，《中国文化研究》2008年第2卷。

之间者[1]。林素清按构形区分鸟虫书为四大类：增一鸟全形添于字上下左右，增双鸟形分置左右于字上下，增简化之鸟、虫形纹饰，增虫爪、形[2]。董楚平据马国权之十三类分法将越国鸟虫书的特征归纳为九条[3]。曹锦炎将鸟虫书的构形分为六类：增一鸟形，增双鸟形，寓鸟形于笔画中，增简化之鸟、虫形，增虫、爪形，增其他纹饰[4]。罗卫东将之分为附加完整鸟形或鸟、首爪等部分鸟形饰，完整虫形或虫首、爪等部分虫形饰两大类四小类，并统计了具体数字，前者44个，后者57个。其他还有附加点或线，计146个；“口”等装饰性构件，有9个；另外还有用双钩线条强化装饰效果等[5]。

综合上述关于鸟虫书名称、起源、演变、发展及其流行时间、地域、数量、分类等的研究与分析，可知其有鸟虫书、虫书、鸟书、鸟篆等多个称谓，名异而实同；其在春秋战国时期，特别是春秋中期至战国早期经楚越等国改变、创新，成为楚、吴、越、蔡、曾、宋、徐等国青铜器尤其是兵器铸铭的专用书体，以楚国最先使用，而以越国最为盛行，影响波及中原、三晋等地；鸟虫书变化丰富多彩，或是形体蜿蜒细长，或是在形体上附加或融合以鸟形为主的装饰成分，呈现出与同时期北方艺术字体明显不同的特点，标志着汉字发展史上的一种特殊现象；战国末期以后鸟虫书渐趋稀少，汉代以后则仅见于印章，成为孑遗。

（三）越国鸟虫书

越国是鸟虫书最为发达和盛行的国家，传世与出土越器中铭刻鸟虫书者均为王室之物，多见于青铜兵器剑、戈、矛、铍等，尤以越王剑铭文之鸟虫书图形丰富、种类繁多、装饰华美，且集中于句践、者旨於睗、州句诸王（或王子）的时间段，属于流行于春秋晚期至战国时期的王室或官方文字[6]。但因时代和器主等的不同，越国鸟虫书在内容种类、鸟饰特点、线条特征、排列顺序、装饰风格、嵌错工艺等方面也存在着一定的差异。

与对鸟虫书的研究有一个逐渐明晰、逐渐深入的过程一样，对越国鸟虫书的认识也随着新资料的不断被发现而不断地被修正。其流行的时间，一般认为始自越王允常之时；其消失的时间，容庚认为终于州句时，曹锦炎认为终于不光时，若其所推测的丌北古为越王无彊之观点能为将来的新资料所证实，则鸟虫书至无彊时仍见使用；其流行的原因，既与楚的影响有关，也与越国本土文化有关。如在流行鸟虫书的南方各国中普遍存在着鸟图腾崇拜的文化

1 参阅马国权：《鸟虫书论稿》，《古文字研究》第十辑，中华书局，1983年。

2 参阅林素清：《春秋战国美术字体研究》，《“中央”研究院历史语言研究所集刊》第61本第1分册，1990年。

3 董楚平：《吴越文化新探》，浙江人民出版社，1988年。

4 曹锦炎：《鸟虫书通考》，第15页，上海书画出版社，1999年。

5 罗卫东：《鸟篆与东周南方文化》，《中国文化研究》2008年第2卷。

6 吴绵吉：《越人文字探索述略》，《百越民族研究》，江西教育出版社，1990年。

习俗，其中以越国的鸟图腾崇拜尤为兴盛。越国本土土著部族的先祖河姆渡人是鸟图腾和鸟崇拜最早的部族之一，距今7000年左右的河姆渡遗址出有鸟形刻纹、鸟形器、双鸟异日图等物。距今四五千年的良渚文化的鸟崇拜更为盛行，不仅出有四件鸟形饰，且重要玉器上均饰有鸟纹。这种根植于氏族社会的鸟图腾和鸟崇拜，从越王句践开始到越国灭亡仍然继续保留着[1]。还有学者甚至认为吴国鸟虫书兴盛于阖闾时期，但也终止于阖闾时期，吴国鸟虫书在夫差时之所以突然中断，推测是与仇越有关[2]，这也从另一个侧面反映了鸟虫书与越国及鸟图腾崇拜的关系。

（四）鸟虫书的衰落

就越王剑而言，鸟虫书自句践之后即进入兴盛期，这从句践剑与者旨於睗剑的数量比较上可以清楚地看出来，这一方面与越国的国力及越人尚武且擅长水战相关，另一方面也与东周时期战争方式的改变、剑的需求增加以及佩剑之风的盛行等因素相关。然而到了战国中期以后，鸟虫书即已开始逐步走向衰落。容庚曾推论越国鸟虫书终于州句时，但随着实物资料的不断被发现和鸟虫书铭文的不断被释读，现在一般认为鸟虫书在不光时仍较为兴盛。如果丌北古为越王无彊的观点得到证实，也就意味着鸟虫书在越国至少行用至无彊时期（约公元前333年）。这样，若从楚王子午鼎（公元前558年）起计，则鸟虫书在包括越国在内的南方各国流行了近230年。

作为一种书体，鸟虫书极力追求近于图案化的美，但书法艺术的发展其实恰恰应该远离和超出图案与绘画，而在其独有的线条和结构中去创造内在规律性的美感。从这个意义上说，鸟虫书只能是一种装饰文字，尚不能说是书法艺术，而这，可能也正是鸟虫书逐步走向衰落的一个内在原因。

二、铭文内容

越王剑铭文内容以记录器主为主要目的，其他也涉及越国历史、疆域、世系等方面的内容。

（一）记录器主

记录器主，即说明器是何人所作，是商周青铜器铭文最基本的一项内容。从最初于商代中期出现的族徽到后期越来越详细的“作器者+被祭者名”，再插入“作”以明确表意，铭文形式趋于完善，并出现了器的自名，随后即形成了“某作某器”“某自作器”的习用句

1　参阅王士伦：《越国鸟图腾和鸟崇拜的若干问题》，《浙江学刊》1990年第6期。

2　参阅董楚平、金永平：《吴越文化志》，第91、92页，上海人民出版社，1998年。

式[1]。这在吴越地区同样流行，如越王剑的器铭往往有固定格式，即国名、王名、人名，其人名多为氏、名、字同列于一剑，而器主与器物的关系也明确表明为“自作”。

1. 国名、王名、人名

与吴国在不同时期拥有不同的国名且带有明显的夷语发声特点正好相反，越王剑铭文中所见越国名相对单一，除两件越王句践剑和越王者旨於睗剑加有偏旁为“戉阝”（郕）外，余均为“戉”，且没有夷俗痕迹，反而是百分之百的华夏色彩[2]。其实这种本字加“邑”旁正是春秋以后的繁体，如“徐”之作“余”“郐”“郐”等，这一点与吴国判然有别，但其人名则与吴一样，多越语特征，为复音语或胶着语，有疾读与缓读之分。

器主名前还常见冠以王号、先王名号或身份名号：冠王号者最为普遍，所有越王剑均冠以王号“越王”；未继位者或冠以先王名号，如“越王之子句践”，或冠以身份名号，如“越王大子”、“嗣旨不光”等，以表明自己的贵族或嗣王身份。这也是春秋时期南方各国青铜器共同的铭文特征，其时吴、越、徐、陈、胡、郳等国或来自南方一些族氏的青铜器器主，常记叙其祖、其父，有时甚至上溯到远祖，以炫示其族氏的显赫[3]。他们常在自己名字前冠以王号或先世的名号，已为王者称某王；王室成员则冠以先世名号，最多见的是某人之孙、某人之子；还有记述其他血缘关系、身份的，如“吴季子之子逞”、“徐王义楚之元子”等；也有道出君臣关系或职官的。更有甚者，如徐儠儿钟铭中见有曾孙、孙、元子、良臣、慈父等多个称谓，可谓是信口道来、家世宣赫。但也偶有例外，如龚钦龙藏原古越阁州句铜格铁剑铭文正面为“戉州句戉州句”6字，既无“王”字也无“王之子”或“大子”等表明其身份之文字，可能是州句为太子尚未登基时所铸。

2. 人名之氏、名、字

越王剑中有人名之氏、名、字三者同时分列于剑铭的现象，主要见于者旨於睗剑和者旨不光剑。如者旨於睗剑，为氏、名同列于一剑，“者旨”为氏，读作“诸稽”，是越王的氏，其后之“於睗”为名。者旨不光剑上有的氏、名、字即“者旨”、“殹”、“不光”三者同现，剑格作“者旨不光”，剑首作“旨殹”，或将名和字以极简省的形式记录为“旨医（者旨翳）”。而典籍记州句之子名“不扬”，不如剑格铭作“不光”妥贴，也可见其时越国王室贵族取名已有华夏化的倾向[4]。有学者曾推论“句践”可能取字为“之利”，“利”字从“刀”，作以刀割禾之状，“戋”字为二“戈”累加，“戋”与“利”，义相因，当有名字相配之关系[5]。如此，若允常为得居，句践为之利之论成立，则越王之名、字相配，自允常、句践即已有之。

1　赵平安：《论铭文中的一种特殊句型——“某作某器”句式的启示》，《古汉语研究》1991年第4期。

2　董楚平：《吴越文化新探》，浙江人民出版社，1988年。

3　李学勤：《春秋南方青铜器铭文的一个特点》，《吴越地区青铜器研究论文集》，两木出版社，1997年。

4　曹锦炎：《鸟虫书通考》，第88页，第36号剑剑铭之释读部分，上海书画出版社，1999年。

5　董楚平：《吴越徐舒金文集释》第四章《之利钟》注三，浙江古籍出版社，1992年；《越王州句复合剑铭文新释》，《黄盛璋先生八秩华诞纪念文集》，中国教育文化出版社，2005年。

（二）器名与器主关系

多为“自作用剑”，如句践剑、者旨於睗剑、州句剑等。其他还有“自作用攻”“元用剑”等，如国家博物馆藏州句剑及龚钦龙藏州句剑，有学者释为“之元用僉”；湖北江陵张家山小墓之剑，学者们释读为鮖旨不光剑，其器为器主之“自乍用攻（？）”及“元用僉”。相同的还有上海博物馆所藏鮖旨不光剑、卡尔贝克旧藏鮖旨不光剑也为“自乍用攻”等。“自乍用”与“元用”均为春秋战国时期兵器铭文中习见的用语，其中“自作用”尤其习见于吴越王兵器，“元用”则常见于吴器，如邗王是埜戈之“邗王是埜作为元用”、攻敔王夫差剑之“攻敔王夫差自作其元用”、吴季子之子逞剑之“吴季子之子逞之元用剑”等，也见于徐、秦、晋之兵器，如徐王之子□戈之“徐王之子□之元用戈”。“元用”之意，郭沫若释为“顶好的武器”[1]，也有学者释为“宝用”之意，“元用剑”即“宝剑”。凡有此类铭文的兵器，基本上均属国君或上层贵族用器，铭文之“用剑”“元用”等告诉我们当时这些剑是被视作宝物来珍惜的[2]。

（三）鮖王、大子制度

由越王剑铭文可知越国有鮖王制度和大子制度。如越王鮖旨不光剑之铭文中，旨不光是人名，“越王鮖”即越王的法定继承人，作器时尚未即位；越王不光剑则表明不光此时已即王位，故而删去“鮖”字[3]。近年浙江绍兴出土的越王石矛中颇多刻铭“[戉]鮖王”者[4]，另有上海博物馆藏越王大子矛铭“於戉（越）台（鮖）王”亦可为证。

（四）夸耀疆土广阔、国力强盛

国家博物馆及龚钦龙所藏古越阁越王州句剑铭为“唯余土卷邗”或“唯余土逶邗”或“唯余土利邗”等，有学者隶定文意均有扩张疆土之志；越王者旨不光剑首铭“唯尸邦旨（稽）大”，则直言夷邦之中数我为大[5]，颇有夸耀疆土广阔、国力强盛之意。

（五）剑铭所见之越王世系

目前所见越王剑铭涉及越王名有：越王句践、越王者旨於睗、越王不寿、越王州句、越王不光，共五位越王；又由越王之子句践剑可知作于允常为王时，另丌北古若考为无彊无误，则越国自允常至无彊时均有具王铭剑存世，共七位越王。分别为：允常（越王之子句

1　郭沫若：《奴隶制时代》，第130、131页，科学出版社，1956年。

2　参阅王人聪：《释元用与元弄》，《考古与文物》1996年第3期。

3　曹锦炎：《越王鮖旨不光剑铭考》，《文物》1995年第8期。

4　曹锦炎：《越王不光矛跋》，《吴越历史与考古论集》，文物出版社，2007年。

5　曹锦炎：《新见越王兵器及其相关问题》，《文物》2000年第1期。

践剑），句践（越王句践剑），者旨於睗也即鼫与、与夷、兴夷、鹿郢等（越王者旨於睗剑），不寿也即盲姑（越王不寿剑），州句也即朱句、翁（越王州句剑）、不光也即翳、不扬（越王嗣旨不光剑、越王旨不光剑、越王不光剑等），无彊（或为越王丌北古剑）。若再参考其他越国具王铭兵器，则其世系更为完善，实为同期其他国家罕见。

三、铭文特征

（一）鸟饰特征

董楚平依据马国权概括的十三种鸟虫书构形并对照相应的越王兵器，归纳出其鸟虫书的九个特征：寓鸟形于笔画、附鸟形于字上、附鸟形于字下、附鸟形于字右、附双鸟形于字上、附双鸟形于字下、附双鸟形于字之上下、寓双钩鸟形于笔画、附双钩鸟形于字旁。比较典型的例子如：越王句践剑的“用”字附双鸟形于字之上下；越王者旨於睗剑的“戉”“王”“於”“睗”诸字寓双钩鸟形于笔画；越王者旨於睗剑的“旨”字附双钩鸟形于字旁等[1]。

王士伦更多关注到越王剑鸟饰的一些细部特征及差异，并将之与吴、楚等国作比较。如他观察到句践、者旨於睗、丌北古、州句四代越王的兵器上，“王”字大多写成双首联体鸟书（图17），而这一特征在当时其他诸国的鸟书中是相对少见的，如吴王夫差戈，“王”字不写成鸟书；王子孜（吴王僚）戈的“王”虽写成双鸟相对，但不是联体（图18）；楚惠王戈的“王”字，上部写作篆书，下部一只鸟形，亦非双首联体鸟形。但湖南长沙出土的“奇字矛”，其中有“王”字，与越王兵器中常见的“王”字写法类同[2]，该

图17　越国双首联体鸟书“王”示例——越王者旨於睗

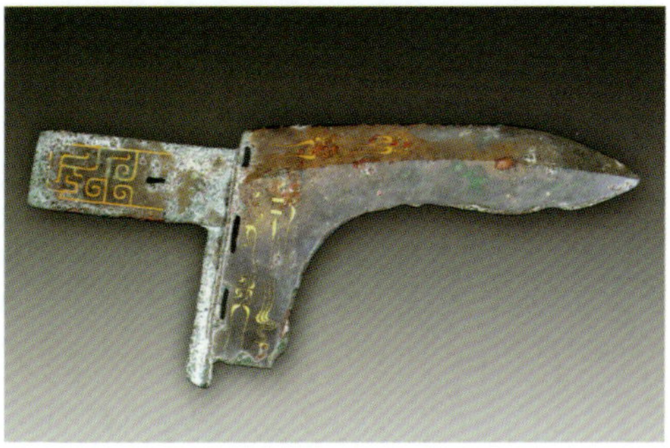

图18-1　王子孜戈

图18-2　吴国双鸟不联体鸟书“王”示例——王子孜之用戈

1　董楚平：《吴越文化新探》，浙江人民出版社，1988年。

2　王士伦：《越国鸟图腾和鸟崇拜的若干问题》，《浙江学刊》1990年第6期。

器国属一直有越、百越和楚诸说，若仅从鸟饰特征看，似乎越国的可能更大一些。

曹锦炎在对各国鸟虫书作对比研究后指出，越国鸟虫书以尖嘴的、写实性的鸟为饰笔。早期的如越王之子旅戔剑的“子”字、“之”字，晚期的如越王州句剑的“戉”字和不光剑的“用”字，一直沿用长达一个世纪之久。而相邻的吴的鸟形却与越不同，其接近于宋和蔡，鸟饰往往作张嘴形[1]。

（二）线条特征

总体来看，越王剑铭文的线条既有单双钩的差异，也有粗与细的区分，又有变直为曲及增肥添粗等不同特征。曹锦炎曾指出，以几何线条化的饰笔（或者说是简化的鸟、虫形饰笔）来取代写实的鸟饰，最早可上溯到作于允常时的越王之子旅戔剑的“之”字、“戋”字，至丌北古剑时达到顶峰。越国晚期，饰笔的普遍线条化成为鸟虫书构形的主流，因此也有学者直称为“虫书”[2]。铭文线条的演变则经历了由单线到双钩线、从无地纹到有地纹，由简单到繁缛的历史过程。如越王之子句践剑线条多作单线，简洁素朴；越王之子者旨於赐剑的格铭文（除台湾高雄某氏所藏作单线外）及后来的州句剑格铭文多用双钩线条。相比于单线条而言，双钩线无疑更为华美，不但极富装饰性，也便于错金和镶嵌。

越王剑铭文线条的特征演变还深受吴、楚两国鸟虫书的影响，如吴国鸟虫书喜于笔画的弯曲处增粗添肥的做法为越国所继承，并一直沿用到州句时；楚国鸟虫书之线条形体修长、变直为曲的特征对越国的影响也很大。这和越与吴、楚两国因邻境接壤、彼此交战所带来的文化的交流与融合有着密切的关系。

（三）其他增饰

鸟虫书的最大特点就是有各种繁杂的鸟形增饰和饰笔与文字本身的结构相混合，从而美化字体。越王剑鸟虫书除附加鸟饰和线条富于变化外，还常见各种增饰，其中以“口”字比较常见，如陈仁涛著录之越王之子句践剑与望山1号墓句践剑，本字是“九戋”，余皆为增饰。两者相比，“九”字右旁的增饰有繁简的区别，越王句践剑较繁而越王之子剑较简。又，州句剑有的不从“口”而作“丩”，“丩”乃本字，“口”也可视为增饰。

除去增加偏旁、字符为饰外，剑铭还有或增字或赘字的现象，如上海博物馆、安庆博物馆藏越王丌北古剑，剑首“自乍用僉自”中的“自”和“自乍元之用之僉”中的“之”即为赘字。这些增字、赘字均为起间隔、对称或美化作用而设。

1　曹锦炎：《鸟虫书通考》，第18页，上海书画出版社，1999年。

2　马国权：《鸟虫书论稿》，《古文字研究》第十辑，中华书局，1983年。

（四）铭文的位置与排列

越王剑铭多铸刻于剑身近格处、剑格两面和剑首等相对固定的部位。如望山句践剑、藤店州句剑铭文在剑身近格处；越王者旨於睗剑、州句剑铭文多在剑格两面；越王不光剑铭文或在剑格两面，或在剑格两面加剑首；丌北古剑铭文多在剑格两面、剑首。各部位铭文的排列也有一定的规律可循，主要见有剑身直铭、剑格对铭和剑首环铭几种排列方式，尤以剑格对铭和剑首环铭呈现出比较独特的规律。

1. 剑身直铭

剑身近格处为直铭，两行，右起，由上至下直读。如望山句践剑之“越王句践/自作用剑”、藤店州句剑之“越王州句/自作用剑”。

2. 剑格对铭

即正背面均有铭，连起来为完整的铭文。大多数越王剑的铭文用此排列方法，具有较强的规律，但不同的释读往往会造成器主考订的不同，因此需要加以注意。特别是对越王之子句践剑的释读，其释读顺序至关重要，此剑初读为越王句践之子剑，器主定为句践之子，后来张振林在比较了4件者旨於睗剑和6件州句剑后，发现了越王剑的剑格对铭存在着共同的排列规律：①有戉王者为正面，应先读，无戉王者为反面，应后读；②同一面铭文，右半边先读，左半边后读；③同一面两边若文字相同，则以中脊为轴，左右两边对称（图19）。循此规律，可将此剑读为越王之子句践剑，并进而认定该剑为最早的具越王名的青铜剑[1]。其他如越王者旨於睗剑、越王州句剑等，凡格两面铸铭者，均有此规律。但读法不一，如图所示：

（正面）	戉王　王戉	戉王　王戉	②州　王　戉　州②
			↓　←①　↓
	④→　←①	④→　←①	句　　　句
（反面）	践句　之子	賜於　者旨	用←乍　乍→用
			↓③↑　↑③↓
	←③　②→	←③　②→	剑　自　自　剑

曹锦炎进一步解释为：以剑锋向上时，无论正反面，右侧总是按顺时针方向排列，左侧总是按逆时针方向排列，释读时先右后左。但安徽寿县出土、现藏上海博物馆的越王者旨於睗剑与湖南益阳出土的越王州句剑例外，前者背面铭文的释读顺序为先读左半边，后读右半边，后者剑格右侧按逆时针左侧按顺时针。原因在于，若按常规排列，举剑时“戉”（国名）被压在“王”字下面，似有不敬之嫌，故将左右顺序互换[2]。也有学者认为铭文次序要

1　张振林：《关于两件吴越宝剑铭文的释读问题》，《中国语文研究》第七期。

2　曹锦炎：《跋古越阁新藏之州句剑铭文》，《吴越地区考古与历史文集》，文物出版社，2007年。

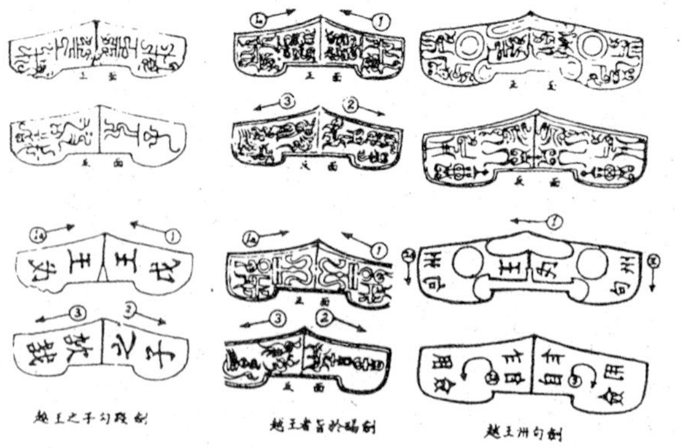

图19 张振林读法示例

按文义而定，并非一成不变，如龚钦龙藏古越阁之州句剑反面铭文“余邗（捍）王利之唯用剑”与其他州句剑大异，其排列的次序当然不必受常规限制，而要服从自身的需要。该剑铭文中，“王利”是句践，这二字当然要放在上排，其他六字的安排都必须服从这个前提，故其反面铭文八字，概不环列，而都作由下而上的横向排列[1]，此为保证“王利”二字列于上方，而不惜打破常规之举。

事实上，圆首圆茎双凸箍宽凹字形格的吴越青铜剑不论是否有铭文，剑格都是分正背面的。在无铭文的剑格上，以纹饰区别正背面：正面饰兽面纹，背面饰勾连纹或几何纹等；在有铭文的剑格上，以铭文区分正背面，“戉王”二字始终置于饰兽面纹的剑格正面。因此，将“戉王”置于正面、先读，或为了避免不敬而互换顺序，甚至打破常规排列等，都是为了强调越王的身份和尊严。

3. 剑首环铭

相对于剑身直铭和剑格对铭而言，剑首环铭别有意趣。如越王丌北古剑、江陵张家山小墓剑、平粮台越王剑、刘体智《善斋吉金录》等著录的数柄奇字剑、卯剑、环剑[2]，其形制、铭文均相近或相同，它们在剑格对铭的同时，又在剑首内部环绕剑首铸铭一圈，铭文以剑首中心为中心，呈放射状排列，极具装饰意趣。这种排列方法及所产生的装饰效果可能与剑首同心圆中的燕尾状放射纹有演变及取代关系。实际上，剑首同心圆多见于州句前，而剑首环铭除丌北古曾有不寿（盲姑）和不光之争议外，多见于州句后。其间或增字为饰，或多有赘字，如越王丌北古剑剑首“自乍用僉自”中的“自”和“自乍元之用之僉”中的“之”即为赘字，其排列和释读规律为以剑首为中心按顺时针方向顺读[3]。

剑首环铭还有十字交叉排列者。如陈介祺旧藏、《奇觚室吉金文存》之“环剑”，《集成》之“先自剑”，铭文在剑首，阳文，环列12字：“戉□自戉□自戉□自戉□自”。铭文装饰意味甚浓，“戉”“自”各4字，作十字交叉排列，剔除装饰性重文后，实存5字，即“戉□自□□”，按顺时针方向为序释读。再参考剑首铭文常错金银、特别是隔字错金等手法，更可见其装饰功能大于记录功能。

1 董楚平：《越王州句复合剑铭文新释》，《黄盛璋先生八秩华诞纪念文集》，中国教育文化出版社，2005年。

2 董楚平：《吴越徐舒金文集释》，浙江古籍出版社，1992年。

3 曹锦炎：《鸟虫书通考》，第97页，上海书画出版社，1999年。

（五）铭文装饰风格

综观存世所见越王剑，其铭文所呈现的装饰风格大致可以归结为从简朴趋向繁缛，同时随着时间的推移，铭文文字的美术化程度增强，纯装饰性趋浓。如早期的越王之子句践剑，剑铭风格简朴，单线条，仅“戉王”二字略作鸟虫书体；之后，者旨於睗剑的剑格铭文多用双钩线，铭文字体也高度美术化，为鸟虫书体；再后，州句剑剑格铭文美术化程度尤高，除少数剑铭外皆用双钩线，有的更用席地纹与“腰圆形洼穴”[1]。丌北古剑、不光剑等虽然剑格铭文与纹饰均较为简朴，剑的形制、铸造技术等也略逊一筹，但剑首环铭为剑的装饰风格增添了异趣，特别是所采用的错金，错银，隔字错金、银等技术，以及按序同向排列和十字交叉排列等方法和重文、赘字的使用，都最大程度地发挥了鸟虫书铭文的美化装饰作用。

就铭文字数的变化来看，越王剑的铭文字数也呈现出由早及晚逐渐增多的特点。从早期句践剑、者旨於睗剑的8字铭文，到州句剑的16字铭文，其后的不光剑字数虽或多或少，但文字总数大多超出州句剑，至于丌北古剑更多达32字，四倍于句践剑。同时，随着字数的增多，铭文内容也更加丰富，记载范围不断扩大，自州句剑始，铭文已不再局限于记录器主与器名，而是开始记录国家大事。如龚钦龙藏原古越阁州句剑，所记载的内容是如此的丰富，以致在学术界引发了一场热烈的讨论。

四、铭文成型工艺

（一）铸铭

1. 范铸

或认为越王剑铭铸造以范铸为主。如越王句践剑铭文，有人认为是范铸而就，即在泥范表面黏贴泥条，成形后铸出铭文的阴槽，如需错金，则嵌入金丝即可[2]。

2. 模印

或认为兵器类铭文为植入字模铸造，而且因为使用字模，常常发生误植现象，以致引起释读争议。有学者曾指出：“越兵范铸铭文单字似活字模嵌入主体陶范，不平整，时常有似印痕迹象。此系字模误植所致。”如上海博物馆藏越王者旨於睗矛；又香港中文大学文物馆购藏的越王者旨矛，铭文每字四周均有方框，与春秋时期的秦公簋铭文类似，显然其铭文是用字模打印在陶范上然后铸成；安徽寿县出土的者旨於睗戈（著录于陈仁涛《金匮论古初集》者），其铭在胡部，为“戉王睗/旨於者”，次序错乱，以致时人不识，如陈仁涛即释为“越王赐舌於作”。其实，戈铭“越王睗旨於者”亦即“越王者旨於睗”，学术界已成定

1　董楚平：《吴越徐舒金文集释》，第201页，浙江古籍出版社，1992年。

2　董亚巍、周卫荣等：《越王句践剑铸制工艺中的几个问题研究》，《鉴藏》2006年第4期。

论[1]。造成这种错乱的原因，主要是铭文系用单字印范铸造（错金者再嵌以金丝），工匠稍有疏忽（或因不识字），便致误植，造成铭文位置互易而不成文。

但另一方面，这一时期的铭文制范似已有固定的专业人员，水平也相对比较稳定。董楚平经观察比较后发现，上海博物馆藏不寿矛的铭文字体与同藏的者旨於睗矛的铭文字体完全相同[2]，推测当出于同一匠师的同一时期之作。二者皆为矛，疑为姊妹器，前器作于者旨於睗为王时，后者当亦然。

（二）刻铭

春秋中期即已出现的錾刻工艺、错金工艺和春秋晚期铁工具的使用，为春秋晚期至战国时期的铭文錾刻提供了坚实的技术基础。越王剑铭中相当数量的铭文线条纤细、整体或隔字嵌错金银，证明彼时的铭文錾刻工艺已相当发达。有学者推测望山越王句践剑或为刻铭，即在剑体铸成和菱形纹饰形成之后，用钢铁工具凿刻铭文[3]。另有学者认为，安庆丌北古剑铭文线条纤细，制范的难度极大，即便范铸成功，文字也会在剑格、剑首的铸后加工过程中磨损殆尽，因此应为錾刻后错金。另外，从字口也能看出錾刻的痕迹，如在未错金的铭文字口中能清晰地看到錾刻痕，特别是剑首上的铭文“古”字，其字口内呈“W”形，而范铸铭文的字口呈“V”形。错金工艺需要“W”形字口，“V”形字口会影响金丝与字口的附着力，再加上铭文的线条光洁流畅，也更进一步证实铭文为錾刻而成[4]。同理，越王剑中数量较多的剑首环铭也有可能采用了錾刻工艺。

第三节　越王剑的铸造

东周是我国青铜冶铸史上的重要时期。一方面，冶铸技术从长时间的实践升华为理论，诞生了一部总结性的理论著作《考工记》，该书根据当时的冶铸经验对合金配比作了比较详细的记载：“金有六齐，六分其金而锡居一，谓之钟鼎之齐；五分其金而锡居一，谓之斧斤之齐；四分其金而锡居一，谓之戈戟之齐；叁分其金而锡居一，谓之大刃之齐；五分其金而锡居二，谓之削杀矢之齐；金锡半，谓之鉴隧之齐。”另一方面，彼时方国林立，青铜铸造

1　马承源：《越王剑、永康元年群神禽兽镜》，《文物》1962年第12期；陈梦家《蔡器三记》，《考古》1963年第7期；林沄：《越王者旨於睗考》，《考古》1963年第8期；殷涤非：《者旨於睗考》，《古文字研究》第10辑；容庚：《鸟书考》，《中山大学学报》1964年第1期；曹锦炎：《越王姓氏新考》，《中华文史论丛》1983年第3期。

2　董楚平：《吴越徐舒金文集释》，第219～221页，浙江古籍出版社，1992年。

3　谭德睿、吴则嘉：《越王勾践剑菱形纹饰技术再讨论》，《江汉考古》2007年第3期。

4　参阅黄光新：《越王丌北古剑的铸造加工工艺》，“全国金属史与钱币史学术研讨会”论文，2002年，湖北鄂州。

及青铜文化既各具地方特色，又相互交流融合，呈现出色彩斑斓的面貌。同时，诸侯争霸、战争频仍，以及随后的战争方式的改变与佩剑之风的兴盛，都极大地刺激了兵器特别是铜剑的铸造和对铸工、装饰等精益求精的追求。

吴、越两国相互攻伐达数十年之久，更迫使越国倾其财力于军备，由此推动了越国兵器铸造工艺的迅猛发展。绍兴作为当时越国的中心地区，不仅拥有着丰富的矿藏资源、发达的冶铸作坊，而且聚集着大批能工巧匠，越占领吴故地后又继承了吴的兵器铸造技术，这些都为越国青铜兵器的铸造提供了基础，使得越国的兵器铸造业特别是越王剑的铸造技术称雄其时、冠盖当世。

一、越国的冶铸业

绍兴一带地理环境得天独厚，铜、锡矿脉蕴藏丰富。《考工记》云："吴粤之剑迁乎其地而弗能为良，地气使然也。""吴粤之金锡，此材之美者也。"《越绝书》卷十一："赤堇之山破而出锡，若耶之溪涸而出铜。"《战国策·魏策》："溪旁即赤堇山也。"赤堇山在今绍兴东南约15千米处，平水区上灶乡铸铺岙村，与若耶溪相连。《旧经》："欧冶子为越王铸剑之所，一名铸铺山。"即铸铺岙，亦即山岙里的冶铸作坊。据文献记载，绍兴的铸铺、上灶、下灶、剑翁岭等地都是越王句践铸剑的工场所在，新中国成立以来在上灶乡出土了许多越式铜器，在若耶溪的凤凰山发现了铜矿，60年代也进行了开采。实际上，这类矿藏早在越国时就已得到了开采和利用，《越绝书》卷八："姑中山者，越铜官之山也。越人谓之铜姑渎……""官渎者，句践工官也。"《水经注》："铜牛山古名姑中山，东有洞穴三十丈许，山中有冶官。"其地望一说在离凤凰山西七八里会稽山巅之秦皇山；一说在今上虞东关镇长山乡（旧属绍兴），称锡山，又称银山，山上有古铅锌矿矿井遗迹，附近地面也发现过春秋战国时期的遗物。《水经注》又云："练塘，句践练冶铜锡之处，采炭南山，故其间有炭渎。"从银山向北二千米就是练塘村，与山阴古故陆道、故水道相连，练塘即冶炼矿产之地，在银山与练塘间专辟炭渎[1]。

考古发现证明早在商代以前越境内即有了青铜铸造业，如浙江淳安进贤、海盐东橱金、嘉兴雀幕桥等遗址中发现有坩埚、铜炼渣、小件青铜器及青铜冶炼遗址等，其他遗址中也常见有冶炼及使用青铜器的迹象[2]。1959年前后，西施山绍兴钢铁厂西南出土了大量的青铜农工具如削、斧、凿等，出土时铜削有四五把黏结成块，很明显是将铜液浇入范内造成的。另还发现了炼铜坩埚、铜渣及铜铁农工具、木构件等，坩埚里面还残留有铜渣，附近伴出铜屑残块。这些都说明附近应有越国的冶炼工场和制陶作坊。此外，越境内各地所出青铜块及残破农具、兵器等，也有学者认为与越国冶铸业有关[3]。

1　转引自方杰主编：《越国文化》，上海社会科学院出版社，1998年。

2　《浙江新石器时代文物图录》，浙江人民出版社，1958年；《中国考古学年鉴》（1984年），第108页，文物出版社；浙江省博物馆：《三十年来浙江文物考古工作》，《文物考古工作三十年》，文物出版社，1979年。

3　曹锦炎：《浙江出土商周青铜器概论》，《东南文化》1989年第6期。

二、越王剑铸造技术

东周时期，吴越兵器均冠绝一时，但相较之下，吴国铸技虽成熟于前，越国铸技却后来居上，略胜一筹。尤其是越王剑精绝无比，为各国珍爱，以致竞相争夺。据《越绝书》卷十一记载："昔者，越王句践有宝剑五，闻于天下。"剑分大型三、小型二，一曰湛泸，二曰纯钧，三曰胜邪，四曰鱼肠，五曰巨渊，以纯钧剑最为精美绝伦。五剑之中，胜邪、鱼肠、湛泸三剑为吴王阖闾所得，并以鱼肠剑刺死王僚，湛泸剑后又为楚王所得，秦王闻而求之却不能得，因此兴兵击楚，但楚王仍不与秦王剑。同时，另一名剑步光剑也成为越王佩剑并作为越国重礼馈赠吴王及各国贵宾，《越绝书》载句践接见孔子时"带步光之剑，杖物卢之矛""越王使文种至吴，以先人之藏器，甲二十领，屈庐之矛、步光之剑，以贺军吏"。《越绝书》还因此为越国的铸剑术另立专篇，即《越绝外传·记宝剑》。

越王剑集当时各种先进的青铜冶铸技术于一体，代表了当时铸造技术的最高水准，制作之精湛，可谓鬼斧神工。其所采用的菱形暗花纹技术，剑首同心圆技术，复合金属嵌铸技术，青铜合金及其组织，剑身、格、茎、箍、首的成形技术，铭文成形的错金银技术，剑格、剑箍的镶嵌技术，磨剑技术，剑鞘制作技术及缠缑技术等无不冠绝高超，尤其是暗花纹、剑首同心圆和复合剑制作技术堪称三绝，成为中国青铜器研究和中国科技史研究的重要课题。

图20　菱形暗花纹

（一）暗花纹制作技术

春秋中晚期开始，吴越青铜匠师在青铜兵器上创造出一种新颖的装饰工艺，即在剑身施饰花纹，如菱形纹、水波纹、火焰纹、米字纹等以几何纹为主的花纹，因发现时这些纹饰呈灰黑色或暗于基体而被称之为暗花纹。其中菱形暗花纹较为常见，多由双线交叉构成，每个单元呈菱形，至锋部逐渐缩小，线条匀称规整，交叉处形成多种形状的图形，有的为横直线，有的为尖长菱形，有的为椭圆形，从而使得菱形暗花纹的图案更富装饰性（图20）。

暗花纹作为东周时期越王剑乃至吴越青铜兵器最华美的装饰之一，颇不乏见于历史文献中，如《吴越春秋》记载，干将莫邪为阖闾造剑，最后成阴阳二剑，"剑阳曰干将，而作龟文；阴曰莫邪，而作漫理。”《越绝书》中关于纯钧剑色泽和花纹的赞美更是为越王宝剑增添了无比神奇的魅力。现代研究者中，周纬最早注意到东周青铜兵器上的此类装饰，并在《中国兵器史稿》中辟出专门篇幅论述“周剑外镀之技术”和“周剑刃上天然花纹之超代艺术”[1]。他将铜兵器的表面装饰与《越绝书》形容宝剑的赞词联系起来，认为形容纯钧剑的各种比喻即指剑上的“异光花纹”而言，其中所说的“鉥”，即兵器表面的“碎锦式花纹”，而所谓的“碎锦式花纹”就是菱形暗花纹。国外学者如法国考古学家卫松（Andre’vayson de Pradenne）1922年发文论述周代铜戈等兵器的化学成分时说道：“中国古代已有外镀，殊可钦异！且其外镀不仅为美观避锈起见，又有保护兵器本身之功能……扩言之，中国古代铜兵器铸术之高，非斯时任何他处之所能及……外镀之术，实足以超越斯世，而使吾人之研究铜器文化者，不能不注目远东，且以主要地位许中国也。”[2]1962年，华生（Willeam Watson）在一篇关于中国古代青铜器的论文中，分析过兵器表面装饰的众多色彩或图案，认为是个谜，但同时提出也许是在埋藏过程中形成[3]。这可能是第一位注意到埋藏环境与暗花纹形成机理关系的学者。

国内关于菱形纹饰的科学考察始于1977年、1978年对望山楚墓出土的越王句践剑和同墓出土的另一件菱形纹饰剑的无损检测。首先是复旦大学、中国科学院上海原子核研究所及北京钢铁学院等单位，通过电子探针和质子X荧光非真空分析技术对越王句践剑作相应的检测，发现剑身、黄黑等各色花纹、剑格正中及边缘各部位由铜、锡、铅、铁、硫、砷诸元素组成，且含量不同（表1）。专家们认为，剑的配比成分是有意识控制的，不同类型的配比是为了解决剑的钢性和不至于脆裂的矛盾，而这全凭经验。在对剑表面的化学成分作检测后得知，越王句践剑表面黑色纹饰的锡铁含量较高，并有数量不等的硫。经过模拟试验和对比分析，认为可能是用硫粉直接处理的结果，但并不排除表面氧化层受到硫化物污染的可能[4]。

其后，有学者对越王句践剑表面黑色花纹中含有Cu_2S的可靠性作了模拟试验，推测硫化处理是在铸造后特意施加的，可能是将铸好并具有内凹菱形花纹的剑全部进行硫化处理，然后将剑刃剑身抛光，显露青铜本色，而保留其内凹菱形花纹所着黑色。剑格剑柄未经抛光，亦为黑色[5]。

美国Freer Gallery的T.Chase和加拿大多伦多大学的U.M.Franklin曾对有暗花纹的青铜矛进行了化学成分和金相组织分析，认为其暗花纹是采用腐殖酸或用天然盐腐蚀青铜矛，然后运用某种浸取或渗透工艺形成纹饰，推测可能采用了“上釉和封闭”的工艺，使兵器表面

1 周纬：《中国兵器史稿》，生活・读书・新知三联书店，1957年。

2 转引自周纬：《中国兵器史稿》，生活・读书・新知三联书店，1957年。

3 W. T. Chase and M. Franklin: Early Chinese Black Mirrors and Patten-etched weapon, *Arts Orienrolis* , Vol. 11（1979）.

4 复旦大学静电加速器实验室等：《越王剑的质子X荧光分析》，《复旦大学学报（自然科学学报）》1979年第11期。

5 马肇曾、韩汝玢：《越王句践剑表面黑色纹饰的研究》，《自然科学史研究》1987年第2期。

表1　越王句践剑各部位元素成分检测表

分析部位	元素成分（%）					
	Cu（铜）	Sn（锡）	Pb（铅）	Fe（铁）	S（硫）	As（砷）
剑身	80.3	18.8	0.4	0.4		微量
黄花纹	83.1	15.2	0.8	0.8		微量
黑花纹	73.9	22.8	1.4	1.8	微量	微量
黑花纹特黑处	68.2	29.1	0.9	1.2	0.5	微量
剑格剑格边缘	57.3	29.6	8.7	3.4	0.9	微量
剑格剑格正中	41.5	42.6	6.1	3.7	5.9	微量

形成玻璃态熔融物。但同时他们又强调，埋藏过程中器物会发生重大变化，因此必须经过试验研究才能使人信服[1]。美国学者C.S.Smith分析过一件暗花纹青铜剑，认为系由深度化学浸蚀形成，腐蚀物表面与邻近的青铜已完成共面，被矿化而非由浸蚀排除金属[2]。

上海博物馆曾两度对菱形暗花纹做过分析和研究。20世纪80年代，上海博物馆与上海材料研究所合作对纹饰作化学分析取样，发现暗花纹饰厚达1毫米，决非硫化物腐蚀的结果，推测其铸造方法是：先铸剑的基体，留出菱形纹饰空槽，然后再铸以上述合金[3]。近年上海博物馆有关专家再次对菱形暗花纹形成的机理进行探索，通过采用扫描电镜、电子探针、X射线衍射分析仪、金相显微镜等现代方法进行分析测试，发现有些铜兵器的菱形纹饰线条与铜兵器基体之间有“过渡层”，因而认为其形成机理绝非机械镶嵌。在对纹饰作进一步研究后认为：剑的表面有规则地分布着一层不同于基体组织的细晶层，其结构和成分与基体不同，形成与金黄色基体不同的色泽，从而在剑表面形成极富装饰性的银白色菱形纹饰，在埋藏条件下，黄、白纹饰受到土壤中腐殖酸水溶液不同程度的腐蚀而呈现黑亮—灰白相间

1　廉海萍译：《蚀刻纹饰兵器》，《文物保护与考古科学》，1993年第2期。原文：W.T.Chase and M.Franklin: Early Chinese Black Mirrors and Patten-etched weapon, *Arts Orienrolis*, Vol. 11（1979）, pp. 219-226.

2　C.S.Smith: *A Search for Structure*, p.281. The Press Cambridge, Massachusetts, and London, England, 1981 by The Massachusetts Institute of Technology.

3　马承源主编：《中国青铜器》，上海古籍出版社，1988年。

等色泽。基于以上探索，经过大量试验，如铸造成型法、表面激冷法、表层合金化、擦渗工艺、热浸渗工艺以及金属膏剂涂层法等，最后认为是用含有高锡粉末的金属膏剂涂层涂覆，并刻划花纹和图案，直至露出青铜表面为止，然后加热处理，磨掉表面氧化层。其中，金属膏剂的涂层工艺中表面反应层的形成是在一定的温度下，涂层中的锡原子扩散进相邻的基体表面，使基体表面因富锡而融入涂层合金中，在冷却过程中形成结构、成分、性能不同于基体而又与基体紧密结合的表面反应层。随后，又做了腐蚀试验，对实验室样品进行研究后认为，腐蚀后产生的以二氧化锡为主的氧化物是一种“釉”质薄膜，可能会产生非晶釉状表面。该试验表明，东周菱形纹饰剑的原色应是黄白相间的华丽菱形图案，当埋藏于含腐殖酸水溶液的土壤中，由于腐殖酸的氧化络合作用，菱形纹饰由黄白相间变为黑亮—灰黄相间等色泽。特别值得注意的是以富锡膏剂扩散法在剑表面形成了一层成分与组织均与剑体相符的表面细晶层，而表面反应层的结晶形态是在涂层金属成分、处理温度、处理时间、冷却条件等各种因素综合作用下的结果，是包括扩散、结晶、传热在内的一个复杂过程，即使在现代计算机控制下，要操作和完成这一过程也相当困难，这不能不说是中国科技史上的奇迹。试验表明我国早在2500多年前已掌握金属膏剂涂层扩散工艺这种特殊而精湛的青铜器表面合金化技术，使得青铜器表面既有装饰效果又有防腐蚀功能[1]。

20世纪90年代镇江博物馆与中国科学院自然科学史研究所对镇江大港青龙山所出春秋中晚期暗花纹矛进行了联合研究[2]，在对样品表面和横断面作金相学考察、扫描电镜分析等检测后发现，暗花纹主要由锡和铜的氧化物组成，而非由锡的氧化物组成。断面观察表明暗花纹区没有明显的厚度，在其下面有一腐蚀层，芯部的组织腐蚀较轻；非暗花纹区则从表面一直到芯部都已腐蚀，这种鲜明的对比当与暗花纹的性质有关。花纹区表层腐蚀产生的氧化物形成一层保护蜡，防止或阻止了向纵深方向的腐蚀，这应与涂层的选择有关，同时暗花纹区腐蚀后为粗糙的黑色条纹，非暗花纹区则是光滑的灰绿色釉状表面。花纹应是将矛通体磨光后施加的，遮住了原基体擦痕，腐蚀后变成起伏不平的粗糙条痕纹，而无花纹区相对光滑、平整。在排除了镀锡处理、硫化处理、蚀刻处理、二次浇铸等可能性后，研究者还对暗花纹与釉质表面的成因作了推测，认为其表面涂层很可能是用氯铜矿、铅粉等矿物颜料构成的涂料制作，这个涂层可能以胶体形式施加，且与基体有较强的结合能力，不易脱落。研究同时指出，长期的埋藏腐蚀与自然时效的因素不可忽视，但这恰恰是不能在实验室条件下复制的过程[3]。花纹的审美价值高于实用价值，即使埋藏数千年表面仍然色彩鲜明，在制作初期花纹本身不会是暗淡的，或者具有鲜艳的色彩对比，或者闪烁不同的光泽，造成很强的装饰效果。

1 谭德睿、廉海萍等：《东周铜兵器菱形纹饰技术研究》，《考古学报》2000年第1期；《吴越青铜兵器技术三绝》，《东方文明之韵——吴文化国际学术研讨会论文集》，岭南美术出版社，2000年。

2 肖梦龙、华觉明等：《吴干之剑研究》，《长江流域青铜文化研究》，科学出版社，2002年。

3 贾莹、肖梦龙等：《吴国暗花纹矛的检测分析与成因探讨》，《吴国青铜器综合研究》，科学出版社，2004年。

综合以上各家研究成果不难发现，至少有两点是暗花纹形成不可或缺的重要因素：一是工艺技术，二是埋藏环境。

（二）剑首同心圆制作技术

剑首同心圆饰纹技术即使在科技高度发达的今日也属绝技，在当时则仅见于少数的吴越名剑。如越王句践剑、越王者旨於睗剑、越王州句剑等剑首均饰有同心圆（图21），即剑首由厚仅0.2～0.8、凸起0.5～2.2、间距仅0.3～1.2毫米不等的多圈薄壁状凸棱组成，十分规整，达11圈之多，同心圆的槽底还密布着极细的凸起绳纹。其他一些吴越王剑的剑首上也常见饰有5～7圈的同心圆，一些非吴越王剑剑首上仅偶见饰有3～5圈同心圆。

研究者在对这类剑作多次考察后发现：薄壁同心圆凸棱的槽底有凸出的绳纹，应是铸造成形，而不可能由青铜车削制成；剑首与剑茎表面色泽不同，相互间有铸接的痕迹，表明剑首系单独铸成；薄壁同心圆凸棱的同心度相当高，表明其陶模或陶范的制造可能运用了类似轮制法成型的工艺。在此基础上，还进行了进一步的模拟试验（图22）；首先按商周时期陶范范料（普通黏土及其熟料加木炭灰和水配成膏状），经精炼、陈腐处理后，用剑首车板先车出陶范粗坯，利用精密雕刻的车板在泥坯上车出同心圆，缓慢阴干；再用水将范料调成稀泥浆，通过剑首车板敷于粗坯之上，缓慢阴干并经焙烧，然后刻下凹绳纹，制成剑首内范；另用车板制一剑首外范合于其上，外敷草拌泥，注入青铜熔液后即可浇注出带同心圆的剑首。上述制作过程中，主要有两个关键技术：其一，不用陶模而用轮盘法车板直接车制出精致的陶范，既需要十分科学合理的范料配方，也需要十分精致的技艺；其二，用轮盘法车制精致陶范，需将龙山文化蛋壳陶技艺发挥到极致[1]。

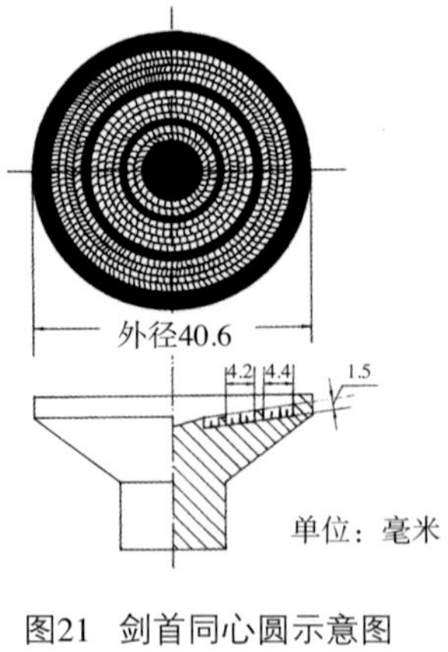

图21　剑首同心圆示意图

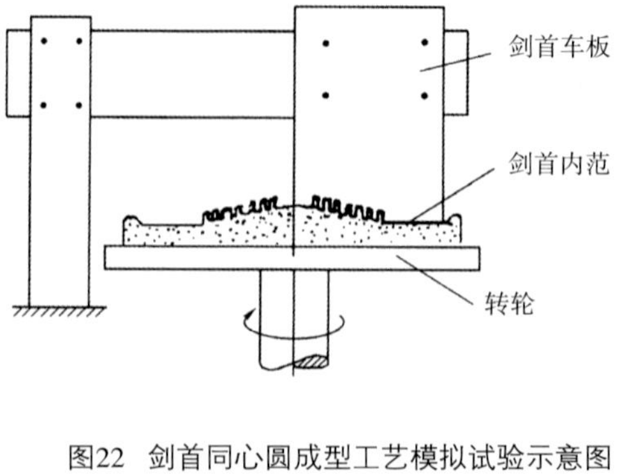

图22　剑首同心圆成型工艺模拟试验示意图

1　谭德睿、廉海萍等：《吴越青铜兵器技术三绝》，《东方文明之韵——吴文化国际学术研讨会论文集》，岭南美术出版社，2000年。

在越王句践剑等剑的同心圆首的凸棱中，还发现一般都有两道较厚的凸棱，往往在其中两个厚凸棱的一个边缘上有一圈凸起的披缝存在。推测同心圆首的铸制工艺，应是由两圈陶管套一个芯子组成，先是在陶车上用泥料车削而成，加上顶范对合后，再经阴干、焙烧成为陶范。凹槽为极薄的刀车出，绳纹为刀具在泥管的最高平面上与中心垂直排压出细线，铸后即是所谓绳纹。所有单范都是来自陶车，无模直接成范，顶范则可车亦可通过模具造型。研究者同时提出，凡具有同心圆首的剑，大多有两个规律：其一，剑茎由三段组成；其二，剑首部同心圆的凸棱为铸态，而首的外平面与中心凹锥形心为加工态[1]。

（三）复合剑制作技术

《越绝书》卷十一《外传记宝剑》记述薛烛为越王句践相宝剑，评价"巨阙"曰："非宝剑也。宝剑者，金锡和铜而不离，今巨阙已离矣。非宝剑也。"有学者推测此段记载中所说的"铜"为剑的"高铜部分"，即剑脊的代称；而所说的"金锡"可能指剑的"高锡部分"，即剑刃的代称，即巨阙剑可能为此类复合剑[2]。

复合剑，又称双色剑、嵌合剑、插心剑、复心剑。剑脊与两刃由两种含锡量不同的合金铸造而成，中脊多呈浅黄或红黄色、两从或刃多呈黄灰或灰白色。自20世纪50年代以来，复合剑在北京、上海、江苏、浙江、安徽、江西、湖南、山西、广西等地都有出土，多见于南方，以湖南省为最，约38件。其中除江苏武进孟河出土复合剑长度稍短（仅长35厘米）外，约80%的剑的长度为50～70厘米，有4件甚至于超出70厘米[3]。时代基本在战国时期。著名收藏如故宫博物院藏少虡剑、龚钦龙藏越王州句剑等也属于复合剑类型。

复合剑剑体往往呈现出两种色泽，这是由于内在合金成分不同而形成的外在色泽差异。众所周知，锋利和坚韧是实战用剑的两个要素，缺一不可。研究表明，锡青铜含锡量在15%～20%的范围时，其强度和硬度都已达到较高值，但当锡含量超过16%时，锡青铜的硬度虽然有所提高，但其韧性则急遽降低，机械性能变劣，这样的剑在重力磕碰和冲击下容易折断，一如《考工记》所说"柔则锩，坚则折"。因此，刚柔相济才是良剑，但这在当时相当长的一段时间内可能是很难做到的，即使吴干之剑也免不了过刚折断的局限。《战国策·赵策》云："夫吴干之剑……薄之柱上而击之则折为三，质之石上而击之则碎为百。"名剑巨阙就是因材质过刚、刃缘有缺而得名的。所有这些问题都促使制剑匠师去寻求对策，越国双色剑的出现正是古代双金属复合技术在新材料条件下的创造性发展。

分析表明，复合剑的脊与刃部的合金成分存在着明显的差别：已作检测的7件复合剑，

1 董亚巍、周卫荣等：《越王句践剑铸造的几个问题》，《鉴藏》2006年第4期。

2 何堂坤：《关于双青铜嵌合剑的初步研究》，《台湾龚钦龙藏越王剑暨商周青铜兵器》，南京出版社，2003年。

3 何堂坤：《关于双青铜嵌合剑的初步研究》，《台湾龚钦龙藏越王剑暨商周青铜兵器》，南京出版社，2003年。

除1件刃部缺失外，其余6件剑的刃部均由典型的高锡青铜铸成，铅为矿料中带入，非有意识添加。刃部含锡量比脊部分别高出5.48%～11.44%，而脊部铜铅含量要比刃部分别高出1.22%～7.9%、1.88%～9.9%和5.48%～13.62%。可见其时吴越铸剑名家已充分认识到锡含量对青铜强度、硬度和韧性的影响，能够应用合金配比规律，运用“复合铸造技术”，就锡铜比例不同的青铜合金材料各取所长：利用含锡量相对较低的青铜铸成韧性好、不易折断的剑脊，用高锡青铜铸接成硬度高、能磨出锋刃的剑从，从而使之具备刚柔相济的优点，并提高其格斗性能。通过检测可知，复合剑的脊、刃色泽有差确是缘于材质成分的不同，也由此可知《吕氏春秋》所载“相剑者曰：白所以为坚也，黄所以为韧也，黄白杂则坚且韧，良剑也”，非指锡铜相杂，而应是对此类复合剑的特点与性能的精辟描述。

复合剑的铸造，一般认为分两步（图23）：先铸带榫的剑脊，即在脊部预留外厚内薄、横断面呈蘑菇状的榫头；再铸接剑从，即将已铸好的剑脊插入刃范的相应部位，合范后浇铸剑刃。铸造时剑脊、格、茎和首部一起铸就，两从与锋刃则由另一次浇铸成型。有关这种铸造技术的创新和优点，学者们也作过检测和分析：一部分学者通过对双色剑残段的横断面作X–射线荧光光谱仪非破坏半定量分析，认为分次铸造使剑脊和剑从铸合于一体，在烘范过程中剑脊获得均匀化处理，减少了铸态下树枝晶内的锡偏析和脆性相，使剑脊的韧性进一步提高，格斗时更不易折断[1]；另一部分学者则通过金相检测、辅以实物观察，指出先铸的剑脊在第二次浇铸剑从前等于是经历了一次退火热处理，在浇铸剑从时又经历了一次“冷铁”过程，从而有助于刃和脊的连接和坚固[2]。第二次浇铸时范温一般不会太高，并且不排除冷浇铸的可能，冷凝后，剑刃便对剑脊（榫头）产生一个自然的紧箍力，使之数千年不分离[3]。事实上，剑身分铸在技术上有很大难度，有可能因整体性被破坏而导致性能变劣甚至根本不能使用，仅从这一点来看，复合剑的创制便展现了吴越铸剑匠师超凡的想象和创新的胆识。基于对合金配比和机械性能两者关系的深刻理解，根据剑不同部位所需不同性能的要求，于脊部和刃部分别使用不同成分的两种合金材质，使得剑体坚柔而刃缘锋利，充分证明了彼时铸剑匠师高超的技术水平。

图23-1 复合剑截面示意图

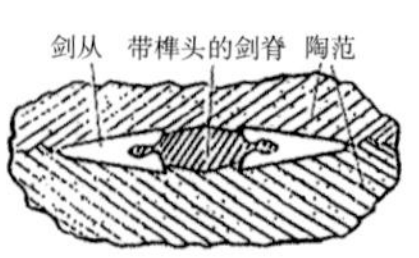

图23-2 复合剑铸造示意图

相关检测还表明，复合剑刃部为非常纯净的铜锡二元合金，用料非常讲究，是用纯度很高的铜料和锡料配制而成。故宫博物院藏少虡剑剑脊正反面有两行共20字铸铭：“吉

1 谭德睿、廉海萍等：《吴越青铜兵器技术三绝》，《东方文明之韵——吴文化国际学术研讨会论文集》，岭南美术出版社，2000年。

2 肖梦龙、华觉明等：《吴干之剑研究》，《长江流域青铜文化研究》，科学出版社，2002年。

3 何堂坤：《关于双青铜嵌合剑的初步研究》，《台湾龚钦龙藏越王剑暨商周青铜兵器》，南京出版社，2003年。

日壬午，乍为元用，玄镠镈铝，朕余名之，胃之少虡”，其中的“玄镠镈铝”当是指精炼的上等铜料。已经检测的各复合剑剑刃锡含量和脊部铜铅含量都相当接近，就古代技术条件衡量，它们的波动幅度是比较小的，说明复合剑从配料到熔铸都有一定规范并由严格的工艺操作予以实施。迄今出土复合剑的脊与刃均契合严密、连接坚固，也证实了当时相关铸造工艺的程序严谨而完备。

复合剑在青铜剑中所占比例较小，具铭者极少，具王名剑则更是仅州句剑一件，可见其与暗花纹剑一样，使用者身份不同于一般。越王州句复合剑已然是集多种技艺与装饰于一体（图24），即便是没有王铭的复合剑，其精致与华美也非常剑可比，如长沙陈家大山战国墓所出复合剑，剑格饰云纹，用绿松石镶嵌，比一般剑华美[1]；广东肇庆松山铜剑格有花纹，并镶嵌玉石[2]。此类复合剑学者们一致认为属于南方青铜文化系统，且很可能首先由吴越地区创造[3]。1991年，越国铸剑重要基地之一的绍兴平水铺铸铺岙出土一复合剑，揭示了剑为当地所铸。

（四）铸、作技术

《荀子·强国》中有一段关于铜剑制作的概括，堪称经典：“刑范正，金锡美，工冶巧，火齐得，剖刑而莫邪已。然而不剥落，不砥厉，则不可以断绳。剥落之，砥厉之，则截盘盂刎牛马忽然耳。”吴越青铜剑特别是具王名剑的铸和作对此作了最贴切的诠释[4]。

1. 铸技

（1）刑范正

剑模和剑范必须符合规范，即形制准确、严丝合缝。有学者观察并比较了古越阁、浙江省博物馆藏者旨於睗剑的拓本及见于著录的其他几件越王者旨於睗剑的拓本，发现所铸的鸟虫书铭文构形极其相似，连某些局部的细小变化也相合，唯因剑格宽度略有出入，方知非同范所铸。尽管不排除为同一工匠所造的可能，但一剑一范要做到如此合一，应还与越国铸剑匠师高超的技术以及当时越国的铸造工艺水平有莫大的关系[5]。铭文范尚

图24　越王州句复合剑外部形貌

1　湖南省博物馆：《长沙楚墓》，《考古学报》1959年第1期。

2　广东省博物馆：《广东肇庆市松山古墓发掘简报》，《文物》1974年第11期。

3　肖梦龙：《论龚钦龙藏吴越青铜器相关问题》，《台湾龚钦龙藏越王剑暨商周青铜兵器》，南京出版社，2003年。

4　参阅华觉明：《吴越之剑的铸作与品相》，《台湾龚钦龙藏越王剑暨商周青铜兵器》，南京出版社，2003年。

5　曹锦炎：《新见越王兵器及其相关问题》，《文物》2000年第1期。

且如此，被称作绝技的越王剑剑首同心圆技术，如果没有极其高超的制范水平，几乎是不可能成功的。

（2）金锡美

已于前述，此不赘言。

（3）工冶巧

指工匠掌握高超技艺。事实上，吴越兵器之所以达到如此精湛的水准而为天下所宝，其中一个重要的因素就是吴越两国拥有当时最广泛的民间铸造基础和最杰出的铸剑匠师，著名匠师与人皆能铸，成为越王剑制作的肥沃土壤和有利条件。

人皆能铸：史载越王句践在“十年生聚，十年教训”期间，非常重视与耕战有关的青铜冶炼和铸造业，铜料主要用于铸造兵器与农具。这种国家利益高于一切的特殊需求强烈地刺激了农具与兵器的铸造，由此带动了铸造业的发展并涌现了大批工匠和匠师。《考工记》云：“粤无镈……非无镈也，夫人而能为镈也。”郑玄注曰：“言其丈夫人人皆能作是器，不须国工。”又注：“而山出金、锡，铸冶之业田器尤多。”镈在此泛指各种青铜农具。这段史料告诉我们其时（吴）越地区农具需求量很大，铸造业相当发达，以致不需要官方铸造，因为人皆能铸。民间铸造也涉及兵器，据《吴越春秋・阖闾内传》记载，阖闾“复命国中作金钩……吴作钩者甚众”，钩即吴钩，是一种呈弯钩形的兵器。正是这种“人皆能作”的土壤诞生了历史上最负盛名的铸剑匠师：干将、莫邪、欧冶子，其所铸剑为各国所宝，其铸剑技艺为世人所重。

铸剑名师：吴越之剑风靡天下，乃是数代匠师持续努力的结果。《淮南子・齐俗训》赞：“越民铸宝剑，出匣吐寒芒”，又云：“得十利剑，不若得欧冶之巧”，充分揭示了铸剑大师十倍于平常工匠作用的道理。欧冶子是与干将莫邪齐名的铸剑大师，史载楚曾令风胡子至吴延请欧冶子、干将作铁剑，为龙渊、泰阿、工布三枚，晋郑王闻而求之不能得，以致围楚三年不解。其他著名剑器还有干将、莫耶、鱼肠、吴鸿、扈稽、湛卢、纯钧、胜邪、巨阙等。

有关欧冶子与干将、莫邪三人铸剑的传说至今广为流传，有的甚至体现了剑器的神秘化、人格化。《吴越春秋》载名剑师干将铸剑时，金属不能融合，于是干将的妻子莫邪把自己的头发和指甲投进炉子中，这才铸成了干将、莫邪两把宝剑。唐陆广微《吴地记》中则记为干将的妻子莫邪“自投于炉中”，铸成雄雌二剑，干将把雄剑献给吴王，自藏雌剑，而雌剑思念雄剑，经常发出悲鸣。这些记载是如此的悲壮感人、富于传奇色彩，以至于从《山海经》到《吴越春秋》，甚至各种小说、传奇中都不乏干将、莫邪铸剑的故事。

在我国古代冶铸史上，可能没有任何其他传说或故事比得上干将、莫邪的传说更为传奇、神秘和悲壮，也没有任何其他匠师能如此占据典籍记载的篇幅和触发后人的关注。但事实上，干将、莫邪的故事有一个演变的过程，在先秦、西汉的典籍中，干将、莫邪首先是作为利剑的代名词出现的，且干将还作为雄戟的代称，而同时欧冶子则被记载为著名剑师。最早把干将、莫邪记作人名的是《越绝书》，最早将之演绎出完整而悲壮的传奇故事的是《吴越春秋》，在两书中，还有有关其铸剑地的记载，如：莫干山（今浙江德清县境），相传吴王命干将、莫邪铸剑于此，山上犹存剑池、试剑石等与传说有关的名胜古迹；干山（上海松江西北）；匠门（详见《吴地记》）；茨山（详见《越绝书》）。后人即据此认为干将、莫邪为人名、为夫妇。如“干将，吴善冶者姓”（东汉应劭）、“干将、莫邪，当时铸剑者夫妇之名”（《正字通》）、“干将善铸剑，故后以为氏”（《路史》）、“干将善铸剑，故以干将得名”（《万姓统谱》）、“干将是吴国造剑造戈的名手”[1]等。简言之，凡提及干将、莫邪，多数论者莫不以铸剑名师视之。但清代学者章学诚、王念孙、袁珂等则对其为人名提出过怀疑：章学诚认为是属镂之剑，王念孙认为是利剑之状，袁珂也不认为是人名。

也有人认为，所谓干将，意即干国的工匠。由史载中对“吴干之剑”的称道可知，“干”擅长铸剑，而“将”可能是“匠”的声转。《越绝书》载吴国在姑苏设“匠门”，礼待有杰出技能的匠师，“使干将于此铸剑”。唐陆广微《吴地记》云：“匠门，又名干将门。”《吴郡图经续记》作“将门”，并云：“吴王使干将于此铸宝剑，今谓之匠，声之变也。”正是从这个声之变中令人联想到干将的原始含义是否为“干国的工（冶）匠”，如同欧冶（欧地的冶匠）的含义相类似。《战国策·韩策》：“韩卒之剑戟，皆出于冥山、棠溪、墨阳、合伯（膊）、邓师、宛冯、龙渊、太阿，皆陆断马牛水击鹄雁，当敌即斩。”文中的冥山等均为利剑的名称，其中的“邓师”“冯宛”，司马贞《索隐》曰：“邓国有工铸剑，而师名焉。徐广云：‘荥阳有冯池’，谓宛人于冯池铸剑，故号宛冯。”以此类推，干将或也只是泛指。

莫邪，史籍中亦作“莫耶”“镆邪”“镆釾”“镆铘”等名，屡见于史载和典籍，写法颇多，可见但求其声，不拘其形。一般都认为是人名，与干将为夫妇，其与文献记载中铸剑名产地“若耶”（一作邪）以及“墨阳”有何瓜葛，尚待探讨。

其实正如前文所言，吴越地区“人皆能作”，拥有大批的能工巧匠，干将、莫邪仅是其中的代表或泛指。同时由上述记载也可推知，各地所出铸工精湛、刻铸王名的王室兵器固然凝结了著名匠师毕生的智慧和高超的技艺，但更多的吴越青铜兵器则是汇集众多工匠汗水的批量制作，其间当有细密分工以及相关工具的设计制作和使用[2]，因此，“扁诸之剑三千”才能成为可能，吴国如此，越国亦不例外。

---

1 俞静安：《干越考》，《山西师范学院学报》1957年第3期。

2 参阅华觉明：《吴越之剑的铸作与品相》，《台湾龚钦龙藏越王剑暨商周青铜兵器》，南京出版社，2003年；董亚巍、周卫荣等：《越王句践剑铸造的几个问题》，《鉴藏》2006年第4期。

值得玩味的是，当时虽有干将、莫邪之故事，甚至以干将、莫邪为宝剑命名，但迄今仅见少量精美的兵器铸有吴越王名而未见铸有干将等工匠姓名或作坊名号，更遑论出自民间的农具。这一方面说明其时还没有产生物勒工名的意识，亦即其时官府经营力度较弱或官营色彩并不显著；另一方面也说明虽然彼时人民精于铸造业，出现了较多能工巧匠，但尚未萌发品牌意识或产生民营经济[1]。

（4）火齐得

即合金配制与熔铸火候必须恰到好处。《考工记》中有“大刃之齐”的记载和有关熔炼时“黑浊之气”继之以“黄白之气”、待至炉火纯青方可供浇铸的生动描述。这在尚无科学仪器的古代，匠师们唯有凭借世代相传的经验积累和精心的操作才能予以保障。现代检测结果基本验证了其科学性和准确性，有学者在测试并比较西周至春秋时期吴越青铜剑的锡铅含量和比值后，认为从西周中期以后，锡铅含量和比值得到了改善，含锡量逐渐增加而含铅量随之降低，江陵藤店所出越王句践剑的含锡量为18.8%、含铅量为0.4%，由此可以看出铸剑匠师通过调整合金来改进铜剑机械性能的不懈努力[2]。

（5）剑格、箍、茎的成形技术

剑格技术：就已发表的越王剑而言，无论是欣赏图片抑或是观察实物，无不发现这些剑不仅剑型规整，剑脊棱线分明，而且剑格光洁，剑茎圆浑，凸箍饱满，剑首圆润，纹饰铭文纤细精致，范线或铸痕几乎不见，需作X射线透视方可了解其制作工艺。研究发现，带有精细铭文或纹饰的剑格、剑箍和剑首，与剑身是分次铸造而成的，即先铸剑身，同时铸出一段外径较小的剑茎，再另外制出有剑格、剑箍、剑首（有的剑首尚须单独制范另行铸接）和剑茎的对分外范，将其合于剑身（格部）及外径较小的剑茎之外，第二次浇铸铜液，形成整体的剑格、剑箍、剑首和剑茎，使之与剑身铸合成一体[3]（图25）。凡格部施有纹饰的剑，其模上格部皆为素面，格的纹饰是在翻范后，在每块剑范格部的素凹槽内，左右各贴一块另外制作的纹饰小范片，而纹饰是用凸起的更小的泥片黏贴在这两块小范片上，铸成后即还原成为凹槽纹饰。因此，凡常规凹槽纹饰格，在两个面的格的正中间，大多能看到一条顺着

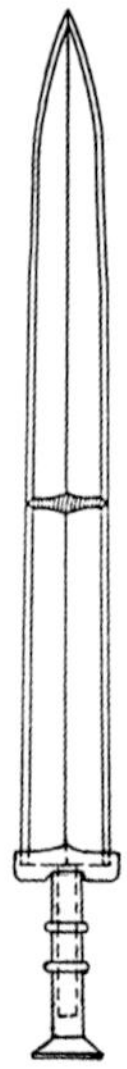

图25 剑身、剑格、剑茎部分铸合示意图

1 毛颖：《浅谈古代吴地的民营手工业》，《东南文化》2008年增刊。

2 华觉明：《吴越之剑的铸作与品相》，《台湾龚钦龙藏越王剑暨商周青铜兵器》，南京出版社，2003年。

3 曹锦炎等：《浙江省博物馆新入藏者旨於睗剑笔谈》，《文物》1996年第4期。

剑身方向凸起的范缝。如越王句践剑的格部中心即有明确的范缝，因为越王句践剑属春秋器，不可能超越范铸技术[1]。

剑箍技术：越王剑剑箍大多满布纤细纹饰，且朝各个方向突起，却只在沿剑茎水平分范的方向有一极细的连贯范线。若按当时通行的组合块范法成形，对分的块范是无法从剑箍模上脱出的，因此对于这类有突起的精细花纹的剑箍，铸作要求往往更高。专家推测或许当时也有可能使用了失蜡法[2]或焚失法[3]铸造技术，即先用木材一类的可焚烧物雕刻出对半分范的、各向均有突起纤细纹饰的剑箍木模（若与剑格、剑茎和剑首一体铸出，则木模也制出这些部分），在模上制对分外范，外范干燥后，将外范连同木模入窑烘培，木模燃成灰烬，吹去灰烬，可得各向均有纤细纹饰的外范（若用蜡模，则外范不需对分，因为蜡料受热后可自行由浇口流出）。木模的灰烬须依靠人工除去，所以必须分范。

剑茎技术：越王剑剑首大多为同心圆首、错金（银）铭文首，这种特殊工艺的剑决定了其不可能和普通剑一样与剑身整铸而必须分铸。这就带来剑首与剑茎的装接问题。通过对望山越王句践剑、安庆越王丌北古剑茎部X光片图、宣城出土青铜残剑的剑首断茬等的考察，发现剑首与剑茎为铸接，同时有的在铸接后又加铆钉以便加固，如越王句践剑茎部有一长方形铆钉，应是铸接后再加铆钉以使其连接更为紧固[4]。

2. 作技

存世越王剑多品相完好、剑脊笔直、从部规整、刃部均匀、锋利无比、光洁如新，有的还千年不锈。这既得益于其高超的“铸”技，也与其一流的“作”技有关。

“宝剑锋从磨砺起”，精绝严密的磨砺技术是越王剑制作不可或缺的一环。特别是越王州句复合剑的磨砺技术令人惊叹，剑的中脊如一条笔直的线条直至锋尖，剑从与两锷面的交线的对称度和平行度极好，且始终与锷线平行；剑身从中脊向从部与锷面交线处作光滑的弧形凹面过渡，并且左右两个弧形凹面相当规整匀称，表现出极为高超的磨削水平，且很可能已使用特制的工夹具，方能磨出如此出色的剑身[5]（图26）。同时，剑作为越国步兵、水军的主要配置武器，需求量很大，应为批量制作，其间当有细密的分工，磨削也由专业工匠完成，并且不必要求有太高的个人

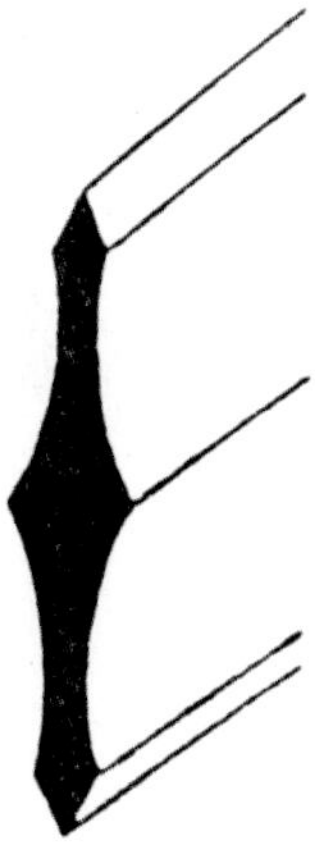

图26 越王州句复合剑规整匀称的弧形凹面

1 董亚巍、周卫荣等：《越王句践剑铸造的几个问题》，《鉴藏》2006年第4期。

2 曹锦炎等：《浙江省博物馆新入藏者旨於睗剑笔谈》，《文物》1996年第4期。

3 谭德睿：《中国古代失蜡铸造起源问题的思考》，《文物保护与考古科学》1997年第2期。

4 董亚巍、周卫荣等：《越王句践剑铸造的几个问题》，《鉴藏》2006年第4期。

5 曹锦炎等：《浙江省博物馆新入藏者旨於睗剑笔谈》，《文物》1996年第4期；华觉明：《吴越之剑的铸作与品相》，《台湾龚钦龙藏越王剑暨商周青铜兵器》，南京出版社，2003年。

技艺，因此工夹具的设计制作和使用也就成为顺理成章之事。另外，越王剑大多为同心圆剑首，剑茎有凸箍，剑格有纹饰，需分铸并铸接，由此会形成首茎的不同心，故而铸接后再加工就成为必然。有学者考察了有同心圆剑首首茎铸接后的加工迹象，认为，手工打磨的为大多数，也有车削加工。如望山1号墓越王句践剑的茎部呈现了明确的加工态，从格至首通茎进行了机械加工，而从留下的一道道痕迹来看，应属于车削加工。另在越王句践剑茎部的正、反两个面还发现有一凸一凹的两处痕迹，也说明不可能来自模具，或是车削加工时发生了失误，出现了车削偏心[1]。

越王剑时代使用的工夹具虽然迄今未见出土，但战国至西汉初期的青铜齿轮已非偶见。如河南洛阳一座战国墓中发掘出土了一件青铜齿轮；河南省博物院的陈列柜中陈列过一只战国时期的青铜齿轮；中国国家博物馆亦收藏有1955年出土于陕西长安的两只西汉早期青铜齿轮……这些都充分说明其时的铸作中已使用了简单的机械加工设备。推而论之，战国时期越王剑在铸后的磨砺、车削过程中使用简单的机械加工也是完全有可能的[2]。

（五）装造技术

除了铸和作，剑的装造也很重要，它不仅与剑的品位相关联，有的还直接涉及剑的使用效能，如缠缑是否牢固和宜于握持，剑鞘是否坚固并利于剑的插拔等，装造时若稍有缺失，本可成就精品的剑便只能屈居凡品之列了[3]。越王剑的装造如同其铸作，技术上也是一流的，诸如铭文的铸刻和错金银，剑首、剑格的装饰，剑茎的缠缑，剑椟、剑鞘的制作等，无不代表了当时最先进的水平。

1. 错金（银）技术

《诗经·小雅·鹤鸣》中有一段广为人知的话："他山之石，可以为错……他山之石，可以攻玉。"前段说错金，后段说磨玉。错即错石，错金、加银即错金银（汉魏书籍称金错或金银错），就是在铸造的铜器上用金（银）丝或金（银）片镶嵌成各种华丽秀美的纹饰或文字，然后用错石（厝石）在器表磨错光平。这是春秋战国时期青铜工艺方面出现的新技术，用隐嵌的技法形成金（银）线图案或文字，突破传统的图形表象对称格式，一改以前铜器模铸纹饰的呆板和拘束，出现了许多故事题材的片断描写，内容丰富、场面热闹。如春秋中期晋国栾书缶肩部铭文5行40字，全部金错而成。错金文字多鸟篆书，如1968年河北中山靖王刘胜墓出土金银错鸟虫书铜壶[4]，壶身及盖均用金银丝镶嵌，然后磨错，盖上铭文"为盦盖，错书之

1 董亚巍、周卫荣等：《越王句践剑铸造的几个问题》，《鉴藏》2006年第4期。

2 参阅董亚巍、周卫荣等：《越王句践剑铸造的几个问题》，《鉴藏》2006年第4期。

3 华觉明：《吴越之剑的铸作与品相》，《台湾龚钦龙藏越王剑暨商周青铜兵器》，南京出版社，2003年。

4 中国社会科学院考古研究所：《满城汉墓发掘纪要》，《考古》1972年第1期。

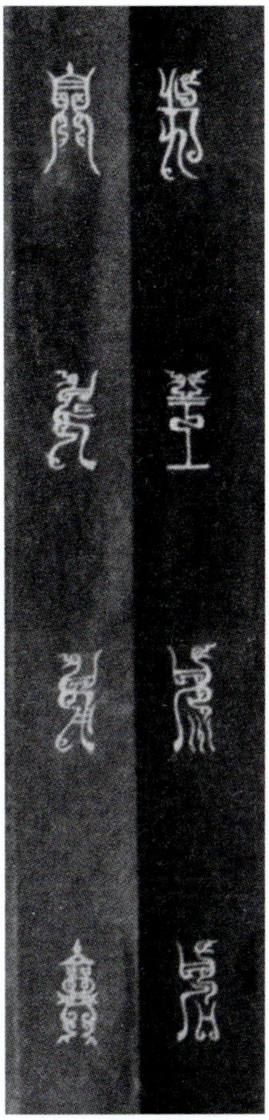

图27 湖北江陵出土越王州句剑铭文

……”，此即金错之本意，其工序为铸器、錾槽、镶嵌、磨错。据此或可推测越王剑错金铭文、纹饰的制作过程：先铸器，作范时依据纹样或铭文线条预留凹槽；然后錾槽，将预留的凹槽加工錾刻成梯形断面，或者不预留凹槽直接錾槽，底面錾成麻面以便金丝镶嵌；接下来将金（银）丝适当加温捶打嵌入凹槽，或用玛瑙压子将金（银）丝挤入凹槽；最后用错石磨错使金（银）丝或金（银）片表面与铜器表面平整，用木炭加清水打磨使之光滑，用皮革打磨增加光泽[1]。

（1）错金（银）铭文

春秋时期金错铜器以吴越楚蔡兵器为多，其他地区金错铜器相对较少。如越王剑铭文即多用错金工艺完成（图27；另见图13），有的隔字错金，有的剑铭错银，有的则剑格部“戉”字错金、其余错银，剑首部一字错金、其余错银。无论错金或错银或隔字错金，均极富装饰效果。这些文字线条细如毫发，且笔划圆润，范铸显然很难做到，应系錾刻完成，錾刻水平之高令人惊叹不已。如安庆丌北古剑铭文线条仅0.3～0.4毫米，经放大观察后发现，其字口间形状有别于范铸特征，有明显的錾刻痕迹。在铭文字槽内还发现有黑色的积淀，推测可能槽内填充了一种非金属类的物质[2]，作用应该是为了使嵌错的金丝黏合得更加牢固。

（2）错金纹饰

见于龚钦龙藏古越阁战国错金勾连云纹剑。剑长47.4、格宽5.3厘米，重740克，剑格与剑首均有错金勾连云纹，剑身仍有部分鎏金残痕。从剑型看应为南方越剑（图28）。

图28-1 龚钦龙藏错金勾连云纹剑

图28-2 龚钦龙藏错金勾连云纹剑剑首

2. 绿松石镶嵌技术

吴越王剑大多在剑格上镶嵌绿松石，只是因为距今已2000多年，镶嵌物大部分已经脱落。越王剑中尚存

1 参阅史树青：《中国古代的金错工艺》，《考古》1973年第6期。

2 黄光新：《越王丌北古剑的铸造加工工艺》，“全国金属史与钱币史学术研讨会”论文，2002年，湖北鄂州。

镶嵌物的有望山越王句践剑剑格背面、浙江省博物馆征集的越王者旨於睗剑铭文字隙、龚钦龙藏越王州句剑凸箍云纹及所藏暗花纹剑格和兽面纹剑格、寿春越王者旨於睗剑格铭文字隙以及部分复合剑的剑格、剑箍或铭文字隙等，均见镶嵌有状如米粒、薄如蝉翼或片状的绿松石。如越王州句剑，剑茎凸箍直径约为2.5、厚约0.7厘米，凸箍的线状勾连纹绕箍一圈360°，而勾连纹凹处镶嵌的大小不一的绿松石也随凸箍纹饰和弧度变化而变化（图29）；又越王者旨於睗剑格铭文缝隙间布满了芝麻大小的绿松石，如剑格左上部在笔划只有0.3～0.4厘米的空间就镶嵌着9粒绿松石，若按此布局，剑格正反面估计大约有500粒或片的绿松石。在如此有限的空间镶嵌如此之多又如此微小的绿松石且能在加工过程中固结不掉，其技艺之高超不得不令人击节赞叹。

那么，在没有任何机械设备的前提下，古人是如何制作米粒大小的绿松石？如何将之黏附于剑体？又如何对它磨制抛光的呢？即古人是如何用最原始的材料和工具解决了绿松石切割、加工、黏接、磨制、抛光等镶嵌中的关键技术，创造了如此精湛的绿松石镶嵌工艺的呢？这在2500年后的今天仍然是困扰着后世的一个不解之谜[1]。

关于绿松石的黏合物，学者们曾有过推测。浙江省博物馆收藏的越王者旨於睗剑铭文所嵌绿松石薄如蝉翼，但有部分脱落，脱落后的字隙处有红色物质，猜测应就是绿松石的黏合材料[2]。

图29 越王州句复合剑之剑箍、剑格部位镶嵌绿松石

与镶嵌绿松石技术类似的还有镶嵌蓝色琉璃技术。就现存吴越王剑的镶嵌情况来看，绿松石镶嵌远较蓝琉璃镶嵌为多，同时镶嵌蓝色琉璃和绿松石的王剑，目前所见最为完整的是句践剑之剑格正面镶嵌有两颗蓝色琉璃（见图2），此外出土于河南辉县的吴王夫差剑剑格上也见镶嵌有三块蓝色琉璃。这种正面镶嵌蓝色琉璃、背面镶嵌绿松石应该是当时最高贵最珍稀也最华美的装饰。

3. 缠缑技术

青铜剑使用时需要在茎上缠绕绳子或丝织的带子，以便把握，称为“缑”。西周时期剑即有缑，其时中原和北方少数民族地区流行扁茎剑，无剑格、剑首等，使用时需以木板和绳子固定。东周时青铜剑喜缠缚丝织品，但丝织品极易朽毁，出土时多已朽毁无迹，能保存至今的极为罕见，有的仅留有遗痕。

---

1 万俐：《古代兵器上绿松石镶嵌技术的探讨》，《台湾龚钦龙藏越王剑暨商周青铜兵器》，南京出版社，2003年。

2 曹锦炎等：《浙江省博物馆新入藏越王者旨於睗剑笔谈》，《文物》1996年第4期。

存世越王剑中，望山1号墓句践剑、官坪9号墓者旨於睗剑、浙江省博物馆购藏者旨於睗剑及龚钦龙所藏不寿剑等剑的剑茎上保留有或残损或完好的缠缑的痕迹。缠缑用品主要见有丝绳、丝带、丝织品等；缠绕方法为或平缠、或平缠与交叉缠两者同时使用等；有的似无垫衬，有的则用木片、丝织品垫衬后再缠缑。其中望山1号墓句践剑仅剑茎上残留有缠缑痕。官坪9号墓者旨於睗剑箍有四道凸棱，剑茎近首处可见用木片包夹成为圆形，箍间均用丝绳缠裹，与箍相平。其缠绕方法是：一层平绕，一层交叉，彼此交替。浙江省博物馆购藏者旨於睗剑所用缠缑丝织品分析有两种：一是丝带，已呈黑色，带宽约2毫米，松散地卷绕在整个剑柄之上，虽有几处断头，但保存状况非常好，丝带仍富有弹性。丝带卷绕约40圈，估计长度约为190厘米。二是平纹丝织品，用高倍放大镜可发现在靠剑柄顶端约宽2.5厘米处的丝带之下还裹有数层平纹丝织品（图30）。该剑剑茎用丝带卷绕，丝带之下用多层丝织品缠裹及木制品垫衬，后者较为少见。其缠绕方法是：多层平绕，未见有明显交叉之处。龚钦龙藏不寿剑的丝织缠缑保存完整，其缠绕方式除近首部作平缠外，其余均作菱形交叉缠缚，缠缑所用的丝绳用人字纹编结，既牢固又美观（图31）。

4. 剑鞘技术

古代铜剑使用时往往还配有剑鞘，特别是在早期使用扁茎剑时，剑鞘的握持作用尤其重要。甘肃灵台白草坡二号西周墓随葬的两件剑，出土时即插在铜鞘里，鞘上有蛇、牛等动物和缠枝植物纹组成的镂空图案[1]。东周时期佩剑之风盛行，铜剑大都配有精美的剑鞘，既便于握持也便于佩系，这类剑鞘多以木材作胎，外表髹漆，外轮廓依剑身特点随形而制。

越王句践剑、藤店州句剑、浙江省博物馆购藏者旨於睗剑及龚钦龙藏不寿剑等也都配有精美的剑鞘，其形状多上段平直，在出现第一度弧曲处向内斜收，鞘端平齐，多以两片杉木合成，外用丝织品缠裹，然后髹黑漆。其中，越王句践剑剑鞘通长48.7厘米，由两半边薄木片制作后黏合而成，上部断面作扁棱形，鞘口呈扁棱形并微内凹，下部呈扁圆形，末端有一凸榫作缚线用；藤店州句剑漆鞘形制与句践剑基本相同，长47厘米，近末端处缠有绸带；浙

图30　越王者旨於睗剑剑茎部位的缠缑

图31　越王不寿剑剑茎部位的缠缑

1　甘肃省博物馆文物队：《甘肃灵台白草坡西周墓》，《考古学报》1977年第2期。

江省博物馆购藏者旨於睗剑附有完整无缺的漆剑鞘，鞘为两块木片，依剑形挖出凹槽后黏拼为一体，上部断面为扁棱形，下部断面为扁圆形，鞘外用丝线隔段缠缚加固，髹以黑漆（图32）。剑鞘表面光洁如新，有平行之密棱，剑插在鞘中也相当密合，但无璏，佩系时当插在腰带之内[1]，这是彼时行用的一种佩剑方法，如曾侯乙墓编钟钟虡的角上有青铜人，其所佩之剑即是插入右面腰带之内。龚钦龙藏不寿剑剑鞘形制最为独特：漆剑鞘外包缠丝织物，除剑鞘口沿露出一段空白外，整件剑鞘均用丝织物作狭条状斜形叠缠（图33）。丝织物保存极好，可能是锦带。尤其值得注意的是在漆剑鞘前端中间用一纽形长方形物片（外包丝织物）嵌入两端丝织带中，外加丝绳缠绕，形成桥形纽孔，应是用于佩剑时的勾系。这种形制似乎尚属首见（图34）。

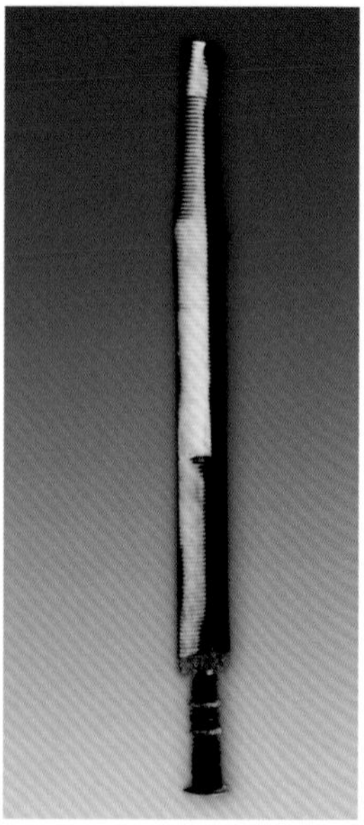

图32 越王者旨於睗剑剑鞘

图33 越王不寿剑剑鞘

图34 越王不寿剑鞘纽

三、铁剑技术

根据考古发现和文献记载，冶铁术在春秋时期已经发明，齐国和晋国首先出现了鼓风用的冶铁风箱。春秋中叶齐国的叔夷钟铭文中有“造铁徒四千，为汝敌寮”的记录；《考工记》载“段氏为镈器”，郭沫若《管子集校海王篇》一文疑“镈”为铁制耕具，史树青则认为段氏以职业为氏，“段”与“锻”通用，即从事锻铁职业[2]。但春秋战国时铁制兵器的记载却是以楚国居多，如《越绝书》载楚王“使人作铁剑”《荀子·议兵》说楚国“宛钜铁鈋，惨如蜂虿”，说明春秋末期至战国时期楚国已能制造非常锋利的铁剑、铁矛；《史记·范雎列传》载秦昭王曾与秦相范雎言：“吾闻楚之铁剑利而介优拙。夫铁剑利则士勇，介优拙则思虑远，夫以远思虑而御勇士，恐楚之图秦也。”也说明当时楚国铁剑驰名各地致令

1 曹锦炎等：《浙江省博物馆新入藏者旨於睗剑笔谈》，《文物》1996年第4期。

2 史树青：《我国古代的金错工艺》，《文物》1973年第6期。

秦人忧虑。湖南等地楚墓已经多次发掘出土铁质的各种武器剑、矛、戟和镞等[1]，其中铁剑数量较多，长度远超一般的青铜制品，往往不短于70厘米，接近1米或超过1米的也不少[2]。最长的达到1.4米，几乎是一般青铜剑长度的三倍左右[3]。

但事实上，楚作铁剑学自吴越。《越绝书》卷十一《记宝剑》说到楚王曾令风胡子到吴国请欧冶子、干将作铁剑三枚："楚王召风胡子而问之曰：'寡人闻吴有干将，越有欧冶子，因吴王请此二人作铁剑，可乎？'风胡子曰：'善'。于是乃令风胡子之吴，见欧冶子、干将，使人作铁剑……一曰龙渊；二曰泰阿；三曰工布。"但文献中对越国是否掌握冶铸铁剑技术的说辞颇不一致，《吴越春秋》卷四有"干将作剑，采五山之铁"的记载；《拾遗记》提及范蠡相越之时，"铜铁之类，积如山阜"[4]；《嘉泰会稽志》卷十八记述越州东南的古冶，曾引《旧志》云："铜牛、铁冶，越王铸剑之所"；明代欧大任参校各家著述时也有欧冶子和干将"凿茨山汇其溪取铁作剑三枚"的说法[5]。但清人赵翼却从"赤堇之山破而出锡；若耶之谷，涸而出铜"之句推定当时铸剑都不用铁[6]。

吴越境内考古发现这一时期的铁质遗物数量不菲，如江苏六合程桥二墓分别出有春秋晚期的铁条、铁块，淹城内城河出有春秋晚期、战国初期的铁刀、铁镰，江浦蒋城子遗址也出有春秋末战国初的铁锸、铁镬、铁条、铁块等[7]，溧阳所出乐器、兵器发现有嵌铸铁芯的现象[8]，吴县五峰山、借尼山石室土墩墓出土"铁器二件"[9]；浙江绍兴西施山遗址出土较多铁制农工具，永嘉出土青铜器中夹有一件铁锸[10]；苏南浙北地区发现了铁镬[11]。目前虽尚未见彼时明确的铁剑实物出土，但由越王剑使用了错金铭文、错金花纹等工艺技术推测，越国有冶铁业和使用铁工具应是确凿无疑的，金错铜器的技术当是以使用钢刀、钢凿、钢錾等钢铁工具为前提，当然这种钢铁不能等同于今世的钢铁，仅是含碳量比生铁略少而已。令人欣喜的是，龚钦龙所藏原古越阁藏剑中就有一柄铜格铁剑——越州句铁剑铜格[12]

1 湖南省文物工作队：《长沙、衡阳出土战国时代的铁器》，《考古通讯》1956年第1期。
2 湖南省博物馆：《湖南省文物图录》，湖南人民出版社，1964年。
3 张中一：《湖南郴州市马家坪古墓清理》，《考古》1961年第9期。
4 （晋）王嘉：《拾遗记》，《汉魏丛书》本。
5 （明）欧大任：《百越先贤志》卷一。
6 （清）赵翼：《陔余丛考》卷二十一。
7 南京市博物馆、南京大学历史系：《江苏江浦蒋城子遗址》，《东南文化》1990年第1、2期。
8 刘兴：《镇江地区近年出土的青铜器》，《文物资料丛刊》第五辑。
9 邹厚本：《吴县五峰山石室土墩遗址》，《中国考古学年鉴》（1984年），文物出版社，1984年。
10 徐定水：《浙江永嘉出土的一批青铜器简介》，《文物》1980年第8期。
11 毛颖：《吴国青铜农具初探》，《吴国青铜器综合研究》，科学出版社，2005年。
12 南京博物院编：《台湾龚钦龙藏越王剑暨商周青铜兵器》，第77页，南京出版社，2003年。

图35-1 越州句铁剑铜格（正面）

图35-2 越州句铁剑铜格（背面）

（图35），该剑剑格作倒凹字形，格宽5、厚3厘米，重量30克，两面铸有鸟篆文字14字，正面“戉州句戉州句”6字，反面“自乍用佥自乍用佥”8字。剑格中孔内壁及孔外格缘上发现有残余铁锈，经科学检验，证实为铁元素，说明剑格原装在铁剑之上。从铭文看，此剑格属越王州句所有，可能是州句为太子尚未登基时所铸，年代应在公元前412年前。这是春秋晚期至战国早期吴越地区已铸铁剑之唯一物证，也是我国冶金史上的一件重要证物，可证《越绝书》所载确凿有据。

同时我们也无须讳言，越王剑固然代表了那一时期青铜兵器的最高水平，但代表当时铁兵器最高水平的产品却是在吴越之外的燕国发现的。1965年河北易县燕下都遗址一座丛葬墓（44号）中出土铁兵器50余件，仅剑一种就有15件之多[1]。比较完整的8件剑的长度为69.8～100.4厘米，平均长约88厘米。经鉴定的3件剑中，只有1件是用块炼铁直接锻成的铁剑，另外两件则是用含量不均匀的钢制成[2]。这些剑都是用块炼铁渗碳制成的低碳钢件，用纯铁增碳对折然后多层叠打而成，且都经过多次淬火以提高刃部硬度，是我国出土的铁器中已知最早的淬火产物。经过淬火的长钢剑，性能远远超过了体短质脆的青铜剑，进一步满足了步兵战士对武器装备的要求。不过当时燕楚等地生产的先进的钢铁长剑显然数量有限，并不足以装备所有部队，因此各国军队中使用的武器多还是青铜制品。或者正是基于这样的现实考虑，兼之越地青铜剑本较其他地区发达，多少会使铁剑的制造和推广迟缓于他国，越王剑中铁剑少见亦属情理之事。

在简单考察了越王剑的相关铸作和装造技术后，再来阅读《越绝书·外传记宝剑》关于薛烛为越王句践相欧冶子所铸五件宝剑时称纯钧剑“观其釽，烂如列星之行；观其光，浑

1 河北省文化局文物工作队：《河北易县燕下都故城勘察的试掘》，《考古学报》1965年第1期。

2 北京钢铁学院压力加工专业：《易县燕下都44号墓葬铁器金相考察初步报告》，《考古》1974年第6期。

浑如水之溢于塘；观其断，岩岩如琐石；观其材，涣涣如冰释”这段文字记载，自当另有一番感受。薛烛相剑，看似在描述剑的形制、色泽和纹理，实则是从剑质（剑型、材质、制作工艺）和纹饰、装造等方面作全面衡量。倘若越王剑不具备这些内质，又何来外在的光辉？而这些判别要素的技术和艺术的综合表现，即是人们所羡称的剑相[1]。因此，我们有理由认为，若将剑之品分上中下三等，则历年出土的吴越之剑大都应属上品，至于越王句践剑、越王者旨於睗剑、越王州句复合剑等具王铭剑者，作为极品也是当之无愧的[2]。

《考工记》云：“天有时，地有气，材有美，人有巧，合此四者，然后可以为良。”越王剑应军事争霸之需，用吴粤金锡之资，凭国民匠师之智，有机地“合”此四者之利，从而成为绝代良剑，并以其铸工精湛、装饰华美而展示了那一时期的冶铸规模和冶铸水平，此种现象虽只是铸造技术的问题，却是越国综合国力的一项曲折反映[3]。

第四节 越国青铜剑

越王剑作为越国青铜文化的鼎盛标志和高超铸造技艺的典型代表，充分展示了越地的冶铸能力和越人的铸作水平，但与批量生产的越国军队主要武器装备之一的普通青铜剑相比，具王铭的青铜剑毕竟只是凤毛麟角、比例偏低。据不完全统计，曾是越国统治中心和越人聚居中心的宁绍一带历年来出土了数量可观的青铜兵器，以绍兴为例，仅1972～1982年的10年间即出土兵器40件，占全部出土青铜器物总量的32%，其中以剑、矛居多[4]。宁绍之外的其他地区，如安徽屯溪、浙江长兴等地所出青铜剑，其形制与春秋晚期后的越国青铜剑也有着明显的承袭关系。越强盛时与吴楚等国争霸，干戈所指直至吴楚与燕齐诸国，烽火燃至今江苏、山东等地，疆域广有浙江全境及苏南等其他地区，加之与中原及三晋诸地的致贡、联盟等，特别是其时越国青铜剑为各国所珍爱，馈赠、俘获、掠夺、珍藏、随葬皆有可能。如太湖地区曾为吴越争霸主战场，太湖水域及苏州市郊周围河道内屡有青铜剑出土[5]；越楚交锋绵延不绝，故楚境内亦多见越王剑和吴越式青铜剑。因此，在我们对越王剑的诸般情形作过简单的探索评析之后，似乎也颇有必要对其他形制的越国青铜剑一并予以讨论考察，否则未免失之偏颇，难以得出全面的结论。

1 华觉明：《精湛的错金、鎏金工艺与铭文的铸、刻之别》，《古越阁藏铜兵萃珍——铜剑篇》，台北古越阁，1998年。

2 华觉明：《吴越之剑的铸作与品相》，《台湾龚钦龙藏越王剑暨商周青铜兵器》，南京出版社，2003年。

3 李学勤：《古越阁藏青铜兵器选粹》，《文物》1993年第4期。

4 沈作霖：《绍兴出土的越国青铜器》，《百越民族研究》，江西教育出版社，1988年。

5 廖志豪：《吴楚吴越之战与水军》，《东方文明之韵——吴文化国际学术研讨会论文集》，岭南美术出版社，2000年。

一、越国青铜剑的类型

根据绍兴地区出土青铜剑的形制，参考越王剑及其他地区出土的具明显吴越特征的青铜剑，可知越国青铜剑主要有五种形制，即短剑、扉耳剑、宽格有箍剑、窄格无箍剑和扁茎无格剑，以后四种为多（图36）。

1. 扉耳剑

也称有翼剑。多为有首、中空圆茎、无格，或有首、圆实茎有凸箍、宽格。其特色体现在剑茎两侧有两个对称饰，或为半圆形、或为耳形、或为薄片形双翼。

2. 宽格有箍剑

为倒凹形宽格，茎有双凸箍。喇叭形或圆形首，圆实茎，剑身较长，中部起脊、截面呈菱形，或有宽平脊、截面呈六边形，前锷收狭，尖弧锋。

3. 窄格无箍剑

为一字形或菱形窄格，圆茎无凸箍，剑身较宽且长，喇叭形或圆形首，空茎或半空茎，有的近首处较粗大，剑身起脊、截面呈菱形，或有宽平脊、截面呈六边形，有的有血槽，前锷较狭，尖弧锋。有的装饰精美，铸工精湛。

著名的暗花纹剑、剑首同心圆剑及复合剑等特殊工艺剑均或为宽格有箍剑或为窄格无箍剑。

4. 扁茎无格（折肩）剑（铍）

无首，实心扁茎，有的有穿，有的有窄小的格，器身细长，中起脊，形如短剑，装柄似矛。这类剑为铍与剑交替、过渡时期的兵器，也可称铍。

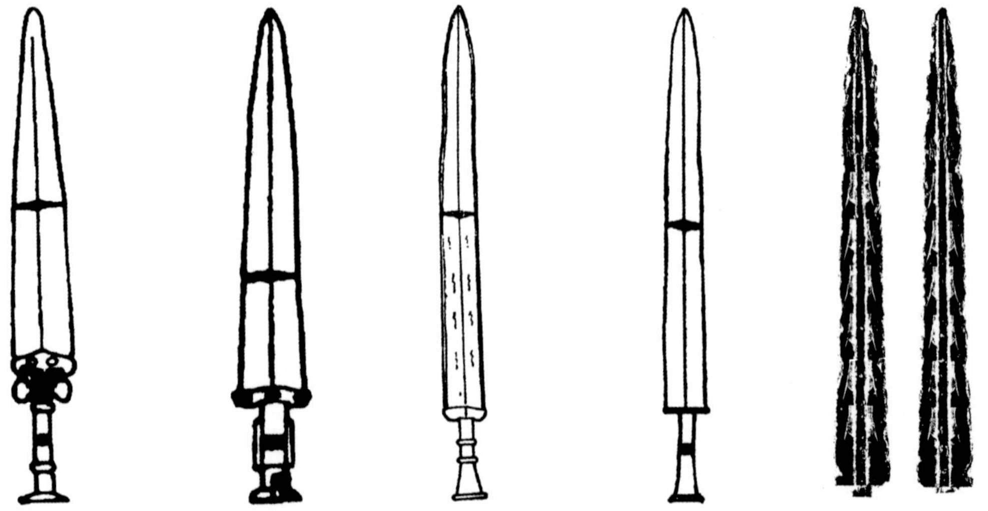

1 2 3 4 5

图36-1 扉耳剑（也称有翼剑）图36-2 有翼剑 图36-3 宽格双箍剑 图36-4 窄格无箍剑 图36-5 越王铍

二、越国青铜剑的起源、演变与发展

纵观商周时期青铜剑的起源、演变与发展脉络，会发现其在“五兵”之中虽然整体形状较为简单，但各个部位却始终处于改进和完善之中，如剑茎从无箍到有箍，剑格从无到有同时又有宽窄之分，剑身从无脊到有脊，刃缘从不甚分明到分明，以及锷的弧度、剑身的长度、合金的配比、剑身横截面的变化等，无一不是长期改良和演变的结果。而这一切均旨在改善剑的强度，尽可能提高其锐利度和劈刺功能，一直到春秋晚期形成成熟剑制，其间历时凡500余年。

（一）越国青铜剑的起源与演变

越国青铜剑的铸造、形制及特征在很大程度上得益于近邻吴国的各项技术并与吴国相类，有铭的越剑以越王之子句践剑为最早，有铭的吴剑始于诸樊而终于夫差，夫差与句践同时。所以，越国青铜剑一方面呈现出与吴国相同的特征，另一方面又在后者的基础上有所提高和改进，尤其是春秋晚期之后越国青铜剑学于吴而胜于吴，大有青出于蓝、后来居上之势。

1. 扉耳剑

吴越剑的同源与交融尤以扉耳剑为著。剑多尖锋、无格，茎上铸附耳或薄片饰，有的在茎、耳上满布纹饰。茎上附铸扉耳或片饰是西周时期吴越剑的特色，不见于其他地区，安徽屯溪、当涂[1]，江苏金坛、高淳、江宁、丹阳，浙江长兴等地均有出土。古越阁藏有一柄西周中晚期云雷纹有翼剑[2]，后为龚钦龙所藏[3]，通长26.4、两翼宽5.2、銎口宽2.9厘米，重240克。剑身形如前锐后阔的尖叶，基部为圆角，中起脊线，两锷向前渐收成锋，无格；柱状长茎，内中空，茎上双凸箍及一对扉耳；在剑茎、扉耳及剑身后部均饰有云雷纹或斜角云纹。初见时易误认为矛，实是一种富南方越文化特色之短剑。李学勤在作观察比较后认为与之接近的还有长兴雉城发现的短剑（4号剑），该剑也饰有云雷纹，只是剑身稍长，为28.1厘米；同出另一剑（3号剑），亦饰云雷纹，剑茎及剑脊上饰重环纹，但长达35.8厘米，且扉耳已为薄片饰。安徽屯溪奕棋3号墓所出扉耳剑，剑茎上也有凸箍，但已有剑格；同出另一剑虽然没有扉耳，但剑身饰有云雷纹。李学勤据此整理了扉耳剑发展演变的轨迹：古越阁短剑时代最早，其次是长兴雉城短剑、雉城长剑，然后是屯溪奕棋有翼剑，最后是奕棋无翼的一柄剑——此剑已类于一般的东周剑。扉耳剑是东周剑的渊源[4]。孙华在研究古越阁藏青铜兵器后也认为：“此类铜剑的渊源最早可上溯至商代，如江西清江县吴城

1 朱华东：《皖南周代青铜剑初论》，《东方博物》第二十五辑。

2 龚钦龙：《国之重器——越王州句复合剑》，2000年，台北。

3 南京博物院编：《台湾龚钦龙藏古越阁商周青铜兵器》，第86页，南京出版社，2003年。

4 李学勤：《古越阁所藏青铜兵器选粹》，《文物》1993年第4期。

遗址旁的正塘山出土一柄被误认为矛的銎茎无格剑，年代在殷墟早中期之时，除茎上无双翼外，二者特征非常相似，可视为这类铜剑的祖型。越系圆茎剑大约在西周中期以前就已出现在浙江一带，并至迟在西周晚期就已传播至安徽、江苏一带，其传播进程恰与土墩墓传播进程一致。”[1]

有关扉耳剑与吴越剑的关系，肖梦龙认为扉耳剑是西周早期剑型，是吴越青铜剑发展深化序列中的一种过渡形式，是吴越剑的特点，不见于他处。扉耳的功能与茎上双箍相近，均为使握手防滑，但到春秋时期，可能因为耳及扉边不便握手而被淘汰，只流行双凸箍式。这一时期整个剑长不超过30厘米，可能此类剑还未成为重要武器用于战场，只是作为防身短兵刃而已，但其首、茎、箍、格以及饰纹华丽等已具备春秋时期吴越各式成熟剑的要素[2]。

扉耳剑华丽的纹饰也成为研究者关注的焦点，并对其在青铜剑的装饰演变过程中的作用给予了高度评价。如李学勤认为，扉耳剑上刻铸纹饰在西周时已形成独特的风格[3]；另有学者认为，吴越剑之暗花纹装饰风格已于彼时萌发，如屯溪M8出土的铜剑，“剑身有十余处直径2～3厘米对称的雾团状黑色暗花纹，与春秋时期越式暗花纹手法相同”[4]，该剑圆首，圆茎、双凸箍，宽格，通长36、格宽3.4厘米，除从部略窄、前锷不收狭、长度尚短、宽度也窄外，已基本具备了东周时期宽格剑的形制。

2. 宽格有箍剑与窄格无箍剑

越国流行的有首、实圆茎凸箍、宽格剑和有首、中空圆茎、窄格剑等剑型也与吴国同类剑相近。虽然曾有学者推断东周剑中的有首圆空茎（半空或中空）的窄格无箍剑与有首圆实茎的宽格有箍剑较为接近，且后者可能从前者演化而来，并认为无首无格无箍直角肩的扁茎剑、有首圆空茎（半空或中空）的窄格无箍剑、有首圆实茎的宽格有箍剑均直接或间接来源于有首或无首、无格无箍的柱脊剑[5]。但这一观点并未得到普遍认同，李伯谦即认为上述四种剑型各有特征，各自有源：扁茎剑源于西部和北部地区的柳叶形剑；柱脊剑仅见于河南洛阳、陕西、山东蓬莱，似与北方和东北地区的柱脊剑相似，但后者多为曲刃；窄格无箍剑并非源于柱脊剑，而与长兴地区所出一把半空圆茎有箍剑[6]相近，二者之间或有源流关系；宽格有箍剑在中原等地区没有与之特征相近而时代更早的实物，但南方地区却屡有出土，特别是屯溪M3、M7出土的两把剑与之具有明显的演变和承袭关系，如剑身的长短、凸箍的多少

1 孙华：《古越阁藏先秦兵器札记》，《文物丛刊》第10集。

2 肖梦龙：《论龚钦龙藏吴越青铜器相关问题》，《台湾龚钦龙藏古越阁商周青铜兵器》，南京出版社，2003年。

3 李学勤：《古越阁所藏青铜兵器选粹》，《文物》1993年第4期。

4 杨立新：《皖南先秦青铜文化初探》，《宣州文物》1988年总第6期。

5 林寿晋：《东周式铜剑初论》，《考古学报》1962年第2期。

6 夏星南：《浙江长兴发现一批吴越楚铜剑》，《文物》1979年第11期。

等，可以视作宽格有箍剑的祖型[1]。

（1）窄格无箍剑

吴越及其邻近地区出土较多。剑茎断面呈圆形或扁圆形，有的狭前锷，有的圆茎中空，两从凹陷成血槽。此类剑中江苏六合和仁所出Ⅰ、Ⅱ式剑和安徽南陵吴王光剑格为窄格，但茎上有双箍，可为特例。

（2）宽格有箍剑

吴越、楚齐以及其他地区均见较多出土，应为吴越剑或受吴越剑影响下的剑型。吴越地区的宽格有箍剑因时间早晚而呈现不同的特征：早期多为一凸箍、剑腊较短，剑身有的饰有兽面纹，如安徽屯溪奕棋M3、M7所出剑；后期多为双箍且剑腊加长，宽格多饰有兽面纹并镶嵌绿松石等物，有的剑身常饰各种暗花纹，铸造精良。

上述两种剑型均为春秋晚期吴越地区的典型形制，并沿用至战国时期，其中以宽格有箍剑出土数量丰富、装饰华丽，较多吴越王剑。

3. 扁茎无格（折肩）剑

与中原及其他地区早期剑无首无格等形制不同，首、茎、格是吴越剑自西周时期起就具备的结构要素，只是首有圆形、圆盘形或喇叭形之分；茎多为圆形或扁圆形，也有实茎或空茎之分，仅少数早期的平脊剑、薄片饰扉耳剑、窄格剑为扁茎；格有窄格或宽格之别，也仅有少数早期的扉耳剑无格。发展至春秋中晚期，圆首、圆茎、有格的形制已成吴越剑定式，同时又新出现了一种扁茎无格剑，无首、扁茎有穿、无格、折肩，身细而短，与流行的剑型大相异趣。类似的形制见于山东沂水工盧王剑（图37），其剑首不明（或无），扁圆茎残，折肩，身有凸脊并延伸至茎部，身长30厘米，有阴文篆书铭二行[2]。该剑为吴越王剑型中的异类剑，而与中原地区东周柳叶形的扁茎剑和巴蜀柳叶形剑相似，也与百越地区的扁茎弧肩或折肩剑相近，后者被认为源于中原地区的柳叶形剑以及巴蜀柱脊式柳叶形剑[3]。

图37　山东沂水工盧王剑

考古发掘所见春秋时期两湖等地的楚国境内折肩扁茎剑较为流行，如湖南宁乡黄材一次就出土29件，除一柄空茎剑外，其余全是折肩的扁茎剑，其肩作斜折，具有早期扁茎剑的特征[4]。因此有人认为至迟在春秋

1　李伯谦：《中原地区东周铜剑渊源试探》，《文物》1982年第1期。

2　沂水县文物管理站：《山东沂水县发现工盧王青铜剑》，《文物》1983年第12期。

3　贺刚：《先秦百越地区出土铜剑初论》，《考古》1992年第3期。

4　湖南省博物馆：《湖南省博物馆新发现的几件铜器》，《文物》1980年第8期。

早期的吴、越一带（包括楚地），确已从短剑中分离出来一种扁茎短剑——铍[1]。而从形制上看，扁茎无格（折肩）剑与东周时期的铍相比确实比较相近：扁茎无格（折肩）剑多短于同时期的剑，无首无格、扁茎有穿；东周时期的铍大多身短而细，呈柳叶形，铍头茎部呈扁平状或扁条状，均有一至二孔，无首，无纹饰，套长柄，多刻铭。使用时，两者应均需将基部两边以半圆木片夹住，以销钉穿孔铆合，再缠之以丝缑，外表髹漆。由此或可推论，吴越地区的扁茎（折肩）剑起源似与楚地的扁茎剑有关，而后者可能受到东周中原地区及巴蜀地区的柳叶形剑影响。

（二）越王剑的演变

迄今出土、传世和著录的越王剑形制主要见有三种，即窄格无箍剑、宽格有箍剑和宽格无箍剑，另有部分越王剑形制不详。

1. 宽格有箍剑

越王剑中明确为宽格有箍剑的共26件。分别为：越王之子句践剑；上海博物馆、中国国家博物馆、浙江省博物馆、龚钦龙藏及湖北江陵、安徽寿春出土越王者旨於睗剑；龚钦龙藏越王不寿剑；台北故宫博物院、故宫博物院、哈佛大学萨克拉美术馆、巴黎塞尔诺什博物馆、浙江省博物馆（2件）、香港中文大学文物馆藏及湖北江陵藤店、秭归香溪镇、荆门、湖南益阳、长沙小吴门外出土越王州句剑；龚钦龙藏越王州句复合剑；湖北江陵张家山出土嗣旨不光剑；高雄某氏藏越王旨不光剑；高雄某氏藏越王旨医剑；上海博物馆、安庆博物馆藏越王丌北古剑；广州博物馆藏越王剑。

2. 宽格无箍剑

越王剑中明确为宽格无箍剑的仅1件，即湖北江陵望山1号墓出土的越王句践剑。

3. 窄格无箍剑

越王剑中明确为窄格无箍剑的共14件。分别为：上海博物馆、卡尔贝克藏越王嗣旨不光剑；故宫博物院、绍兴博物馆、刘体智藏及河南淮阳平粮台出土（3件）及地点不详（4件）越王不光剑；张光裕拓本越王旨不光剑；陈仁涛旧藏越王剑。

4. 形制不详者

越王剑中形制不详者有13件。分别为：陈梦家《蔡器三记》著录之越王之子句践剑；故宫博物院（2件）、不明收藏者及高雄某氏藏越王者旨於睗剑；中国国家博物馆、上海博物馆、台北故宫博物院、台北古越阁王氏庋藏、香港某氏、陈仁涛藏及王懿荣初得于西安之越王州句剑。上述12剑虽形制不详，但由其铭文位置及各家著录之铭文拓本知为宽格剑。另有刘体智旧藏、现藏于台北故宫博物院之越王剑，剑格无铭，剑首环铭，隔字错金，或为窄格剑。

1　王学理：《长铍春秋》，《考古与文物》1985年第2期。

根据上文统计，在出土、传世与著录的54件越王剑中，明确为宽格有箍剑的26件，宽格无箍剑1件，窄格无箍剑14件，形制不详、但由铭文位置及各家著录之拓本可确定为宽格剑的12件，确定为窄格剑的1件。计有宽格剑39件，约占总数的72%；窄格剑15件，约占总数的28%。其中，越王句践剑、者旨於睗剑、不寿剑、州句剑以及丌北古剑均为宽格剑，铭文在剑格正背面，且较多暗花纹、同心圆剑首、复合剑、镶嵌绿松石等特殊工艺剑。越王不光一代，自嗣旨不光至越王不光，其所铸剑中窄格剑增多，铭文错金银多，但宽格剑少见，镶嵌绿松石少见，蓝琉璃更无；出现环首铭且错金银或隔字错金银，排列方式、以字为点缀等装饰功能加强，但同心圆剑首不见；剑身略有加长，但暗花纹不见。正如有学者指出："不光剑大多数是窄格的，剑身轮廓等也与句践剑等有异，嗣不光剑作于州句之世，越王剑由宽格转向窄格就发生在州句晚年"，并从类型学观点推断"不寿剑也应该是圆茎宽格的。"[1]事实上，其后不久发现的不寿剑确实作圆茎宽格。可见，不光时期是越王剑的转型时期，从嗣旨不光到越王不光，越王剑的形制、装饰、铸造都经历了一个转变过程，即剑体从宽格到窄格的转变，从致力于同心圆首、暗花纹、复合剑、镶嵌绿松石等特殊铸技及装饰工艺转变为追求错金银铭文、铭文的特殊排序等文字的装饰工艺。

虽然在吴越青铜剑发展的早期阶段，宽格剑与窄格剑均已产生并发展成熟，甚至诸多学者均在类型学研究中将窄格剑置于宽格剑之前，但单从有铭越王剑本身演变序列来看，宽格剑似乎早于窄格剑。同时，宽格剑的数量也多于窄格剑，这一情形与吴国极为相似。据统计，春秋吴国青铜剑中，窄格剑较少，而宽格剑却很多，但传世及出土的吴王剑中，较早的多是空茎剑（即窄格剑），如太子姑发剑、吴季子之子剑等，较晚的多是有箍剑（即宽格剑），如吴王光剑、吴王夫差剑等[2]。这一点又与越王剑有异。

越王剑的剑格形制与铭文间还存在着一定的特征或规律：除越王句践剑铭文刻于剑身外，宽格剑铭文多铸于剑格，如越王之子句践剑、越王者旨於睗剑、越王不寿剑、越王州句剑以及一部分越王不光剑等；窄格剑铭文多铸刻于剑格、剑首，如一部分越王不光剑。惟越王丌北古剑虽为宽格，却既有剑格铭又有剑首铭，相对比较特别。

剑为"直兵"，文献云："直兵推之""剑承其心"。从越王句践剑至越王不光剑，剑身长度在45.7～69厘米之间，以55厘米左右为多；所有越王剑均作成斜宽从、狭前锷、尖弧锋，这种形制最大限度地发挥了剑的直刺功能，提高了剑的杀伤能力。

（三）越国青铜剑的兴盛

春秋末叶至战国是越国青铜剑铸造最为兴盛的时期，个中原因除去吴越地区丰富的矿藏

1　曹锦炎等：《浙江省新入藏越王者旨於睗剑笔谈》，《文物》1996年第4期。

2　叶文宪：《吴越式铜剑的类型、嬗变与传播》，《铁道师院学报（社会科学版）》1992年第1期。

和先进的铸剑技术所提供的基础外，主要是与争霸战争、军队配置以及东周佩剑之风盛行等因素有关。其中争霸战争和军事建设的需要，即战争方式的改变、步兵的兴起、武器配备的变化导致了各国对青铜剑的强烈关注与迫切需求，这是推动越国青铜剑创新的积极动因，也决定了越国青铜剑的发展方向。

1. 青铜剑与越国的军队配置

春秋晚期越国的兴起除了得益于推行政治制度、经济制度的改革，还应归功于军事制度改革的成功。越国在兵役制度上实行平时为农、战时为兵的“兵农合一”制度以及男子全部服兵役的“全民皆兵”制度；在军队编制上出现了以舟师为特色、以步兵为主力的多兵种建置，设有左、中、右三军，兵种主要有“习流”（水军，或称舟师）、“教士”（步兵）、“君子”（禁卫军）、“诸御”（后勤部队）以及地方兵（如御儿等地的地方兵）等五种；有完备的后勤保障系统，如专门用于运输的“乘舟”，有军港“防坞”“固陵”，水军营地“中指台”，收藏武器的“高库”等；当然还有越王句践推行的严格的军事纪律等。所有这些无疑都是越国称霸的保障[1]。

通观史书中有关越国的战争，均没有车战的记载。虽然相邻的吴国在春秋中晚期后接触过车战，如申公巫臣在成公七年（公元前584年）至吴国“与其射御，教吴乘车，教之战阵”，即教吴车战；《左传》哀公十一年（公元前484年）艾陵之战，吴俘获齐“革车八百乘，甲首三千”，但吴将之悉数送给了鲁国，可见车战并没有在吴越地区得到推广。越人习于“以船为车，以楫为马”，通中原又晚于吴国，接触车战可能更晚，甚至可能根本就没有组建过正规的车战部队，步兵和水军始终是越国军队的主力。据《史记·越世家》记载，公元前482年第一次伐吴时，越国出动的兵力有“习流二千人，教士四万人，君子六千人，诸御千人”，总数近5万人，其中步兵即达4万人之多，由此带来的步兵武器配备特别是剑的配置数量应是相当可观的。

越国以舟师为特色、以步兵为主力的军队建制，导致了对剑的需求量大增，剑成为步兵及水军必不可少的武器装备。1935年河南汲县山彪镇1号墓出土两件图案大致相同的水陆攻战纹铜鉴[2]，1965年四川成都百花潭中学10号墓发掘一件水战图景的铜壶[3]，加上故宫博物院所藏的一件传世铜壶，从它们刻划的纹饰图案中都可以清楚地看到，无论是守城的弓箭手，还是攻城的步兵，无论是舟船中的上层战士，还是下层桨手都佩有卫体的短剑（图38）。吴越地区青铜剑多出于河道水域，如吴越争霸的主战场——苏州市郊周围河道及太湖水域内出土了数量众多的青铜剑及其他兵器；浙江所出青铜兵器亦多集中于西湖、长兴港、洪山港、

1 参阅孟文镛：《越国的军事制度》，《绍兴文理学院学报》第16卷第4期。

2 郭宝钧：《山彪镇与琉璃阁》，科学出版社，1959年。

3 四川省博物馆：《成都百花潭中学十号墓发掘记》，《文物》1976年第3期。

里塘港等水域[1]。这正是当时吴、越两国以水战为主的真实写照。

图38 山彪镇出土铜鉴所见东周士兵佩剑格斗形象

吴越之外的其他各地，随着战争方式的转变、战争次数的频繁和战争规模的扩大，传统的车战已渐不能适应战事的需要，车兵也开始逐渐衰落，骑兵和步兵大量出现，成为军队的主力兵种。因之，剑也作为轻便而攻击力强的武器，逐渐取代了戈等一些长柄兵器而成为战场的主宰，成为当时步兵的标准装备之一[2]。譬如当时的楚国，军队中剑的配备已很普遍，墓葬出土情况最直接地反映了这一变化，湖北江陵地区楚墓的成年男性墓中几乎都有一把铜剑随葬[3]。另据不完全统计，已有报告发表的3000余座楚墓中，共出有青铜剑600余件，特别是江陵、长沙一带[4]楚墓中发掘出数量众多、铸造精美的青铜剑，江陵天星观一座墓里甚至随葬有铜剑多达32件[5]。这些剑绝大多数出土于春秋晚期至战国时期的墓葬中，如长沙楚墓的22件青铜剑全部出自战国墓中；江陵雨台山楚墓出的172件青铜剑，有171件出自春秋晚期至战国中晚期墓中[6]。而且这些剑一般都出于中小墓内，墓主身份多为士、平民或被解放的奴隶，是当时军队中的主要成分。以上种种现象表明，这一时期的青铜剑是广大士兵特别是日益兴起的步兵和骑兵手中必备的主要武器配置。

2. 越国青铜剑与东周佩剑之风

《释名》："剑，检也，所以防检非常也。又歛也，以其在身时，拱歛在臂内也。"剑是主人随身佩带、防检非常之物，东周佩剑之风的兴盛正是以剑的这一特征为前提。

西周初期的短剑主要装备给称为"虎贲"的兵士，其性质类似于禁卫军。早期形象可能为一手执盾，一手执剑[7]。直到东周以前，对于佩剑都有着严格的礼仪规定，仅限于上层社会和品德高尚之人。《史记·太史公自序》曰："非信、廉、仁、勇，不能传兵论剑，与道同符，内可以治身，外可以应变，君子比德焉。"《孙子·吴起列传》云："兵者，万人敌；剑者，一人敌。然止戈为武，旨在救人，不在伤人。故'兵'与'剑'，非有'信、

1 蒋琳：《浙江省博物馆藏出土先秦青铜兵器》，《东方博物》第二十五辑；夏星南：《浙江长兴县发现吴、越、楚铜剑》，《考古》1989年第1期。

2 杨泓：《中国古代兵器论丛》，文物出版社，1980年。

3 郭德维：《江陵楚墓论述》，《考古学报》1982年第2期。

4 湖南省博物馆：《湖南省文物图录》，湖南人民出版社，1964年；湖南省博物馆：《长沙楚墓》，《考古学报》1959年第1期。

5 荆州地区博物馆：《江陵天星观一号楚墓出土大批楚简》，《光明日报》1978年7月23日。

6 陈昆：《楚地青铜剑》，《湖北美术学院学报》1998年第1期。

7 苏鹏力、陈飞：《从出土文物论先秦剑及剑术的兴起》，《文博》2006年第4期。

廉、仁、勇’之德性，则不能传论也。”春秋时期，佩剑仍仅限于奴隶主贵族阶层。河南陕县上村岭虢国墓四件铜剑均出自上层贵族墓[1]；比虢国墓略晚的洛阳中州路2415号墓出土的一件带精美象牙鞘的剑更是贵族阶层的佩剑，其对于身份的象征意义远高于其实用意义。史书中亦载有楚庄王“屦及剑及”和吴公子“季札挂剑”的故事。

春秋战国之交，社会发生巨大变革，礼制约束逐渐松弛，佩剑开始成为社会习尚，同时也表示等级身份[2]，自国君至于士，佩剑蔚然成风。《史记·秦本纪》和《六国年表》都有“简公六年（公元前409年），令吏初带剑”的记载；《史记·秦始皇本纪》后附《秦记》也有“简公七年（公元前408年）……百姓初带剑”的记载。虽然此处的“百姓”是指大小官吏和新兴地主阶级内部的各种人物，但其时秦国之佩剑成风于此也可见一斑。在养士盛行的战国时期，剑更成了士须臾不离之物。冯瑗客孟尝君时，虽贫乏不能自存，仍不舍其剑，初居于传舍，又迁之幸舍，三迁于代舍，皆有弹剑而歌的故事（《战国策》）；平原君游说楚王合纵，“日出而言之，日中不决”，于是毛遂按剑历阶而上，逼楚王盟誓（《史记》）。这时在士阶层中还分化出了一个剑士集团，击剑习武，为人效力。《庄子·说剑》云：“昔赵文王喜剑，剑士夹门而客三千余人，日夜相击于前，死伤者岁百余人，好之不厌。”可见当时剑士人数之众。

佩剑之风是如此之盛，以致不仅频繁出现于文学著作，如屈原《离骚·涉江》之“带长铗（长剑）之陆离兮”、《说苑·善说》之“昔者荆为长剑危冠，令尹子西出焉”……也屡屡见于出土文物，如湖南长沙子弹库楚墓《人物御龙帛画》中之男子危冠长剑立于龙身[3]、湖北随县曾侯乙墓编钟钟虡之佩剑力士及漆盒之佩剑舞蹈者[4]。四川成都百花潭中学10号墓嵌错铜壶、河南辉县赵固1号墓狩猎纹铜鉴、辉县琉璃阁59号墓武士持剑斗兽图铜钫、洛阳金村骑兵持剑斗兽错金银铜镜、湖北云梦睡虎地武士持剑盾斗兽铜镜等文物之上，佩剑形象也比比皆是。战国墓中不仅大中小型墓葬均有青铜剑出土，而且出现了明器木剑，湖南长沙广济桥5号大型木椁墓有，长沙丝毛冲小型墓也有，长沙仰天湖25号墓还发现了持剑木俑[5]。这些都充分反映了其时青铜剑与战争和风尚的密切关系。

吴越地区早期的青铜剑，剑身短而形制精美，可能佩带功能大于实战功能，如部分扉耳剑。春秋战国时期剑中之铸技高超、装饰精美者，也很可能更多地用于佩带，或用于馈赠，如吴越王剑及部分有特殊铸技和装饰的青铜剑。越剑尤其为各国所宝，史载越王句践五把宝剑之一的湛泸剑后为楚王所得，秦王闻而求之却不能得，因此兴兵击楚，但楚王仍不与秦王

1 中国社会科学院考古研究所：《上村岭虢国墓地》，第19、20页，科学出版社，1959年。

2 据《考工记·桃氏》载：士阶层的人，佩剑因长短重量的不同，称为上制、中制、下制，分别为上士、中士、下士所佩带。

3 湖北省博物馆：《图说楚文化》，湖北美术出版社，2006年。

4 湖北省博物馆：《曾侯乙墓》，文物出版社，1989年。

5 转引自白化文：《关于青铜剑》，《文物》1976年第11期。

剑。同时，楚还令风胡子至吴延请欧冶子、干将作铁剑，为龙渊、泰阿、工布三枚，晋郑王闻而求之不能得，以致围楚三年不解。又《越绝书》载：句践接见孔子时“带步光之剑，杖物卢之矛”“越王使文种至吴，以先人之藏器，甲二十领，屈庐之矛、步光之剑，以贺军吏”“子贡去而行，越王送之……宝剑一……”。《庄子·刻意》亦云：“夫有干越之剑者，柙而藏之，不敢用也，宝之至也。”生动地表达了其时各诸侯国对吴越宝剑的喜爱与珍惜之情。这一时期的越国还诞生了专门的用剑理论，《吴越春秋》记越王问及越女剑道，越女说：“其道甚微而易，其意甚幽而深。道有门户，亦有阴阳，开门闭户，阴衰阳兴。凡手战之道，内实精神，外示安仪。具之似好妇，夺之似惧虎。”指出只有熟练掌握击剑理论，才是取胜的关键所在，这就是广为后世津津乐道的“越女论剑”。

由于剑在战国时无论铸造还是使用都已得到极大普及，到两汉时，民众仍然普遍拥有剑，甚至可以买卖贸易，且习剑之风盛行。《汉书·地理志》云：“吴越之民皆好勇，故其民至今好用剑，轻死易发。”李陵也说荆楚勇士多剑客（《汉书·李陵传》）。与剑有关的行业因此纷纷产生，如相剑方，还有磨剑、修剑即洒削等薄技也成为时人致富之途，以至于引得司马迁大发感慨道:“洒削，薄技也，而郅氏鼎食。”[1]

当然，佩剑除了防检非常的功能、身份地位的象征外，还被赋予了丰富的文化内涵：蕴藏有权仗意义，如文学创作中的尚方宝剑；寄托着侠义情怀，如武侠传奇中的仗剑行侠；同时也折射出士的精神构成[2]。越国更是以其胆剑精神传诸后世，成为后世人民的精神源泉。特别是吴、越之人喜好佩剑，逞勇斗狠，不仅出过专诸、要离等著名的刺客，也出过许多不惜自刎以死谏君王的大臣。正是在这种轻死易发、勇武好斗的天性驱使下，越国一方面不断加大青铜剑的铸造量，以适应频繁爆发且规模巨大的战争需求；另一方面也不断提高技艺铸造名剑，借以显示实力，体现身份，满足日益兴盛的佩剑之风。

战争频仍与佩剑盛行促使了以越王剑为代表的越国青铜剑在战国时期达到鼎盛阶段，但由于青铜材质的局限，其锋利程度与长度仍难以满足战场上的实际需求，故而实战用剑不得不在以下两个方面不断改进以适应战争的需要：其一，既利且韧；其二，长度加长。复合剑的诞生和战国铁剑的增长皆缘于此。以后随着战国末年骑兵的出现，剑刃的直刺功能满足不了骑兵作战的劈砍需求，特别是西汉时期对匈奴多为骑兵作战，于是剑逐渐被环柄刀所取代[3]，直至冷兵器结束。

与实战用剑不同，佩剑则在保留身份地位象征的孑遗的同时，逐渐向击剑和剑术演变。“越女论剑”的记载揭示了其时剑已从实战和佩带衍生出了另一种功能，即产生了剑术，

1 《史记·货殖列传》。

2 田延峰：《佩剑风习流变及文化内涵》，《宝鸡文理学院学报（社会科学版）》2006年第2期。

3 杨泓：《中国古兵器论丛》修订本，第123页，文物出版社，1985年。

并在汉代时发展为剑舞，《史记·项羽本纪》“鸿门宴”中即有项庄借口“军中无以为乐，请以剑舞”助兴，而其意却在沛公刘邦的记载。东汉以降，剑舞又逐渐为刀舞所取代。史载东吴将领凌统与甘宁有杀父之仇，一次在吕蒙家中聚宴时，“酒酣，（凌）统乃以刀舞”，想用项庄之法报仇，在席上刺杀甘宁。由项庄舞剑到凌统舞刀，生动地反映出两汉400余年间，军队中主要装备的短柄格斗武器从剑转变到刀的历史事实。

三、越国青铜剑的影响

（一）对其他地区的影响

越国青铜剑，特别是宽格双箍剑、窄格无箍剑与楚、百越乃至岭南地区同类器间有着较深远的联系和交融关系[1]。

楚地与吴越相邻，吴越的冶铸技术令楚受益匪浅并因此在战国时处于领先地位。一方面，楚派风胡子至吴越学习铸剑技术，仿造吴越青铜剑；吴越相继灭亡后，原为吴越王铸剑的干将、莫邪等又成为楚的大师，为楚国铸剑（《越绝书》）。另一方面，楚人直接使用吴越地区的戈、剑类兵器，并在战争中掠回吴越王剑。这一点由出土越王剑的墓主身份与剑的器主身份相差悬殊这一现象完全可以推知：如湖北荆门子陵岗墓出土饰细线暗花纹的州句剑，但该墓仅是一个随葬陶器的小墓；江陵雨台山官坪村出土越王者旨於睗剑，剑首同心圆，铭文字间镶嵌绿松石，但墓主身份仅为士级；湖南益阳赫山庙出土越王州句剑，饰菱形暗花纹的剑铭文中有两个“戉王”，但该墓墓主也仅是士一级，剑显然为掳掠所得无疑。

东周时期吴国的戈和越国的剑都很有名，即所谓的“吴戈越剑”。屈原《九歌》中提到的兵器就有“操吴戈”“带长剑”，剑是否越剑虽未明说，但至少说明楚国用剑也是很普遍的。楚剑的形制也较统一，其种类和吴越地区也非常接近，除去扁茎无首或扁茎圆首的青铜短剑（即匕首）外，主要有：圆首圆实茎双凸箍剑，并有缠缑，有些剑格上铸有优美的花纹；圆首圆空茎、宽格或窄格剑；另外还有无首扁茎、有格或无格的扁茎剑。湖北江陵楚墓出土226件青铜剑中，近半数出自单棺墓和无棺无椁墓，圆茎宽格剑与圆茎窄格剑占90%[2]。如天星观、雨台山楚墓所出剑多呈吴越式剑形制。楚境内出土具王铭的越王剑数量不菲，如湖北江陵望山、藤店等楚墓随葬之句践剑和州句剑。此外，楚国剑在春秋战国时期的变化也可看出其受吴越剑的影响：一是剑身明显加长。战国中晚期剑一般要比春秋中晚期的剑长20～30厘米，如江陵雨台山408号墓出土的春秋晚期剑长仅27.5厘米，而江陵雨台山444号墓出土的战国中晚期剑却长达68.5厘米；二是由柱脊变为棱脊，由无从（血槽）变为有从，

1　参阅毛颖、张敏：《长江下游的徐舒与吴越》，湖北教育出版社，2005年。

2　陈耀钧:《浅谈江陵楚墓出土的青铜剑》，《考古与文物》1984年第2期。

刃部由直刃变为弧线内收。这些形制的变化，加强了剑的直刺功能，提高了杀伤能力。

吴越式剑中的扁茎无格（折肩）剑也被认为是楚式铍的主要来源。战国时的楚铍宽而长，起矮脊，具有南方国家如楚、吴、越剑的风格，其源起显然与东周时主要分布在楚越地区的折肩扁茎剑有关，因此最早地把宽扁的茎稍加收缩，插进长柲者，很有可能是发生在春秋时期的吴、越地区（包括大江南岸的楚地）。实物所见如长沙紫檀铺M30出土的所谓“铜矛”，实为楚式铍头，长33厘米，加上安有铜镦的竹柲，全长1.62米，柲与茎套接处用两块木板夹住，外面缠绕丝织物，最后髹之以漆[1]。

中原及其他地区也常见出土宽格剑与窄格剑。据李伯谦统计，中原地区存在吴越地区流行的薄格圆茎剑和宽格圆实茎剑各占有25%左右，而这两型主要存在于南方，愈往北愈少；出土于楚、蔡等国范围内的薄格空茎剑占28%，厚格圆实茎剑占61%[2]。

岭南地区，有学者通过对出土的主要器类进行分群研究，认为今岭南地区出土吴越式剑、越王矛等的长剑亚群所代表的战国青铜文化是吴越地区的青铜文化西迁岭南而形成的[3]，其中的吴越式剑即是习见于越王剑的斜宽从厚格剑形制。

（二）对域外的影响

古代吴越地区与日本、朝鲜、越南等地很早就开始了交往互通和文化交流，《越绝书》中称“台湾”、南部日本以及印度支那等地为外越或东海外越。在日本，不仅旧国名中多有“越”字，而且还保留有许多大大小小的含有“越”字的地名，如越智市、上越市、越生町、鸟越村等。范围最大也最古老的称“越”的地名，即日本的旧国名“越前”“越中”“越后”，以及由此而来的派生地名如“越后山脉”“越后平原”等，这些都是古代越族到达这个地区的标志，也是吴越文化的标志。佐贺吉野里的弥生时代遗址，实际上就是从绳纹时代到弥生时代为了逃避卷转虫海侵漂流到日本南部的外越人及其后裔所建立的一个史前聚落，聚落的格局、房屋的形式以及出土的遗物等都和句吴人及内越人的十分相似，特别是复原的几座瞭望楼，使人立刻联想到绍兴卧龙山上的龙飞翼楼：一种越人用于备战的建筑[4]。

《越绝书》中的“外越”一名还见于《水经注》所引《林邑记》。后者为佚书，据《水经·温水注》所引称“铜鼓外越”，又称“盖度铜鼓即骆越也”。《水经·叶榆河注》：“江水南对安定县，《林邑记》所谓外越、安定、纪粟者也。”按：安定为西汉交趾郡属

1　湖南省文物管理委员会：《湖南长沙紫檀铺战国墓清理简报》，《考古通讯》1957年第1期。

2　李伯谦：《中原地区商周铜剑渊源试探》，《文物》1982年第1期。

3　刘波：《岭南地区东周青铜器的分群研究》，《东方文明之韵——吴文化国际学术研讨会论文集》，岭南美术出版社，2000年。

4　陈桥驿：《与日本学者谈两国史前文化》，《日本文化交流》1991年第10期。

县，位于今越南首都河内以南，则印度支那古时属外越已可无疑，直到今日，越南国名中也仍留着“越”字这个标志。另有学者通过比较中国江南和朝鲜半岛共有的支石墓和史前稻作农业遗存，推断先秦时代两地存在着海上文化交流，即从江南地区渡海直接到达朝鲜半岛和日本，而古越人的造船、航海技术以及海流和季风是两地交往的重要条件[1]。

降至东周时期，越国及越民族的青铜剑以及其他青铜兵器对东亚地区都产生了相当大的影响。如日本弥生前期出土的东周式铜剑和奈良县东大寺山古坟出土的“中平”（184～189年）铭文的铁大刀，可能就是通过海路输入的；岛根县簸川郡斐川町荒神谷两个埋祭坑中发现了埋在一起的358柄铜剑和16件铜矛[2]。这些也都说明彼时的日本亦已长于铸造兵器，越人擅长铸造青铜兵器的传统在日本等地继续得到了发扬光大。

综上所述，春秋战国时期，越国凭借着丰富的矿藏资源与雄厚的冶铸实力，在以舟师和步兵为主要兵种的军队建置、与吴楚争霸的战争需要以及东周时期盛行的佩剑风尚等因素的激发下，青铜剑的铸造日臻鼎盛，青铜剑的形制逐渐成熟，青铜剑的风格自成特色并向吴楚、百越、中原和东亚等地传播。同时，越人高超的铸剑技术和装饰工艺不断创新，以越王剑为集大成者的剑首同心圆技术、暗花纹技术、各种嵌错技术、装造技术以及鸟虫书的装饰等均使其在东周各国中享有盛誉且千年不衰，代表了东周时期青铜剑铸造的最高水平。

1　毛昭晰：《先秦时代中国江南和朝鲜半岛海上交通初探》，《东方博物》第十辑。

2　均转引自方杰主编：《越国文化》，上海社会科学院出版社，1998年。

第二章 会稽镜

清末学者罗振玉《古镜图录》云："刻画之精巧，文字之瑰奇，辞旨之温雅，一器而三善备焉者莫镜若也。"诚如斯言，集纳万物于方寸之间的铜镜既是我国古代上至王侯贵族，下至平民百姓无不皆备的日常用器，也是古代无数普通匠师智慧与心血打造的艺术作品，是当时人们追求理想生活、表达内心愿望的真实反映，带有鲜明的时代特色和地域特征。

在中国青铜史上，铜镜的铸造和使用历史最长、范围最广。稗史传说早在黄帝时即已出现铜镜，如《轩辕黄帝传》载"铸镜以像之。"《黄帝内傳》载"帝既与西王母会于王屋，乃铸大镜十二面，随月用之。"另有《玄中记》也说"尹寿作镜，尧臣也。"这些记载虽不足信，但在新石器时代晚期的齐家文化已发现了铜镜实物，1975、1977年甘肃广河齐家坪及青海贵南尕马台墓地出土铜镜各一面，把我国铸镜的历史推前至距今约4000年前的齐家文化[1]。

商周甲骨文和金文里也还没有"镜"字，而有"监"字，《说文解字》："监，临下也。"甲骨文或金文"监"字的字形，正像人临器皿俯视之状，也就是"人监于水"之形，说明那时用器盛水，用水照容。文献中较早把镜称为鉴的是《左传・庄公二十一年》："王以后之鞶鉴予之"，杜预注"鞶鉴"云："鞶带而以鉴为饰也。""鉴，镜也。"又《庄子・德充符》记申徒嘉答子产云："闻之曰，鉴明则尘垢不止，止则不明也。"鉴可止尘垢，应指铜镜。

"镜"字最早见于战国文献。如《墨子・非攻》："古者有语曰，君子不镜于水，而镜于人。镜于水，见面之容；镜于人则知吉与凶。"《庄子・应帝王篇》《庄子・天道篇》《韩非子・观行篇》《楚辞・九辩》《战国策・齐策》等也都提及过铜镜，但主要是借以阐明人生哲理。出土及收藏情况表明，战国时期的铜镜铸造已经得到了长足发展，数量猛增，南方楚地长沙镜、淮式镜，北方三晋镜等标志着我国铜镜发展史上第一个兴盛阶段的到来。然而，在这一时期的会稽境内迄今却几乎没有发现过铜镜出土，究其原因有二：战国时期可能与句践及其后代越王致力于争霸事业，倾其国力发展耕战，将大量的铜锡原料用于铸造农具、兵器有关；秦统一后可能与秦对原吴越地区采取抑制政策有关，这项政策致使该地区经济、文化等一蹶不振、停滞不前，铜镜铸造自然受到影响。

两汉时期，借由会稽一带经济生产的逐渐恢复和地区人口的稳步增长，作为当时重要手工业之一的铜镜铸造业也迅速发展并日趋成熟起来。特别是当魏晋南北朝时因北方广大地区的铜镜铸造质量下降、品种不多、很少创新，甚至于西晋末年后几乎濒临瘫痪，而被称为铜镜发展史上的中衰期的时候，东汉及东吴时期以会稽山阴为代表的南方地区的铜镜业却异军突起，与同时期北方地区的低迷和萧条形成相反态势，一跃成为当时著名的铸镜中心，并以其独具特色的画像镜、神兽镜、龙虎镜等镜类和多姿多彩的私家作坊名号镜等为这一时期的

1　李虎侯：《齐家文化铜镜的非破坏鉴定》，《考古》1980年第4期。

铜镜发展史书写了重要的篇章。有的工匠甚至东渡日本作镜，画像镜、神兽镜等艺术特色也随之影响了日本的三角缘神兽镜，成为其时两地文化交流的使者和媒介。因此，学术界习惯上将这一时期会稽山阴所铸造的以画像镜、神兽镜和龙虎镜等为代表的铜镜称为会稽镜[1]。

在此，我们用“会稽镜”这一名词指代这样一类铜镜，即在以今绍兴地区为中心的浙江境内（即汉六朝会稽郡辖区内）出土的，以及会稽山阴工匠迁移异地所铸造的汉六朝特别是东汉孙吴时期的铜镜，尤其是画像镜、神兽镜、龙虎镜及其他的博局禽兽镜、四叶八凤镜等，其中包括浙江特别是绍兴出土的吴郡工匠铸造的铜镜、山阴工匠迁移武昌铸造的铜镜、日本出土山阴工匠铸造的铜镜等。本书涉及的会稽镜还包括20世纪日本学者及我国学界所习称的，绍兴地区或传绍兴地区出土的，以画像镜（特别是神仙车马画像镜和历史人物画像镜）、龙虎镜、神兽镜等为代表的独具特色的“绍兴镜”。

会稽镜传世情况不明，北宋、明清至民国间的相关著录中没有专门门类，虽其镜鉴类别中偶有涉及，如宋王黼等撰《博古图录》辑有铜镜三卷，清乾隆年间《西清古鉴》《西清续鉴》著录大量铜镜，钱坫等人私家藏镜著录，罗振玉、陈介祺、刘体智等对铜镜所作著录、研究等[2]，但均将断代定至汉唐，会稽镜的详细情况更是不得而知。新中国成立前，会稽镜大量流失海外，特别是20世纪30年代中期，浙江绍兴古墓群中发现了300多面铜镜，其中包括相当一部分具有这类题材和风格的铜镜，日本学者梅原末治广为搜求，于1939年编著出版《绍兴古镜聚英》一书予以详尽收录，后又著《汉三国六朝纪年镜图说》作相关研究，书中即有相当数量的神兽镜出土于绍兴地区。其他尚有富冈谦藏、后滕守一、驹井和爱、樋口隆康等，均在研究日本出土铜镜时或多或少地涉及吴地会稽铜镜的研究。

20世纪40年代，梁上椿作《岩窟藏镜》4集，全面而详尽地描述了所录古镜的尺寸、重量、花饰、铭文、光泽、锈色等，吸收了当时的最新研究成果，书中的汉式镜部分亦曾涉及会稽地区铜镜。

新中国成立后，浙江等地所出会稽镜不断引起专家学者的高度关注，以会稽镜为研究主题的论文、图录及著作相继问世，其中尤以王士伦1957年著《浙江出土铜镜选集》和1987年著《浙江出土铜镜》为代表。2006年，王士伦、王牧推出的《浙江出土铜镜》（修订本）一书在保持原有风格面貌的基础上，又新增了近20年来浙江出土的汉六朝铜镜，并据新出土资料对原书著录的个别铜镜类型重新做了梳理排列。此外，孔祥星、刘一曼《中国古代铜镜》和《中国古代铜镜图典》中收录了一部分浙江特别是绍兴地区出土的会稽镜；湖北省博物馆《鄂城汉三国六朝铜镜》及鄂州博物馆《鄂州铜镜》收录了鄂州地区出土的会稽山阴工匠铸造的铜镜；王仲殊、徐苹芳、杨泓等人也都曾发表过大量研究会稽镜的论作。何堂坤著

1　王士伦、王牧：《浙江出土铜镜·序》（修订本），文物出版社，2006年。

2　李缙云：《古代铜镜研究综述》，《中国文物报》1990年9月27日。

《中国古代铜镜的技术研究》一书，在汉六朝铜镜的合金冶炼、铸造技术、表面处理等方面的研究成果亦可适用于会稽镜的相关研究中。

近年来会稽镜的收藏呈现出博物馆与民间收藏并存、全社会共同关注和参与的新气象，不仅浙江省博物馆、绍兴市博物馆、绍兴越文化博物馆等单位收藏了大量的会稽镜，绍兴等地区的民间收藏家也对会稽镜情有独钟，大力收藏并向社会展出，从而使得会稽镜的历史、文化、艺术、铸造等价值得到有效的保存、保护和传承，也为研究会稽镜的种类、图像、铭文、铸造及其蕴含的社会、经济、历史、文化、建筑、风俗、信仰、礼制、儒学、道教、佛教乃至审美观念、东亚地区国家间的交流等方面提供了丰富的资料。

第一节　会稽镜种类

会稽境内迄今几乎没有发现过战国以前的铜镜，会稽镜的铸制与流行一般认为始于西汉时期，西汉中叶以后常见昭明镜、日光镜和四螭镜等，但草叶纹镜及星云纹镜相对少见。如浙江安吉良朋上柏出土西汉蟠螭纹镜、清白连弧铭带镜，绍兴南池上谢墅出土四乳蟠螭纹镜，嵊州出土昭明连弧纹铭带镜，绍兴县出土日光镜、长相思镜、四乳四螭镜，龙游县出土七乳七曜镜等，其形制、纹饰均与其他地区所出同类镜相同，基本为全国统一的式样和风格，体现了西汉时期政治、经济、文化及意识形态的大一统。

西汉末叶至东汉初年开始，会稽镜的铸造已经日趋成熟，并于东汉早中期达到了兴盛阶段，博局禽兽镜、画像镜、神兽镜、龙虎镜、四叶八凤镜等为东汉至西晋时期会稽（山阴）的主要镜类。东汉早期，会稽镜沿用王莽时期的图案，以四神为中心，形象各异的禽鸟、瑞兽成为铜镜的主题纹饰。其后，以画像镜、龙虎镜、神兽镜为主的铜镜流行，且题材中大量吸收了西王母、东王公神话以及天皇五帝群仙的内容，反映出人们对神仙世界的强烈企盼，使得会稽镜弥漫着浓厚的升仙得道思想，并与祈祷高官厚禄、子孙蕃昌的愿望有机融汇。同时，画像镜、龙虎镜、神兽镜等东汉、孙吴时期会稽郡的特色镜类，在表现手法上改变了以往铜镜单线条勾勒轮廓式的构图，而向平面浅浮雕构图、弧面浅浮雕构图、高圆浮雕构图次递演进。其中，画像镜的题材与技法与同时代的画像石和画像砖有异曲同工之妙，题材多取自神仙瑞兽、车马出行，以及历史人物故事等，情节生动；斜剔法平而浅的浮雕、立体感较强的弧面浮雕与汉画像石中同类浮雕风格相同，开后代铜镜图案高浮雕之先河；其行用的“四分法”布局也沿袭了西汉与东汉早期镜习见的模式。而神兽镜不仅布局构图推陈出新、丰富多彩，同时其轴对称构图、半圆方枚铭文、大量的纪年铭等均使这一时期的铜镜艺术呈现出前所未有的面貌。

一、博局镜

博局镜是早期会稽镜中一个主要的镜类。

（一）纪年博局镜

会稽地区何时铸造博局镜？就有纪年的铜镜来说，可能为王莽时期。王莽前的纪年博局镜仅洛阳出土的成帝永始二年（公元前15年）四神博局镜[1]。现知王莽时期纪年镜有二面：一面为始

1　洛阳市第二文物工作队，《洛阳五女冢267号新莽墓发掘简报》，《文物》1996年第7期。

种，从齐家文化的七角星纹镜，战国、西汉时期的七内向连孤纹镜，到西汉的七乳连峰纽星云纹镜，及其后的草叶镜、四乳四神镜和规矩镜等，体现了古铜镜从太阳到星辰的转换，象征着人们对北斗七星的崇拜[1]；从传统图像到天空、大地和神灵共为一体的过渡，将其原始设计理念即日、月、金、木、水、火、土的七曜之说的宇宙观，转变为东汉盛行的五行之说的生命观，并推向极致[2]。

七乳神兽带镜在南朝时颇受朝野青睐，并被赋予了一个极诗意、极拟人的名称："七子镜"。南朝梁简文帝《望月》诗云："流辉入四堂，初照上梅梁。形同七子镜，影类九秋霜。"可见七子镜在当时是很著名的，甚至流传到了百济（今朝鲜），1971年百济王余隆"武宁王"墓出土铜镜等文物与中国相同，应由南朝传入。国内学者认为其所出"七子镜"与南朝镜相同，也应由南朝传入[3]。

（二）五乳神兽带镜

五乳镜中以义乌徐村出土的东汉鎏金五乳四神镜为代表[4]（图43）。镜直径14厘米，圆锥形纽，重圈纽座，内区以五乳间隔五区，分别饰青龙、白虎、朱雀、玄武、羽人，周铭"尚方作镜真大巧，上有仙人不知老，渴饮玉泉饥食枣（文未完）"。外区饰变形蟠螭纹。镜背鎏金，极为精美。另有1983年绍兴禹陵出土的五乳禽兽人物画像镜[5]，内区有弄丸杂技二人，其题材揭开了东汉时期画像镜盛行的序幕。

图43 东汉鎏金环状乳半圆方枚神兽镜

三、画像镜

画像镜是汉代新出现的一个镜类，主要流行于其时南方的江浙地区[6]，尤以今绍兴地区出土最多。另外，江苏的南京、扬州，湖北的鄂城，浙江的杭州等地也有发现。

画像镜在中国铜镜史上独具一格，是以斜剔法平面浅浮雕为主要表现手法，描述历史人物、车骑歌舞、神仙瑞兽等题材的一类铜镜。早期画像镜发现于江苏的徐州，如1994

1 杨金平：《东汉铜镜和画像石的图像比较》，《东南文化》2005年第5期。
2 参阅杨金平：《东汉七乳镜的源起和发展》，《文博》2006年第6期。
3 罗宗真：《六朝时期中国对外文化交流》，《文史哲》1993年第3期。
4 王士伦、王牧：《浙江出土铜镜》（修订本），彩版10，文物出版社，2006年。
5 王士伦、王牧：《浙江出土铜镜》（修订本），图版20，文物出版社，2006年。
6 孔祥星、刘一曼：《中国古代铜镜》，文物出版社，1994年。

年徐州北郊刘埶墓出土一面西汉早期人物画像镜[1]（图44），制作精美、保存完好。镜平面浅浮雕，与早期画像石中平面阴刻浅浮雕风格类似，共刻画物象77个，人物造型拘谨古拙，反映了西汉早期画像镜的艺术风格。类似的人物画像镜还有洛阳金村战国中期错金银狩猎纹镜、云梦睡虎地秦墓狩猎纹镜、西安红庙彩绘车马人物镜、广州南越王墓彩绘人物击剑镜等，但这类镜在当时主要限于王侯等身份地位较高的贵族使用，并未在社会上流行，且其题材内容、图案纹饰、工艺线条等特征与绍兴等地出土的流行于东汉中期的画像镜间并无直接的承继关系，其间存在较大缺环。在西汉中期至东汉中期的较长一段时间内，均未见以人物为主题纹饰的铜镜，仅仅是在博局镜、禽兽镜中见到一些羽人、神仙形象，北方地区在东汉中期及其以后的一段时间内几乎没有人物镜流行[2]。从这个意义上说，画像镜及其稍后的神兽镜开启了一个再次以神人、人物为主题纹饰的时代。

图44　徐州刘埶墓出土西汉早期人物画像镜

画像镜的题材内容从西汉时期的反映社会生活扩展到反映神仙世界、历史故事和历史传说人物；其图案纹饰也发展为几何纹、植物纹、动物纹和人物纹共存，且人物、动物造型形象生动；工艺线条则由线条、平面浅浮雕发展至浮雕，其中浅浮雕技法仍然与线条表现手法相结合，如东王公、西王母镜的铸作中，东王公、西王母画像镜为浅浮雕效果，细部如眉、目、衣褶仍用突出的细线表现。这种线刻和浅浮雕手法的结合成为画像镜的主要特征。就其主题而言，虽然在画像镜产生以前已有“上有仙人不知老，渴饮玉泉饥食枣，浮游天下遨四海”之类的铭文，且博局镜上也见西王母及与其有关的瑞兽形象，但明确把西王母、东王公作为主题纹饰，却是首见于画像镜，而把一个完整的历史故事作为纹饰的题材，也是画像镜首开先例。

迄今在画像镜中尚未发现纪年铭，这给时代的判断带来了一定困难。王士伦等人在分析宁波奉化和湖州安吉的神仙车马画像镜以及余杭出土贞夫画像镜后认为，画像镜至迟在东汉初或更早已开始出现甚至流行[3]；杨玉彬则通过梳理画像镜和神兽镜中西王母形象特征和演变轨迹及纹饰构图、线条特征，指出画像镜的出现与流行略早于神兽镜[4]。

1　李银德、孟强：《试论徐州出土西汉早期人物画像镜》，《文物》1997年第2期。

2　孔祥星：《略论中国古代人物镜》，《文物》1998年第3期。

3　王士伦、王牧：《浙江出土铜镜·序》（修订本），文物出版社，2006年。

4　杨玉彬：《汉神兽画像镜中的西王母演变兼论神兽画像镜流行的年代关系》，《收藏家》2006年第9期。

画像镜铭文中多数刻有姓名和地名，如“吴胡阳里周仲作”车马神仙画像镜、“胡向里柏氏作”伍子胥画像镜、“周仲作”神人龙虎画像镜、“上虞杜氏造珍奇镜”（龙虎镜）、“杜氏作珍奇镜兮”（西王母画像镜）、“吴向阳周是作”（神人车马画像镜）等。镜铭中的“吴”虽指吴县，但因镜的出土地点在会稽郡辖境内，故一并论述。

会稽画像镜大致有神仙车马画像镜、神仙禽兽画像镜、历史故事类画像镜、建筑屋舍画像镜等类。

（一）神仙车马画像镜

神仙车马画像镜多发现于绍兴地区，也称“绍兴镜”[5]。其流行始于东汉早中期，盛行于东汉中晚期[6]。

神仙车马画像镜内区纹饰均作四分法构图，车马与人物的构图与汉画像石相似。神仙主要是东王公、西王母，有的有榜题，多有羽人侍者，主要人物往往刻画得比次要人物高大。车马有六马驾车、五马驾车、四马驾车、二马驾车及一马驾车，马或昂首奔驰，或回首嘶鸣。车马构图与画像石车马出行图中的车马极为近似，即采用底线斜透视法，将车马排列在画面的同一底线上，视点从正侧面移到斜侧面，采取了等距离水平斜侧面透视法，沿着纵深空间整齐排列的车马在画面上便出现了侧面轮廓线互相重叠的现象，如马的头部、胸部、足部的右侧出现了重叠得极为整齐、漂亮的侧面轮廓线。这种空间表现已不是二维空间而是三维空间[7]，可以说是铜镜对画像石在艺术构图上最成功的借鉴，在极小的镜面上同样营造出了波澜壮阔的气势。

车子按顶篷大致分卷棚式和四坡顶两种，这种轿式马车明显和山东、四川、辽阳的汉代石刻、砖刻、彩画所反映的马车不尽相同，而与浙江海宁长安镇东汉墓画像石刻的马车十分相似。车厢两侧开窗，有的车前挂帘幕，车厢后下部飘曳长帛；还有在车旁题“马车”二字的。铭文大多以作镜者姓氏起首，即“＊＊作镜”，也有的为“尚方作镜”，其余内容相同，均为“四夷服，多贺国家人民息，胡虏殄灭天下复，风雨时节五谷熟，长保二亲得天力，传告后世乐无极”，表现出较强的同一性；铸镜匠师有周是、柏氏、石氏、驺氏、田氏、尚方及蔡氏等。有的描写穆天子会见西王母的故事，生动传神；有的刻画西王母长袖起舞，富有人间气息；也有的相对素朴，甚至没有铭文。

略举数例：1982年绍兴上灶出土画像镜[8]，直径22.1厘米，半圆纽，纹饰分四区：两区饰六马驾辎车，骏马昂首疾驰，车后曳长帛，车上立一人，作张望状；另两区为神仙，可能是东王公

5　陈佩芬：《中国青铜镜发展概述》，《中国青铜器全集·16·铜镜》，文物出版社，1998年。

6　王士伦、王牧：《浙江出土铜镜》（修订本），第23页，文物出版社，2006年。

7　参阅信立祥：《汉画像石综合研究》，第50～59页，文物出版社，2002年。

8　王士伦、王牧：《浙江出土铜镜》（修订本），彩版12，文物出版社，2006年。

和西王母，均有侍者；周铭起首为“吴向阳周是”，外饰栉齿纹、锯齿纹和双线波浪纹，三角缘。为吴郡产品。同为吴郡人所铸的还有“吴向里柏氏”神人车马镜[1]（图45），传绍兴出土，直径20.1厘米，圆纽，连珠纹纽座，四乳钉将纹饰分为四区：一区四马驾车，车后拖长帛，两马昂首、两马回头；一区为狩猎纹，两人并驾飞驰，一人回首持矛刺翔龙，一人回首执弓射虎；一区为东王公趺坐，左右一侍者，右榜题“东王公”；一区为西王母趺坐，右置一案上有盘、盏，左侧一羽人跪地吹笙奏乐，右一羽人倒立起舞，左下榜题“西王母”。周铭“吴向里柏氏作镜四夷服”等，外饰栉齿纹和锯齿纹。2003年奉化萧王庙后竺村东汉墓出土一面“石氏作镜”[2]，镜中东王公拱手而坐，有榜题“东王公”，两侧有四个一组的羽人；具有特色的是与之对应、拱手端坐的西王母，肩背部有具象的双翼，在画像镜中少见，两侧有羽人；另二组为奔驰的马，一组奔马后有一组羽人，另一组为五马驭一轺车（图46）。又浙江省博物馆收藏有一面“尚方作镜四夷服”镜，四组画面中，两组为车马，车后拖长帛；另两组为神仙，旁有侍者和羽人。这张原物散佚、仅存拓片的镜面描绘的是穆天子会见西王母的场面，原镜传绍兴县出土，直径21厘米，半圆纽，素圈纽座，纹饰分为四区，但实际上是两组题材，描写穆天子会见西王母的故事，一组为四马驾车，骏马飞奔，长帛飘扬；另一组为神仙，仪态安详，旁立侍者[3]（图47）。

图45　传绍兴出土吴向里柏氏神人车马画像镜

图46　奉化出土“石氏作镜”

与大多数西王母或拱手端坐或踞坐的正面像不同的是，绍兴县发现过一面刻画西王母起舞的铜镜[4]（图48）。镜直径22厘米，半圆纽，素圈纽座，内区作四分法布置：一组车马，三组神仙。神仙中一组为右手执巾、长袖起舞的西王母，榜题为“东王母”，“东”当系

1　中国青铜器全集编辑委员会编：《中国青铜器全集·16·铜镜》，图版83，文物出版社，1998年。

2　王士伦、王牧：《浙江出土铜镜》（修订本），彩版14，文物出版社，2006年。

3　王士伦、王牧：《浙江出土铜镜》（修订本），图版22，文物出版社，2006年。

4　王士伦、王牧：《浙江出土铜镜》（修订本），图版23，文物出版社，2006年。

图47 浙江省博物馆藏穆天子见西王母镜

图48 绍兴发现“田氏作镜”西王母画像镜

图49 浙江省博物馆藏神人骑马画像镜

“西”之误刻。周铭起首为“田氏作镜□”。外区两周锯齿纹，一周双线波浪纹，其内侧为栉齿纹。三角缘。同样的镜，绍兴还有出土。

在车马画像镜上，人的形象或不见，或侧身探望，或凭槛远眺；有的车前挂帘幕，车厢后下部飘曳长帛；有的车厢两侧没有屏蔽，只在后面装上屏蔽，前面安槛。而浙江省博物馆所藏一面神仙骑马画像镜，则刻画有骑马及舞蹈的形象，构图别致，在东汉画像镜中较为罕见[1]。该镜直径21厘米，内区纹饰以四乳隔作四区：一组四人骑马奔驰，作游戏状；一组为东王公；一组为西王母，均有榜题；一组为二人舞蹈，旁有人奏乐、表演倒立等。画面布置有序，场面热闹非凡（图49）。

神仙车马画像镜一直沿用至东吴时期，但铭文内容有所不同。1987年嵊州三国东吴墓出土一面镜[2]，直径18.4厘米，圆纽，圆纽座，外围以连珠纹。主纹以四乳钉分为四区：一区为西王母，拱手端坐，榜题“母”，边有侍者，与此纹饰对应的一组纹饰几乎一样，只是榜题“东王公”；一组为回首兽纹，对应的一组为一马驾一轺车，马车上坐一人，作探头状。外区一圈铭文：“蔡氏作镜佳且好，明而日月世少有，刻治分守

1 王士伦、王牧：《浙江出土铜镜》（修订本），彩版20，文物出版社，2006年。

2 王士伦、王牧：《浙江出土铜镜》（修订本），彩版18，文物出版社，2006年。

悉皆在，令人富贵宜子孙。”镜缘饰云气纹。

（二）神仙禽兽画像镜

绍兴出土较多以神仙骑马、龙虎神兽为主题的神仙禽兽画像镜，如绍兴市博物馆藏神仙骑马神兽镜，直径18.5厘米，圆纽，双线方框纽座，主纹区饰神仙骑马、龙、虎[1]。浙江省博物馆藏有一面龙虎神仙画像镜[2]，直径21.6厘米，半圆纽，重圈纽座。内区以四乳分作四组，两组为神仙：一神仙头戴三山冠，一神仙头戴玉胜，右有榜题为“王女作师”，旁皆有羽人相侍；另两组分别为青龙、白虎。镜缘饰云纹，三角缘（图50）。

图50　浙江省博物馆藏龙虎神仙画像镜

（三）故事类画像镜

主要有伍子胥画像镜和贞夫画像镜，主题内容均与“忠孝节义”等儒家学说相契合。此类镜皆私家作坊所铸，铭文起首均为作坊名号，内容与神仙车马画像镜相同，具有极大的一致性，除姓氏不一外，内容多为“＊＊作镜四夷服，多贺新（国）家人民（息），胡虏殄灭天下复，风雨时节五谷熟，长保二亲得天力，传告天下乐无极兮。”由墓葬时代及铭文内容可知，故事类画像镜基本为东汉早期产品，甚至可早到王莽时期。也有学者推测其流行时间早至王莽至东汉初年[3]。

1. 吴王、伍子胥故事画像镜

此类镜存世极少，国内仅南京博物院（邗江出土）、上海博物馆（传绍兴出土）有收藏，另一面传绍兴漓渚出土、后于1949年前散失国外，现仅存拓片[4]（图51）。镜均作半圆纽，联珠纹纽座，以四乳将画面分成四区，按故事情节安排四组画面，每组都有榜题：一组是伍子胥，须眉怒竖，昂首瞪目，持剑自刎，榜题“忠臣伍子胥”；一组为两人或站或坐，相对而谋，左右有“范蠡”“越王”榜题，其下各置一宝器（壶）；一组为二女着长裙相对而立，体侧亦有宝器（壶），有的有榜题作“王女二人”（或释作“玉女二人”）；一组

1　中国青铜器全集编辑委员会编：《中国青铜器全集·16·铜镜》，图版90，文物出版社，1998年。

2　王士伦、王牧：《浙江出土铜镜》（修订本），图版30，文物出版社，2006年。

3　王牧：《东汉贞夫画像镜赏鉴》，《收藏家》2006年第3期。

4　上博藏镜及南博藏镜分别见于《中国铜镜图典》第451、452、453页；上博藏镜另见于《中国青铜器全集·16·铜镜》图版82；漓渚镜拓片见《浙江出土铜镜》（修订本），图版25、26。

图51　吴王伍子胥画像镜拓片

图52　贞夫故事画像镜

为吴王夫差端坐于帐幔之中，左手上举，帐外有“吴王”榜题。主纹区外有一周铭文，除去作镜者姓氏有异，如驺氏、吴向里柏氏等，其余内容均相同。镜缘饰以锯齿纹及曲折纹，镜面凸起。有学者研究铭文中的镜师籍贯及镜的出土地后认为这几面伍子胥画像镜均属吴县产品[1]。

2. 贞夫故事画像镜

2004年余杭星桥镇蜡烛庵东汉砖椁墓出土一面贞夫画像镜[2]（图52），径24厘米，大圆纽，连珠纹纽座。四乳钉将画面分为四组，一组为立有带冠着袍男子，榜题“宋王”，一侧立二侍从，榜题“侍郎”，另一侧下方置一博局盘；一组为立有一妇人，两手上举，一手拿弓，榜题“贞夫”，其身侧立有一妇人，身下有两妇人；一组中为一楼阁建筑，阁内立一人，楼阁之外有一人牵一马；一组为两人举剑，作怒目圆睁状。外有一圈铭文带，镜缘兽文带。该镜描写的是汉代流行的韩朋与贞夫的爱情故事，镜中所题的宋王很有可能就是故事中的宋康王，即宋君偃，战国后期宋国的亡国之君。韩朋与贞夫故事屡被收进晋干宝《搜神记》，唐代敦煌变文中的《韩朋赋》，宋元歌谣《青陵台歌》《乌鹊歌》，元杂剧《列女青陵台》，明万历传奇《韩朋十一义》二十七出，清代《东周列国志》，甚至越剧《相思树》、川剧《青陵台》等文学作品中。1979年敦煌马圈湾汉代烽燧遗址发现的西汉晚期残简中也记载有韩朋的故事片断[3]。

贞夫画像镜还见于民间收藏，故事题材相同，但画像内容有异，四区纹饰中除贞夫外，为东王公、西王母和一龙，铭文起首为“柏氏作镜”[4]。该镜将贞夫与东王公、西王母、

1　转引自孔祥星：《中国铜镜图典》，第453页，文物出版社，1992年。

2　王士伦、王牧：《浙江出土铜镜》（修订本），彩版11，文物出版社，2006年。

3　甘肃省文物考古研究所：《敦煌汉简》，中华书局，1991年；裘锡圭：《汉简中所见韩朋故事的新资料》，《中国出土古文献十论》，复旦大学出版社，2004年。

4　王牧：《东汉贞夫画像镜赏鉴》，《收藏家》2006年第3期。

龙等神人神兽共处一镜，其在时人心目中的地位可见一斑，贞夫显然符合了儒家道德观中“节”的标准，因此被铸于铜镜，广为宣传。

图53 绍兴出土神人杂技舞蹈画像镜

（四）神人歌舞画像镜

神人歌舞画像镜往往饰有神人、侍者、羽人、舞者。绍兴出土一面东汉神人杂技舞蹈画像镜[1]（图53），直径20.8厘米，半圆纽，草节纹圆纽座，内区四分布局，每组间一乳纹：一组饰杂技，有立于叠器之上者，有倒立龟上者；一组为单人舞蹈，舞者长袖飘舞，姿态妩媚；另两组为神人，长须者可能是东王公，另一人为西王母。外区画文带，斜缘。此镜与前述西王母执巾起舞的神仙车马画像镜相似，主题纹饰除反映道教神仙思想外，还反映了社会的现实生活。汉代歌舞之风盛行，古籍中饮宴歌舞的记载俯拾皆是，因此神人歌舞画像镜中也出现了反映歌舞百戏的场景。

另有原中国历史博物馆所藏的一面东汉“七盘舞”杂技画像镜，未见著录，传为绍兴出土[2]。镜直径21.5、边厚1、纽高2.4厘米，重1300克。圆形，高圆纽，花瓣纹纽座，外围以双线方栏，三角缘。镜背主体纹饰浮雕四组，并以四乳钉相间隔。第一组为“七盘舞”，是四组花纹中最为生动的一组：画面共有6人，正中地上置两排共5个大小不一的盘或鼓，一女舞伎，头戴花冠，踏盘踏鼓起舞，左侧二人吹箫，后一人举臂，左下一凤鸟展翅和鸣，右上一女执桴击鼓，右下一人抚琴。该画面即为汉代民间极为流行的“七盘舞”，古代文学作品中也多有描述，如汉张衡《七盘舞赋》：“盘鼓换以骈罗”“历七盘而屣蹑”；宋鲍照《诗数》：“七盘起长袖，庭下列歌钟。”相似的画面也见于画像石和陶俑。第二组为马戏：五马飞驰，三人荷长柄羽旗骑马，一马反向奔跑，一人在马左侧做马戏倒立。第三组为三人持长柄羽旗驯四兽。第四组为四兽。镜缘饰弦纹和流云纹。

（五）禽兽画像镜

禽兽画像镜以四灵、羽人或其他瑞兽作为主题纹饰。如绍兴漓渚出土一枚禽兽画像镜[3]（图54），直径20.8厘米，圆纽，双线方格座。内区四分法，饰二龙、一虎、一孔雀；外区

1 王士伦、王牧：《浙江出土铜镜》（修订本），图版33，文物出版社，2006年。

2 杨桂荣：《东汉“七盘舞”杂技画像镜》，《中国文物报》1988年9月23日。

3 王士伦、王牧：《浙江出土铜镜》（修订本），图版38，文物出版社，2006年。

图54 绍兴漓渚出土禽兽画像镜

图55 上虞出土屋舍画像镜

为锯齿纹及画文带各一周。此镜纹饰繁缛精美，堪称禽兽画像镜之精品。

（六）建筑屋舍画像镜

虽然建筑形象在画像砖、石及同时期的陶模型上随处可见，但在画像镜上却属少有。浙江上虞曾出土一面东汉屋舍画像镜[1]（图55），直径21.3厘米，镜纽外四组纹饰，以四乳分为四组对称布局：一组是青龙和屋舍，屋舍为重檐楼房，楼上前沿有栏杆，屋前铺设曲道；一组为人物和屋舍，屋舍重檐，屋前也有曲道；一组为神人，两旁有侍者；一组神人对坐屋舍下，屋舍重檐，并有立柱。外区饰锯齿纹两周，内侧为栉齿纹，斜缘。也有学者考订瑞兽形似白虎，神人中形象较高大者为西王母，矮小者为侍者，并认为此画像镜中的神仙端坐于屋舍，说明当时的神仙也有在楼舍内活动的，其建筑应属神仙性质，这对同时或稍后的陶瓷堆塑罐上的楼舍的性质确定，有着重要的参考意义[2]。此类画像镜在浙江仅见此一例。

四、龙虎镜

龙虎镜在浙江境内出土较多，其时代起于东汉迄于西晋，主要盛行于东汉中晚期的会稽一带。镜多附有“青盖作镜”铭文，故又有青盖镜、青盖兽镜之称。主纹往往为一龙一虎绕纽翻腾，也有二龙一虎或一龙者，多配置羽人、鸟兽或五铢钱纹等。铭文种类繁多、内容不一。普遍采用圆面浮雕技法，具有极强的立体感。在形象刻划及纹饰的布置上均有独到之处，做工也极为精致。

例如：上虞出土一面东汉龙虎镜[3]（图56），直径14.5厘米，圆纽，主纹为龙虎绕纽对

1 王士伦、王牧：《浙江出土铜镜》（修订本），彩版27，文物出版社，2006年。

2 赵幼强：《一枚独特题材的东汉会稽神人屋舍画像镜》，《中国文物报》2001年10月24日。

3 王士伦、王牧：《浙江出土铜镜》（修订本），彩版56，文物出版社，2006年。

峙作翻腾状，纽下跪坐一羽人，铭文："石氏作镜世少有，仓龙在左，白虎居右，仙人子乔于后，为吏高，价万倍，辟去不详（祥）利孙子，千秋万岁生长久。"2002年绍兴漓渚曾出土一面东汉龙虎镜[1]，径14.8厘米，圆纽，主纹以龙虎绕纽作相峙翻腾状，下似有一猴，外区铭文："杜氏作镜善毋伤，和以银锡清且明，□用造成文章，□侯天禄居中央，十男五女乐无忧兮如侯王。"绍兴还出有二虎一龙镜[2]（图57），直径13.3厘米，半圆纽，纽外缠绕一龙二虎，周铭："吴向里柏师作镜四夷服，多贺国家人民息，胡虏殄灭天下复，风雨时节五谷熟，长保二亲得天力兮。"由铭文可知，此镜应与伍子胥镜为同师同时所铸。又，1994年武义履坦棺山出土青盖龙虎镜[3]，为一龙一虎对峙，外区铭文："青盖作镜自有纪，辟去不祥宜古市，长保二亲孙子，为吏高官，寿命久。"另永康亦出有东汉青盖龙虎镜。

东吴至两晋时期龙虎镜主要见于镇海、绍兴、奉化、东阳等地出土，有一龙一虎对峙、三条盘龙、二龙一虎等种类。兰溪博物馆曾征集到一面西晋元康三年龙虎四神镜，直径17.9厘米，半圆纽，纽外盘缠龙虎，首尾相接。外饰七乳，间以四神及瑞兽。外区饰锯齿纹两周、双线波浪纹一周。周铭："元康三年五月造，大伤，左龙右虎辟不祥，朱鸟玄武顺阴阳，长保二亲乐富昌，寿敝金石如（文未完）。"此镜将东汉龙虎镜和禽兽带镜的纹饰结合在一起，且采用分片铸造的方法，在古代铜镜中少见，可能为宋以后仿品[4]。

图56　上虞出土龙虎镜

图57　绍兴出土二龙一虎镜

1　王士伦、王牧：《浙江出土铜镜》（修订本），彩版54，文物出版社，2006年。
2　王士伦、王牧：《浙江出土铜镜》（修订本），图版100，文物出版社，2006年。
3　王士伦、王牧：《浙江出土铜镜》（修订本），图版95，文物出版社，2006年。
4　王士伦、王牧：《浙江出土铜镜》（修订本），图版93，文物出版社，2006年。

五、神兽镜

神兽镜在北方出土较少，陕西西安、乾县出有半圆方枚环状乳神兽镜和重列神兽镜，但神人和怪兽的形态呆滞，镜缘流云纹类与会稽镜、武昌镜中的云纹带都不相同[1]。1986年河南唐河汉墓曾出土东汉延熹二年（159年）神兽镜，铭文记明为“广汉西蜀”即今四川地区所作[2]。南方则许多地区都有出土，有学者指出，江南神兽镜中兽的出现，最早应与北方佛教逐渐在江南的传播有关，只是江南这种不自觉地以佛教的传播为开始的兽的形象，很快就被即将兴起的道教文化所占有，最终成为道教文化神兽镜中的兽[3]。

神兽镜铭文中具纪年的特别多，尤其是重列式和对置式，加之有墓葬年代及共出物作参照，因此断代相对容易。现存纪年铭神兽镜材料中，以传世的元兴元年（105年）神兽镜为最早[4]，最晚的是南齐建武五年（498年）镜，据此可知其流行于东汉至六朝时期。

近年来浙江境内不断有神兽镜出土，且大部分出自六朝墓葬之中。有纪年的主要有绍兴出土东汉建安十年造镜，新昌出土东汉建安二十年造镜，瑞安出土建安二十四年五月造镜，浦江出土三国吴赤乌□年五月造镜，衢州出土东汉建安二十四年造镜、三国吴永安七年五月造镜，金华出土三国吴永安七年九月三日将军杨勋造镜、西晋太康二年九月三日造镜，宁波出土东汉建安七年四月造镜等。从镜的铭文和出土情况分析，会稽郡神兽镜在东汉中晚期开始已大量出现并流行，且逐渐取代了画像镜的地位，在六朝时期继续盛行并进入发展巅峰，似有此消彼长之势。

各地出土有纪年又记明是会稽铸造的有：黄初二年十一月丁卯朔廿七日癸巳“扬州会稽山阴唐豫命作竟”[5]、黄初四年五月丙午朔十四日会稽师鲍作明镜、建安二十二年“师郑豫作明镜”、黄武五年太师鲍唐作镜[6]、黄武五年二月辛未朔六日庚巳“会稽山阴安本里”镜等。

神兽镜纹饰题材继续流行秦汉以前即已盛行的四神，铭文中常有“左龙右虎避不祥，朱鸟玄武顺阴阳”的句子，且重列神兽镜上的四神均按其所代表的方位排列。除此之外，神兽镜主要以道家神仙内容为主题，如东王公、西王母、天皇五帝、黄帝、羽人、各种瑞兽等，神与星合为一体，于是镜铭上出现了“上应列宿，下辟不祥”的句子，神兽也按照各自所代表的星宿的方位进行排列，形成了重列神兽镜的特殊布局形式。这与汉代盛行祥瑞说、天人感应说、谶纬说及追求长生不老、羽化成仙等有着密切的联系。

---

1 陕西省文物管理委员会：《陕西省出土铜镜》，第75～77页，文物出版社，1959年。

2 林丽霞：《东汉延熹二年神兽镜》，《中国文物报》2000年3月15日。

3 董亚巍、郭永和：《一面奇特的宝相花画纹带神兽镜》，《收藏家》2003年第6期。

4 杨玉彬：《汉神兽画像镜中的西王母演变兼论神兽画像镜流行的年代关系》，《收藏家》2006年第9期。

5 王仲殊：《关于日本三角缘神兽镜的问题》，《考古》1981年第4期。

6 〔日〕梅原末治：《汉三国六朝纪年镜图说》，桑名文星堂，1943年。

神兽镜按纹饰特征和神兽的排列规律主要分为环状乳半圆方枚神兽镜、重列式神兽镜、对置式神兽镜、同向式神兽镜和环列式神兽镜等五种。

（一）环状乳半圆方枚神兽镜

在神兽镜中占有较大的比例。多作圆纽，圆纽座，外围以连珠纹，主纹神兽作环绕环列式（求心式）、同向式、对置式等分布，均有环状乳环列其间。另有半圆方枚，半圆内饰云纹，少数饰兽纹；方枚内有铭文，一枚四字，少数一枚二字甚至一字。有的有周铭，即铭文带。有的缘部内区有画文带，饰日、月、六龙驾云车、羽人骑龙、羽人骑凤及瑞兽等，均朝同一方向作奔走飞腾状，富于动感、极为华丽。

由纪年铭可见最早为东汉元康元年（168年）镜[1]，浙江地区则有东汉中平四年（187年）镜，此镜传绍兴出土，方枚上铭文为“中平四年五月”[2]，为会稽地区环状乳半圆方枚神兽镜中仅见的纪年。此类神兽镜从铭文书体、纽及整体风格而言，主要流行于东汉后期，但晚至南齐建武五年（498年）还见使用[3]，存在时间相当长。

环绕环列式如绍兴县出土东汉环状乳半圆方枚神兽镜[4]（图58），直径13.5厘米，神兽作环状布局，神人神兽下端各置环状乳，外区画文带，平缘涡纹；再如绍兴漓渚所出镜，直径14厘米，纽作兽首，草节纹圈纽座，外区画文带[5]。

同向式如上虞出土东汉环状乳半圆方枚神兽镜[6]（图59），直径15.5厘米，圆纽，连珠纹纽座。纽上方为伯牙弹琴，一神作侧耳聆听状，下侧两边饰辟邪；纽两侧为东王公、西王母；纽下方有一神人。边有羽人及辟邪。有15个半圆方枚，铭文合为：“吾作明镜，天王日月，幽湅三商，天王日月，世得光明，天王日月，大吉命长。”缘部内区为画文带，上饰六

图58　绍兴出土环绕环列式环状乳半圆方枚神兽镜

1 〔日〕梅原末治：《汉三国六朝纪年镜图说》，桑名文星堂，1943年。

2 王士伦、王牧：《浙江出土铜镜》（修订本），图版43，文物出版社，2006年。

3 〔日〕梅原末治：《汉三国六朝纪年镜图说》，桑名文星堂，1943年。

4 王士伦、王牧：《浙江出土铜镜》（修订本），彩版30，文物出版社，2006年。

5 中国青铜器全集编辑委员会编：《中国青铜器全集·16·铜镜》，图版93，文物出版社，1998年；王士伦、王牧：《浙江出土铜镜》（修订本），图版44，文物出版社，2006年。

6 王士伦、王牧：《浙江出土铜镜》（修订本），彩版31，文物出版社，2006年。

图59　上虞出土同向式环状乳半圆方枚神兽镜

龙驾云车、凤鸟等，外区饰菱形方格云纹。

对置式如1997年绍兴福全直埠老家桥出土的东汉环状乳半圆方枚神兽镜[1]（图60），直径10.5厘米，圆纽。主纹基本以四辟邪将画面分成四组神人神兽，两组夹纽相对而置，四环状乳分列其间，上置神人神兽。有11个半圆方枚，铭文合为："吾作明镜，幽湅三商，其师□。"缘内区有铭文："吾作明镜，幽湅三商"；外缘云纹。

这类镜南北方均见出土，其中传为绍兴镜的一类，镜缘画文带中有的饰云气纹和锯齿纹，或者两者组合，有的还间以禽兽纹；有的饰生动的神话故事，如六龙驾云车而飞驶，有的饰驾飞龙或凤鸟的神人；有的饰一神捧日、一神捧月，云车中正面而坐者当是天神东皇太乙。所饰纹饰虽细小但极其精巧，是东汉镜中最为富丽繁缛的镜种。此类画文带应由东汉末年会稽镜首先施饰，孙吴时影响至长江中游的武昌镜，所饰镜均铸工精湛、纹饰精美。如上海博物馆藏永康元年群神禽兽镜[2]（图61），传绍兴出土，全镜有神人羽人26、辟邪4、龙10、鸟10、龟2，布置有条不紊，足见东汉后期山阴精湛的铸镜工艺和高超的装饰水平。特别是镜缘纹饰所表现的场面纷繁热闹，共有两组，第一组是羲和浴日和日神驾六龙出游的故事：首先是羲和

图60　绍兴出土对置式环状乳半圆方枚神兽镜

图61　传绍兴出土永康元年群神神禽兽镜

1　王士伦、王牧：《浙江出土铜镜》（修订本），彩版38，文物出版社，2006年。

2　马承源：《越王剑、永康元年群神禽兽镜》，《文物》1962年第12期。

浴日，见载于《山海经·大荒南经》之“东南海之外，甘水之间……有女子名曰羲和，方浴日于甘渊。羲和者，帝俊之妻，生十日。”羲和左边六龙驾舟车，上有五神人，居中者正面坐，前后者皆侧面驾以六龙，应该就是《初学冠·卷一日》所载之“日乘车，驾以六龙，羲和御之。”第二组起首为常羲浴月，也出自《山海经·大荒西经》，即“有女子方浴月，帝俊妻常羲生月十有二，此始浴之。”接着刻画的是神灵雨师飞翔于空际、水精游嬉于波涛之上的情景，内容和《九歌·河伯》中“乘白鼋兮逐文鱼，与女游兮河之渚”的描写很接近。

画文带镜缘采用日月为纹饰的主题，是因为日月对铜镜具有一定的象征意义，汉镜铭中常见将镜的光辉比作日月，如“内清以昭而明，光象夫日月而不泄”“尚方作镜，明如日月”“日清月明想见君”等。上镜镜缘之纹饰，就是上述思想观念的形象化。

（二）重列式神兽镜

或称阶段式，即神兽排列成上下数重，神人皆正面坐，图像只能定向观看。镜缘较狭，但往往铸有长铭。汉末流行于吴地，以建安元年（196年）镜为最早[1]，其他尚有东汉年间的建安六年、七年、八年、十年、十九年、廿一年、廿二年、廿四年镜；三国吴黄武四年、六年，黄初二年，黄龙元年、二年，嘉禾二年，赤乌五年镜等[2]。

重列式镜上神兽的排列形式有三段和五段之分，以五段为主。五段式镜以建安年间纪年铭最多，图像排列中神人占主导地位，布局整齐明朗，镜纽上下往往有“君宜高官”“君宜”“高官”“长吏”“大吉祥”等篆书铭文，形成了颇具特色的所谓“建安式”。从建安廿二年（217年）始，五段式的重列神兽镜又出现了变化，直行铭文基本消失，排列方式也从疏朗、以神人为主导，向排列细密紧凑、以神人与神兽为组合且以界栏式的分隔风格的五段式发展。三段式重列神兽镜目前发现最早的纪年也是在东汉建安年间。其发展序列及演变规律线索明晰，出土地域多在东汉的会稽郡、吴郡及江夏郡的武昌，即在东汉末三国时吴的辖区范围内，故可明确是吴镜[3]。

在重列神兽镜铭文中，不见东王公、西王母，却罗列了五帝天皇、伯牙、黄帝，这一点与东汉时期画像镜、龙虎镜等不同，后两者往往在镜背纹饰、铭文中或画像铭文均有或至少在铭文中提及。因此有学者认为天皇五帝是重列式神兽镜的主要题材[4]。也有学者认为，虽然在铜镜的

1 〔日〕梅原末治：《汉三国六朝纪年镜图说》，桑名文星堂，1943年。但有学者持有异议，认为“元”可能为“六”之误，见王仲殊：《建安纪年铭神兽镜综论》，《中日两国考古学·古代史论文集》，科学出版社，2005年。

2 湖北省博物馆：《鄂城汉三国六朝铜镜》，文物出版社，1986年；鄂州市博物馆：《鄂州铜镜》，中国文学出版社，2002年；广西壮族自治区博物馆：《广西铜镜》，文物出版社，2004年；王士伦：《浙江出土铜镜》，文物出版社，1987年；王仲殊：《建安纪年铭神兽镜综论》，《中日两国考古学·古代史论文集》，科学出版社，2005年。

3 王士伦、王牧：《浙江出土铜镜》（修订本），第4、5页，文物出版社，2006年。

4 陈佩芬：《中国青铜镜发展概述》，《中国青铜器全集·16·铜镜》，文物出版社，1998年。

图62 余姚出土建安七年重列式神兽镜

铭文中没有出现东王公、西王母两位神人的名字，但只要镜铭中出现黄帝及伯牙，其镜背纹饰中一般都铸有东王公、西王母两位神人的形象。鉴于三国以后铭文带神兽镜增多且多未铸出神人名称，持有该观点的学者从一面画文带神兽镜分析出识别两神的特征，即东王公头上铸有三根冒刺，西王母头戴两边翘的冠（即为胜），而带皇帝冠者显为黄帝，双手抚琴、旁立一侍者则为伯牙[1]。

此式镜在会稽所辖之东汉及东吴早、晚墓葬中多见发现，但东吴镜浇铸质量相对较差，并有纹饰漫漶不清的缺陷。主要有：余姚双河凉湖出土建安七年重列神兽镜[2]（图62），绍兴出土东汉建安十年五段重列神兽镜，1976年兰溪永昌、1977年绍兴兰亭等地出土东汉五段重列神兽镜，浙江省博物馆藏绍兴出土建安十年三段重列神兽镜，上海博物馆藏传绍兴出土东汉中晚期重列神兽镜，1973年衢州横路出土东吴黄武五年五段重列神兽镜，绍兴、龙游、武义、诸暨等地出土东吴五段重列神兽镜等。就目前出土资料而言，以西晋天纪元年（277年）纪年铭最晚[3]。

关于重列式神兽镜与对置式神兽镜出现的孰先孰后问题，近年有了新的认识。以前发现的建安六年至十年镜都是重列式，而廿四年铭镜中对置式占了六面，反映出这两种镜式在数量上相互消长的趋势。近年鄂州所出镜中有建安五年对置式神兽镜，有学者因此指出建安铭神兽镜中对置式早于重列式[4]。

（三）同向式神兽镜

即神兽作同一方向布置。单列同向式神兽镜出现时间以东汉熹平年间为最早[5]，三国吴时期也有，有半圆方枚，外缘部一圈铭文，如黄初二年、黄武年镜[6]。单列同向式神兽镜与三段式神兽镜有相似之处，即神兽（正面）朝向一致，且基本都排作三列，只是后者的段式界限更为明确。

1 董亚巍等：《从一枚环状乳画纹带神兽镜中看东王公、西王母、黄帝及伯牙的形象》，《鄂州大学学报》2003年第3期。

2 王士伦、王牧：《浙江出土铜镜》（修订本），图版59，文物出版社，2006年。

3 〔日〕梅原末治：《汉三国六朝纪年镜图说》，桑名文星堂，1943年。

4 孔祥星：《鄂州铜镜·序》，中国文学出版社，2002年。

5 〔日〕梅原末治：《汉三国六朝纪年镜图说》，桑名文星堂，1943年。

6 鄂州市博物馆：《鄂州铜镜》，中国文学出版社，2002年。

1989年龙游寺底袁东汉砖室墓出土一枚东汉建安四年同向式神兽镜[1]（图63），径14厘米，圆纽；主纹由三组神人神兽环纽作同向式排列，缘部有铭文一圈，可辨识为“建安四年八月辛巳朔廿五日一已造吾作明镜□□”等21字铭文，字迹潦草，减笔甚多；云纹缘。1986年绍兴古村出土一枚半圆方枚同向式神兽镜，直径11厘米，圆纽；主纹以四组神人神兽依同一方向绕纽一圈，外区11个半圆方枚，内有铭文“三朝王光日作半子□王兮”，镜缘内区一圈铭文不易识读。有学者认为该镜可能属于东汉至东吴时间段，而鄂城出土此类同向式神兽镜中相当一部分为东吴晚期墓中出土[2]。

图63　龙游出土建安四年同向式神兽镜

（四）对置式神兽镜

即神兽作四分法布置。对置式神兽镜也自东汉建安年间开始流行，主要见有建安五年、廿一年、廿年镜等，如1980年衢州万田出土东汉建安廿四年镜[3]（图64），直径11.1厘米，扁圆纽，纽外六神四兽，对置式排列，外饰半圆方枚，缘内铭文：“吾作明镜宜公卿家右（有）马千头羊万……建安廿四年六月辛巳朔廿日□子造。”

图64　衢州万田出土对置式神兽镜

对置式神兽镜中更多的是三国吴时所铸，目前所见纪年铭有三国黄武、黄龙、嘉禾、赤乌、太平、永安等，几乎涵盖了三国孙吴的所有年号，故可据此认为该式镜主要流行于东吴时期。如临海吴墓所出，直径14.2厘米，半圆纽；主纹四神四兽作对置式布局，外围八个半圆方枚；外区有铭文一圈，可辨者为“赤乌元年五月

1　王士伦、王牧：《浙江出土铜镜》（修订本），图版65，文物出版社，2006年。

2　鄂州市博物馆：《鄂州铜镜》，中国文学出版社，2002年。

3　王士伦、王牧：《浙江出土铜镜》（修订本），图版74，文物出版社，2006年。

制造明镜，□□□□，长乐未央。”[1]此外，绍兴地区还出有会稽王孙亮时期的铜镜，如1983年绍兴上谢墅出土三国建兴□年半圆方枚对置式神兽镜，直径16.7厘米，方枚铭文合为：“建兴□年五月壬午造作□明竟服之”；主区大部残，外区画文带，外缘饰流云纹[2]。

对置式神兽镜西晋年间仍见沿用，如金华出土有西晋太康二年半圆方枚对置式神兽镜[3]，半圆纽，径2.6、高0.4厘米，周铭：“太康二年三月九日，吴郡工清羊造作之镜，东王公西王母，此里人豪贵，士患（宦）高迁，三公丞相九卿。”

（五）环状式神兽镜

图65 诸暨出土东汉环状式神兽镜

为单列环绕式神兽镜，数量较少，浙江地区见有东汉建安廿年铭镜，如诸暨外陈后畈出土东汉半圆方枚环状式神兽镜，直径14厘米，神兽作环状布局，周铭有“吾作明镜”“幽湅三商”“众神见容”“天禽并存”“子孙番□”等句。也有三国吴太平元年铭、永安元年铭、永安七年铭镜，如诸暨外陈后畈村出土东汉半圆方枚环状式神兽镜[4]（图65），直径14厘米，神兽作环状布局，周铭有“吾作明镜”“幽湅三商”“众神见容”“天禽并存”“子孙番口”等句。1976年金华出土吴永安七年半圆方枚环状式神兽镜，直径12.5厘米，神兽作环状布局，周铭：“永安七年九月三日将军杨勋所作镜，百炼精铜，服者万岁，宜侯王公卿。”[5]

图66 黄初二年同向式神兽镜

神兽镜中有一定数量的会稽山阴师如薛豫命、鲍师、鲍唐、鲍豫等迁移武昌所作镜，多记有年号、匠师名等，如黄初二年（221年）薛豫命作同向式神兽镜两面（图66），黄武年□□作混置式神兽

1 王士伦、王牧：《浙江出土铜镜》（修订本），图版76，文物出版社，2006年。
2 王士伦、王牧：《浙江出土铜镜》（修订本），图版75，文物出版社，2006年。
3 辛冠洁：《陈介祺藏镜》，文物出版社，2003年。
4 王士伦、王牧：《浙江出土铜镜》（修订本），图版69，文物出版社，2006年。
5 王士伦、王牧：《浙江出土铜镜》（修订本），图版72，文物出版社，2006年。

镜（图67），黄武四年（225年）鲍师作重列式神兽镜，黄武五年、黄武六年鲍唐作重列式神兽镜，黄龙二年（230年）鲍豫作重列式神兽镜（图68），嘉禾五年（236年）鲍豫作重列式神兽镜，另有会稽山阴安本里的一位匠师作黄武五年对置式神兽镜……其中还有一定数量的同模镜，均见著录于《鄂州铜镜》一书中[1]；日本学者梅原末治在《汉三国六朝纪年镜图说》中收录了一面带有“黄初四年五月丙午朔十四日会稽师鲍作明镜”铭文的铜镜；王仲殊在《关于日本三角缘神兽镜的问题》一文中也提及了一面铭文为“黄初二年十一月丁卯朔廿七日癸巳扬州会稽山阴唐豫命作竟”的铜镜[2]；日本出土神兽镜中也有山阴匠师的作品，如黄初四年“会稽师鲍作明竟”、黄武六年“会稽山阴作师鲍唐”镜。上述铜镜的纪年铭对于研究孙吴初年的年号及其与汉、魏关系有着重要的史料价值，特别是黄初四年铭，有学者从朔日不符及吴魏史实等方面论证应为黄武，同时用孙吴神兽镜纪年中不见建安廿五至廿七年年号而用黄初年号的事实来论证吴简中存在孙吴时期用延长建安年号以衔接黄武年号从而遮盖降魏历史的现象[3]。

图67　黄武年混置式神兽镜

图68　黄龙二年重列式神兽镜

六、四叶八凤镜

也称夔凤镜等[4]。东汉中期开始出现，东汉后期盛行，沿用至三国两晋时期；形制和纹饰与东汉中期开始流行的连弧纹兽首镜及连弧夔凤镜、变形四叶纹镜等相仿；主要出土于绍兴、南京和鄂州等地。

1　鄂州市博物馆：《鄂州铜镜》，图177、178、179、180、181、185、188，中国文学出版社，2002年。

2　王仲殊：《关于日本三角缘神兽镜的问题》，《考古》1981年第4期。

3　罗新：《走马楼吴简中的建安纪年简问题》，《文物》2002年第10期。

4　王仲殊：《论吴晋时期的佛像夔凤镜》，《考古》1985年第7期。

会稽镜中连弧纹兽首镜出土较少。2003年兰亭镇王家坞东汉墓出土一面东汉兽首镜，圆纽，径14厘米，主纹内区以纽为中心围以蝙蝠形四叶纹，内各有一兽首纹，四叶间亦分置兽首，下有直书铭文，分别为“三公”、“宜侯王”、“富贵”、“大吉祥”；外区有23个内向连弧纹，间以如意形图案。缘部内区铭文一圈：“吾作明镜，幽湅三商，雕模祖无，□□□康自身，兴乐众神，贵商天命，向西游，福禄自天，婴常服，为富贵，番昌侯年番臣，子孙番昌，大吉祥，其师命长。”[1]连弧夔凤镜也很少出土。

会稽地区的四叶八凤镜均出土于三国墓或西晋墓中，多为大扁圆纽，四叶形或柿蒂形纽座，用平雕的艺术手法表现主题纹饰，产生如同剪纸般的艺术效果，如叶内的龙纹、四叶间的对凤纹、十六连弧内的飞天等纹，有的叶内有铭文如“君宜高官”等，有的连弧内满饰各种动物，有的则空白无纹饰[2]。主要有：金华市文管会藏东汉“长宜子孙”镜、1992年武义端村出土三国吴四叶龙凤镜、金华湖镇洪畈出土三国吴四叶八凤镜、1979年武义壶山出土三国吴四叶凤凰镜、绍兴出土三国吴四叶八凤镜、2002年绍兴富盛下旺村三国墓出土四叶龙凤镜、1978年绍兴上蒋乡凤凰山西晋永嘉七年（313年）墓出土四叶瑞兽对凤镜、1970年瑞安曹树出土三国吴凤凰衔蕊镜等。

四叶八凤镜之所以在学术界颇受关注，主要原因在于该镜类中有的于四叶内饰有儒家或佛教人物。据王仲殊等学者的研究，会稽镜中有三面佛像镜，其中一面为上述儒家人物镜，所饰虽非佛像，但图纹的各个方面都具有与佛像夔凤镜相似的特征，人像下附有若干莲花瓣，双臂上举形如项光，故称“变形佛像夔凤镜”。但其题材实际承袭了两汉400余年中以镜铭反映儒家思想的余绪，且有明确的榜题，似不应该归入佛像镜，而应定名为四叶八凤儒家人物镜。镜纽外伸出四叶，每叶内饰儒家著名人物，坐姿、衣饰均相同，皆有榜题，为“弟子颜渊”“弟子仲由”“弟子子贡”“圣人□□（当为孔子）”，四叶间为对鸟纹，二十余个连弧不规整且无纹饰，连弧外一周铭文为十二地支内容“子、丑、寅、卯、辰、巳、午、未、申、酉、戌、亥”，缘饰栉齿纹、三角纹。该镜1973年出土于金华古方西晋墓中[3]（图69），其制作年代应在西晋

图69　金华古方出土人物镜

1　王士伦、王牧：《浙江出土铜镜》（修订本），图版42，文物出版社，2006年。

2　王士伦、王牧：《浙江出土铜镜》（修订本），图版101～107，文物出版社，2006年。

3　王士伦、王牧：《浙江出土铜镜》（修订本），彩版60，文物出版社，2006年；金华地区文管会：《浙江金华古方六朝墓》，《考古》1984年第9期。

中期，大约相当于3世纪的末叶。

另两面佛像镜分别出自武义和金华，现简要介绍如下：

（1）1973年武义桐琴果园所出四叶飞天对凤镜[1]（图70），直径15厘米，扁圆纽，沿纽有四片桃叶形，两叶内饰有飞天，一叶缺失，另一叶纹饰漫漶不清，王仲殊辨认为三尊像，一尊为坐佛，有项光，座下附莲花；两侧为胁侍，头上也有项光。四叶间饰四组对凤[2]。内向十六连弧内有飞天、巨蟹、朱雀、蟾蜍、九尾狐、赤乌、宝瓶、天秤等，其中蟹的图纹不见于汉和魏晋时代的一般器物，它在佛像夔凤镜上出现，当是表示黄道十二宫中的“巨蟹”，也因此使人联想到另两个图案化的器物可能各为黄道十二宫中的“宝瓶”和“天秤”。此镜出于三国时代的吴墓，镜的制作年代应不迟于3世纪中叶。

（2）浙江省博物馆藏杭州市出土镜[3]（图71），主纹为四组相对的双凤，双凤间有一心叶形图案，四叶之一叶内有佛像，两像并立，有项光。在镜缘内侧连弧纹带的十六个弧形中，三个弧形内各有一飞天之类，余各有一动物，形状可辨的有鸟、兔、龙、龟、蟹等，似为象征日月的“赤乌”“玉兔”，象征东方和北方的“青龙”“玄武”以及表示黄道十二宫中的“巨蟹”。镜中的“玄武”进一步证明佛像夔凤镜的图纹中确有“分司四方”的“四神”，尽管在同一枚镜的图纹中“四神”之数未必齐全。

图70　武义出土飞天对凤镜

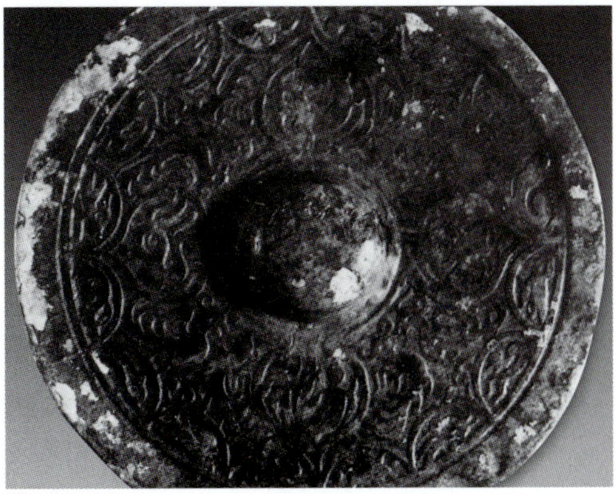

图71　杭州出土佛像镜

1　王士伦、王牧：《浙江出土铜镜》（修订本），彩版59，文物出版社，2006年；武义县文管会：《从浙江省武义县墓葬出土物谈婺州窑早期青瓷》，《文物》1981年第2期。

2　王仲殊：《论吴晋时期的佛像夔凤镜》，《考古》1985年第7期。

3　王仲殊：《论吴晋时期的佛像夔凤镜》，《考古》1985年第7期。

在其他地区的四叶八凤佛像镜上还见饰有佛祖、胁持、护法、供养人、飞天菩萨、居士、莲台、华盖等，此类镜主要流行于三国东吴中后期的长江中下游地区，这无疑是佛教在吴地盛行的结果。而同时期的魏因采取遏制佛教的政策，因此佛像镜在北方极为少见。

七、阳燧

山阴会稽镜师曾作过阳燧。1956年湖北鄂州樊口朱家垴第21号墓出土一分段式重列神兽镜，铭为："黄武六年十一月丁巳塑七日丙辰，会稽山阴作师鲍唐镜，照明服者也，宜子孙，阳遂，富贵老寿，臣先牛羊马，家在武昌，思其少天下命吉服，吾王千昔□□。"

阳燧即凹面镜，古代主要用于取火，也有用于映照。最早见于西周，会稽地区则见于战国时期，绍兴战国墓中出过一件阳燧，直径3.6厘米，弓形小纽，圆板座，地纹为十二周同心点状纹，主纹为四龙，昂首舞爪状，环纽奔驰，两面漆黑发亮，下面长有一块绿玉状花斑，色泽明朗鲜艳。汉晋时期，阳燧取火的记载增多，因其能取火，故在古人心目中十分神秘，有时便成了吉祥的代用语，包括了长寿、光明、富贵、吉祥等寓意，如镜铭中有"令君阳遂多孙子兮"等内容。会稽人王充《论衡·率性篇》曾专门说及阳燧："阳燧取火于天，五月丙午日中之时，消炼五石，铸以为器；磨砺生光，仰以向日则火来至。此取真火之道也。"由所谓的"五月丙午日中之时，消炼五石"可推知，东汉六朝时会稽地区出现的阳燧，也应与阴阳五行说有关。

第二节　会稽镜图像

汉民族不仅有一部文字记载的历史，同时还有一个图像呈现的世界。《易》曰："河出图，洛出书，圣人则之。"可见古代"图""书"并重。郑樵《通志·总叙》云："古之学者，左图右书，不可偏废。"从这个意义上说，会稽镜图像的研究也同样不可偏废，其代表图像大致有博局镜的博局、神兽带镜的神兽、画像镜的吴王与伍子胥、龙虎镜的龙虎、神兽镜的各类神人瑞兽、四叶八凤镜的佛像夔凤等。

一、六博与博局

博局镜也称"TLV"镜、规矩镜，是目前发现的汉镜中数量最多的一个镜类。河北满城西汉中山王刘胜之妻窦绾墓所出大乐富贵蟠螭纹规矩镜[1]，以圆方结合为基础，延伸出"TLV"符号，可谓最早的博局纹，只是"TLV"作四线条的特征异于稍后的博局镜作凹宽

1　中国社会科学院考古研究所等：《满城汉墓发掘报告》，文物出版社，1980年。

带的特征。新莽及东汉早期博局镜的发展达到鼎盛，并形成了鲜明的特色、丰富的寓意和相对固定的模式，如十二时辰代替了从前的祈愿文，四神图像代替了单一的螭形图案，且其布局与十二时辰所代表的时区一致。东汉中期以后，博局镜逐渐衰退，纹饰简化，但仍一直延续至魏晋时期，其产生、盛行与消失大致与六博的兴衰相始终。

博局镜以镜背图饰中出现的"TLV"符号和四神、神仙、瑞兽、羽人、铭文而闻名，通常有"尚方"铭起首制造的官坊镜和"姓氏"铭起首制造的私坊镜两种。对于"TLV"符号纹饰，历来称谓不一，欧美学者多因其形状而径称之为"TLV"纹（如瑞典汉学家Bernhard Karlgren称这种铜镜为"TVL"镜）；也有称为规矩纹的[1]。但更多的学者称其为博局纹，如20世纪初日本学者中山平次郎著《古代支那镜鉴沿革》即提出规矩纹与六博图纹有关或来源于六博，后熊传新通过研究马王堆等地出土文物提出更名规矩镜为博局镜[2]，近年傅举有等考证出其作为博具的功能[3]。此说渐为学术界所接受。

考古发掘中发现了较多的博具实物、模型和博具纹饰。实物如河北平山战国中山王陪葬墓中的石雕六博棋盘，上面的曲道符号与铜镜上的博局图案一样；湖北云梦睡虎地11号、13号秦墓分别出土两套博具；湖南长沙马王堆3号西汉墓中出有整套的博具；江苏徐州子房山一号西汉墓、广州第二代南越王墓也出有残缺博具；湖北江陵凤凰山8号西汉墓中出土有全套博具，其纹饰与四神规矩镜纹饰中的所谓规矩纹完全相同，除纹饰外，同时出土赌博时用的箸（筹码）。模型如河南灵宝张湾汉墓、陕县刘家渠73号汉墓等出土的六博陶俑等。图像如山东滕县西户口画像石、江苏沛县汉代画像石等一些古代画像石以及四川、河南等地的画像砖上都刻有六博图像等。这些都说明四神规矩镜上的规矩纹其实就是博局纹[4]。

新的博局镜也不断出土和被诠释，特别是镜铭中出现的博局名称、博局榜题，为此类镜的定名提供了确切依据。如梅原末治《绍兴古镜聚英》第十三图所录汉代"王女朱师作兮"西王母画像镜，图中两个长翅的仙人相对跪坐，中间为六博棋盘，榜题有"仙人六博"[5]。原中国历史博物馆藏有一枚四神博局镜的拓片，其铭文带中有49字铭："新有善铜出丹阳，和以银锡清且明，左龙右虎掌四彭，朱爵玄武顺阴阳，八子九孙治中央，刻娄博局去不羊，家常大富宜君王。"[6] 1993年江苏东海尹湾汉墓出土一件汉镜中罕见的直径达27.5厘米的鸟兽纹

1　梁上椿：《岩窟藏镜》第一集图八〇后说明文字。转引自程志娟：《汉代规矩镜与六博》，《东南文化》1997年第4期。

2　熊传新：《谈马王堆3号西汉墓出土的陆博》，《文物》1979年第4期。

3　傅举有：《论秦汉时期的博具、博戏兼及博局纹镜》，《考古学报》1986年第1期；董亚巍、李从明：《规矩镜与博局镜议》，《收藏家》2003年第6期。

4　傅举有：《论秦汉时期的博具、博戏兼及博局纹镜》，《考古学报》1986年第1期。

5　参阅王士伦、王牧：《浙江出土铜镜》（修订本），第24、25页，文物出版社，2006年。

6　周铮：《规矩镜应改称博局镜》，《考古》1987年第12期。

规矩镜[1]（图72），其铭文为："汉有善铜出丹阳，卒以银锡清而明，刻治六博中兼方，左龙右虎主四彭……"，共68字，时代为西汉末年。特别是《鄂州铜镜》一书中收录的"仙人止博"汉代七乳带镜[2]（图73），镜名因其榜题而得名，画面上有七组纹饰，其中一组为两仙人对坐博局盘两侧，空中掷起一"T"形骰子，榜题"仙人止博"（"止"通"掷"）；另有一面汉代七乳纹带镜画面相似而无榜题者。有学者考证后认为，这两镜的纹饰所用的博具不尽相同，但两种博具本应合起来才为一套完整的博具，两幅图合起来也正是一副完整的博戏图；同时，"T"在博局中被当做"箸"使用，并非固定在盘上，博局镜上的图案只是六博开始前的形态[3]。事实上，汉代以前我国民间即见行用的博具盘上的纹饰确与博局镜上的"TLV"符号纹饰完全相同，镜上十二个曲道（即"TLV"）呈固定的规律排列组合，与博局的曲道一般无二。如果把铜镜与博局的图案相叠，可见两种图案基本吻合，只不过铜镜外缘是圆形，博局为方形而已，这当与铜镜的固有形制演变、其时天圆地方的理念以及需要借助图纹寄托富贵升仙等更为丰富的祈愿有关。博局镜将博局盘作为题材施饰，再在各个方位内配置相应的四神及地支，说明当时人们是用道教文化的意识形态不断地完善着博局的内涵。

六博的功能较多，除游戏外，还有祭祀、占卜等。

图72 尹湾汉墓出土博局镜

图73 仙人掷博图像

（一）六博戏

博戏之法为投箸行棋，起源于春秋战国之际，兴盛于汉代。汉文帝、景帝、武帝、昭帝、宣帝都十分喜爱博戏，也正因如此，博戏在当时的社会上非常流行，到了宴饮常博戏、

1 连云港市博物馆：《江苏东海尹湾汉墓群发掘简报》，《文物》1996年第8期。

2 鄂州市博物馆：《鄂州铜镜》，图272、273，中国文学出版社，2002年。

3 李从明、胡莎可：《渔猎博戏镜浅析》，《收藏家》2004年第6期。

男女均擅长的程度。西汉王朝还设有博侍诏官，善博的人甚至享有较高的社会地位。《西京杂记》卷下《陆博术》载："许博昌，安陵人也，善陆博。窦婴好之，常与居处。其术曰：'方畔揭道张，张畔揭道方。张究屈玄高，高玄屈究张'。三辅儿童皆诵之。"这些以博戏为业的人被专称为"博徒"。同时还出现了专门研究博术的人和专门的著作，如许博昌著《大博经》，东汉时也有《博经》，《淮南子》《史记》《汉书》《后汉书》等也均论及博戏之法，其在汉代盛行的程度不言自明。

另外，汉代还流行塞戏，如《艺文类聚》卷七四收存东汉边韶的一篇《塞赋》中写道："可以代博弈者，曰塞其次也。"有学者认为"塞"和"六博"近似，可能是经过简化了的"六博"[1]。

（二）六博占

江苏东海尹湾汉墓同出一片木牍，一面为神龟卜蓍法，一面有"TLV"纹[2]。日本学者上田岳彦和铃木直美认为"博局文"也叫"博局占"[3]，并指出镜铭中的"六博"就是"博局占"，由表示日期的六千干支的博局纹和神煞・结果构成，是对照日期与神煞使用的日择卦。有学者称之为"六博占"[4]，认为是西汉至东汉早中期占卜迷信、鬼神思想流行在铜镜上的反映，正所谓"刻具博局去不羊（祥）"。

（三）祭祀

汉代是一个重孝道、倡厚葬、相信幽冥神仙世界的时代，人们相信祖先灵魂和天上神仙也和现实世界的活人一样酷爱博戏，因此在举行祭祀活动时多张设博局。如《汉书・五行志》记载：哀帝建平四年，"京师郡国民聚会里巷阡陌，设张博具，歌舞祠西王母。"上述之"王女朱师作兮"镜也同时出现了西王母和六博的场面。同时，在厚葬祖先时也往往随葬博具实物或图画博戏场景。此外，博局纹或简化的博局纹还见于汉代钱币，如王莽时的"大泉五十"背多博局纹或四出纹。可见汉代的六博已渗透到社会生活的各个方面，影响着人们的日常生活行为，也影响到与此相关的艺术创作，成为这一时期铜镜装饰的主要题材，形成了博局镜这样富有鲜明时代特征的产物。

一般认为，铜镜只是实用照容的日常用具，供生者使用，所有图像刻画的也是供活人享

---

1 周铮：《规矩镜应改称博局镜》，《考古》1987年第12期。

2 连云港市博物馆：《江苏东海尹湾汉墓群发掘简报》，《文物》1996年第8期。

3 〔日〕上田岳彦和铃木直美《尹湾简版〈博局纹〉的方阵构造博局纹系统点解》、铃木直美《博局纹、宴饮六博图与前汉末流行的主要因素》认为是"博局占"，见〔日〕石川三佐男（陈钰译）：《东方文化的思想和礼仪〈岩窟藏镜〉所收〈渔畋文规矩镜〉新考》，《云梦学刊》2006年第1期。

4 程志娟：《汉代规矩镜与六博》，《东南文化》1997年第4期。

用的世界，并借之祈求多子多福、长生不老，期盼羽化成仙。不过，就铜镜的图像和铭文内容看，博局镜的“TLV”博局图像与铜镜中的仙人六博类图像不同，并非仅仅反映博具的博戏功能，其主要的功能应是如其铭文所说“刻具博局去不羊（祥）”，即驱邪求吉。因此，博局镜既反映了汉人的宇宙意识，也融入了天人感应、阴阳五行及谶纬学说的思想，同时还承载了整个社会长生不老、羽化升仙、辟去不祥的希冀和愿望。特别是其中的渔畋纹规矩镜，日本学者石川三佐男通过图像学及与《楚辞·招魂》内容的对照研究，认为是专为祈愿死者灵魂升天、再生而铸造的陪葬品，并指出类似的铜镜还有“天公行出镜”等[1]。这使得铜镜又有了除实用照容以外的殉葬功能，而与汉画像石有了相似的作用，后者丰富多彩的图像内容正是为了给死者营建一个极乐升仙的世界。

汉画像石既以现实主义的手法生动再现出汉代社会生活的各个方面，又用浪漫主义的手法精心描绘了时人的鬼神信仰和理想追求，但这种用画像石或画像砖作为载体雕刻神兽题材为死者营造墓室的做法，在两汉时期的会稽境内并未形成风气，而是选用铜镜作为载体，究其因有二：一是因为地理条件和文化传统。参照墓室的营建可知，越地商周时期主要流行土墩墓、土墩石室墓和独木棺墓，砖室墓至东汉时期始见于会稽境内，至东晋、南朝时方有画像砖墓，可见汉时如火如荼的画像石、砖墓习俗并未在越地流行；二是该地区有丰富的铜料来源和铜镜铸造业。会稽一带自古产铜，铸冶之业极为发达，春秋战国的越王剑曾为各国所宝，汉时江浙地区与“汉有善铜出丹阳”的丹阳相去不远，且东汉时该地域内以私营作坊经营为主的铜镜铸造业比较兴盛。用刻铸有神人神兽的铜镜作为随葬品，想必也能与墓室四壁以同样内容为题材的画像石（砖）一样，帮助墓葬主人富贵、升官、长寿、成仙吧。

二、伍子胥画像与汉代儒家学说

伍子胥，名员，字子胥，春秋时期楚人，楚大夫伍尚次子，为报楚平王杀父兄之仇而投奔吴国，事公子光，并举荐专诸刺王僚助公子光夺得王位，被命为“行人”（一说是将相）。伍子胥既有深谋远虑、宏才伟略，亦善识人用人，兼具文韬武略，在他的辅佐下，吴国“西破强楚，北威齐晋，南服越人”，很快成为五霸之一。画像镜中故事发生的时代，正值吴越争霸，越王句践兵败后卧薪尝胆，决心复仇，同时将美女西施、郑旦献给吴王夫差和吴太宰，“以惑其心，而乱其谋”。伍子胥则向吴王进谏，力呈“有吴则无越，有越则无吴”，但夫差骄矜自负，执意与越议和，并“以申胥不忠而杀之”，伍子胥悲愤自刎，空留千古一叹。

1 〔日〕石川三佐男（陈钰译）：《东方文化的思想和礼仪〈岩窟藏镜〉所收〈渔畋文规矩镜〉新考》，《云梦学刊》2006年第1期。

由伍子胥榜题可知，画像镜着力表达的主题是赞扬伍子胥强吴扩张和尽忠爱国的“忠臣”形象，这是与汉代艺术的特性密切相关的。汉代的绘画艺术深受儒家思想影响，有着明确的目的性，真实反映了其时占统治地位的社会意识形态。汉王“朝罢黜百家、独尊儒术”，新儒学占主导地位，人们在接受君君臣臣、父父子子、忠君孝亲的伦理道德束缚的同时，对贤君明臣、武功爵勋、贞节烈女、殉国刺客也顶礼膜拜。众所周知，抽象的理论和永恒的价值总是需要图像的阐释，西汉以来楼台中多陈古圣贤像便是最好的诠注。如汉宣帝画功臣于麒麟阁，汉明帝设画官画中兴功臣二十八将于云台，灵帝时画孔子及七十二门人于鸿都门。“上有所好，下必甚焉”，教于上而化于下，诸如周公辅成王、齐桓公释卫、荆轲刺秦王、聂政刺侠累、晋灵公欲杀赵盾、仓颉造字、泗水捞鼎、孔子见老子、二桃杀三士等反映历史人物故事的内容便在各地的画像石、画像砖上成为流行的主题，成为对家族后人道德训育的教科书。

与教化相辅承的是汉代的信仰习俗。其时人的信仰习俗和以后的宗教信仰不同，是一种地道的中华民族本土文化的信仰，由原始宗教万物有灵的观念发展而来，是一种泛神的信仰。而灵魂观念再发展就产生了神灵，举凡英雄人物、发明创造者、对人类有重大贡献者等，死后往往在人们长期的传颂中变成了神，被人们当做崇拜、信仰的偶像，其形象也被刻绘成像以示吉祥。

对英雄人物的信仰和神化来自于汉代褒奖“事功”的人生态度，除积极开拓的乐观精神之外，还含有对军功阶层及其武力的赞赏。从各地出土画像砖石及绍兴等地出土的车马画像镜不难想象到，众多的急驰车马曾经奔驰于汉人建功立业的疆场；而武士在竞技场上炫耀力量和技巧，以及许多武器和武库的展示，体现的都是汉代人对强悍、速度、气势和力量的崇尚，这些既构成了汉代精神中的阳刚之气，也含有其时人们对武力的偏好。因此，选择伍子胥作为主题，一方面是由于伍子胥符合汉代儒家学说评价历史人物的道德标准，即“忠”“孝”“节”“义”；另一方面，也是儒家学说影响下汉代复仇风气的反映，特别是东汉时故吴越地区复仇情结的曲折反映[1]。

孔子主张复仇。《礼记·檀弓》：“子夏问孔子曰：‘居父母之仇如之何？’夫子曰：‘寝苫，枕干，不仕，弗与共天下也。遇诸市朝不反兵’。曰：‘请问居昆弟之仇如之何？’曰：‘仕弗与共国，衔君命而虽遇之不斗。’”《礼记·曲礼》：“父之仇，弗与共戴天，兄弟之仇不反兵，交友之仇不同国。”在这种儒家思想影响下的汉人也有着较强的复仇情结，表现之一为汉代击剑尚侠之风甚盛。如司马相如“少时好读书，学击剑。”（《汉书·司马相如传》）东方朔“十五学击剑。”（《汉书·东方朔传》）《汉书·艺文志》中还著录有《剑道》三十七篇。汉乐府诗《东门行》：“出东门，不顾归；来入门，怅欲悲。

1 刘晓臻：《论〈吴越春秋〉中的复仇与汉代社会》，《语文学刊》2004年第1期。

盎中无斗米储，还视架上无悬衣。拔剑东门去，舍中儿母牵衣啼。”描写的可能就是仗剑游侠者迫于贫困，准备去作奸犯科，而家人力阻的现象[1]。

《伍子胥列传》是《史记》复仇文学中的名篇，司马迁对伍子胥的行为大加赞赏："怨毒之於人甚矣哉！王者尚不能行之於臣下，况同列乎！向令伍子胥从奢俱死，何异蝼蚁。弃小义，雪大耻，名垂於后世。悲夫！方子胥窘于江上，道乞食，志岂须臾忘郢邪？故隐忍就功名，非烈丈夫孰能致此哉？"

降至东汉，整个社会的复仇风气愈加煊炽。会稽人袁康、吴平作《越绝书》，赵晔作《吴越春秋》，这是记载东周时期吴越争霸的两本最重要的史书。前者为人所皆知的复仇之书，后者也充满了复仇情结，如寿梦时与楚结怨，夫差复仇败越，伍子胥复仇鞭楚平王尸，最后句践复仇灭吴。尤其是伍子胥"冤仇不除，耻辱日大""今吾将复楚辜，以雪父兄之耻"，句践"身为穷虏，辱流诸侯""军败身辱"等复仇语言，无不折射出作者所处时代的社会特征。特别是《吴越春秋》所载伍子胥在逃亡途中对申包胥所说"父兄之仇，不与戴天履地；兄弟之仇，不与同域接壤；朋友之仇，不与邻乡共里"，这与上文《礼记》之言何其相似！故云：汉人重复仇[2]。而会稽地处江南，承吴越好勇之风，汉时民人仍好用剑，轻死易发，上自椽吏大姓，下讫平民百姓，勇势凌人，任气放纵，报怨众多，"盖其时轻生尚气以成风俗，故志节之士好为苟难，务欲绝出流辈，以成卓特之行。"[3]可见有着好勇传统的越民尤重复仇，赵晔这样的名士也必定"轻生尚气""好为苟难"，《吴越春秋》以复仇为主题，且有诸多不见于《史记》等书的复仇细节本在情理之中。推而论知，用发生在故吴越地区的伍子胥的忠臣形象和复仇故事作为铜镜画像的主题，与汉代宣扬的忠孝节义的儒家思想和会稽人的复仇情结又是何等契合！而将这相去数百年的两个时代串起的，也正是汉代提倡忠孝节义、褒奖军功进取、推崇行侠复仇的时代背景。

三、神人瑞兽

神人瑞兽是画像镜、龙虎镜、神兽镜的主要题材。神兽带镜在会稽地区的兴盛，与其时该地的道教信仰有关。早在春秋战国时期，吴地便开始流传黄老道家思想[4]。秦汉时神仙方术流行，徐福东渡求海上蓬莱仙山的出发地即在会稽境内。楚汉之争，楚国虽在军事和政治上遭到失败，但以《山海经》和《楚辞·招魂》为代表的楚国原始神话思维（引魂升天主题、龙凤图腾）和黄老哲学（养生得道哲学）却成为汉民族的宝贵精神

1 吕思勉：《秦汉史》，第518页，上海古籍出版社，1983年。

2 吕思勉：《吕思勉读史札记》，上海古籍出版社，1982年。

3 （清）赵翼：《廿二史札记校证》，中华书局，1984年。

4 李军：《神兽镜相关问题探究》，《南方文物》2000年第2期。

财富[1]。汉武帝虽“独尊儒术”，但实际上对各种学说教派采取的是“为我所用”的态度，在政治上实行“外儒内法”，同时又笃信得道成仙，对神仙之事尤其眷迷，唐诗名句“可怜夜半虚前席，不问苍生问鬼神”讽刺的就是刘彻夜召贾谊只为神仙之事。正所谓“上有所好，下必甚焉”，升仙不死的思想弥漫整个朝野，以致其时齐燕一带言方术者竟“以万数”，方士也成为汉代宗教色彩最浓的政治团体，社会思潮也实现了从先秦时期对道德理想的精神追求、到寻求个人的养生健体长寿以便在生理上超越有限生命的转变。西汉末年，阴阳五行、谶纬学说昌盛，王莽时以博局四神为题材的博局镜一度流行。进入东汉，神仙道教学说的威力有增无减，特别是光武帝刘秀曾“宣布图谶于天下”，章帝时又著《白虎通德论》，谶纬迷信合法化。加之汉代崇尚孝道，慎终追远、厚葬隆丧，用以神仙道教为题材的画像石画像砖营造墓室的风气在各地迅速弥漫，会稽等地随着北方人口的大批南迁也同样受到这一社会思潮的冲击，山阴一带对神仙道教的崇拜更是蔚然成风。人们追求长生、向往成仙，对那些由凡人悟道成仙的事例津津乐道、无比憧憬，甚至于沿袭博局镜的手法，借助铜镜这一载体，将悟道成仙之人作为艺术题材加以宣扬，铜镜纹饰中广泛流行反映道家思想的题材。从博局镜已见西王母题材的滥觞，到画像镜与神兽镜上各种神仙思想的充斥；从博局镜以追求长生不老为目的的镜铭，到画像镜与神兽镜对长寿长生等全方位祈愿的表达，东王公、西王母及天皇、五帝、黄帝、王乔、赤诵（即赤松子）、青龙、白虎等道教神仙、瑞兽的形象随处可见，其中尤以东王公和西王母题材的流传最为普遍广泛。

（一）王乔与赤松

榜题中“王乔”即王子乔，乃道教神人，称“右弼真人”，掌管吴越水旱；“赤诵”即赤松子，是中国神话中的仙人雨师，为道教所尊奉。这二人修炼成仙的故事有诸多传说，且屡为古籍所载，如《淮南子》：“王乔、赤松，去尘埃之间，离群慝之纷，吸阴阳之和，食天地之精，呼而出故，吸而入新，碟虚轻举，乘云游雾，可谓养性矣。”同书《齐俗训》亦云：“今夫王乔、赤松子，吹呕呼吸，吐故纳新，遗形去智，抱素反真，以进玄妙，上通云天。”

有关二人成仙前的生平事迹，说法不一。庄建吉注《淮南子·齐俗训》云：“王乔，蜀武阳人也，为柏人令，得道而仙；赤松子，上谷人也，病厉入山，道引轻举假上也。”但《洞仙传·王子乔篇》则记载为：“王子乔，河东人也，汉明帝时为尚书郎。”《云籍七签》卷八十五《尹解·王子乔篇》承袭《列仙传》之说，且更详细：“王子乔者，周灵王太子晋，好吹笙，作风鸣，游伊洛间，道人浮丘公接以上嵩高山。”又“赤松子者，神农时雨师，服水玉，以教神农，能入火自烧，至昆仑山上，常止西王母石室中，随风雨上

1　张子中：《关于汉画像石的文化思考》，《烟台大学学报》2001年第2期。

下。炎帝少女追之，亦得仙，俱去。至高辛时，复为雨师。”可见两人都是由凡人悟道成仙的，因此在升仙思想浓厚的当时，必然成为道家宣扬、信徒推崇的对象，从而进入铜镜画面，让使用者效法。

（二）东王公与西王母

东王公和西王母都是中国历史上著名的神仙人物。关于西王母的由来，有“西来说”和“本土说”两种观点：“西来说”认为其来自于西方两河流域，是一位月神或月神的音译，后东迁[1]；“本土说”认为西王母信仰源于上古时代的秋尝仪式，而西王母的原型则是秋尝仪式上祭拜的祖妣之神，此种民间信仰在汉代演变为以传“西王母筹”为特征的民间宗教，“西王母”之名的本义就是“祖妣”[2]。另外，陈梦家曾经说，殷卜辞所见“西母”神，已经体现出西王母前身的踪影[3]。日本学者小村一郎指出，有关西王母最古老的文献记载见于战国时期，认为《荀子·大略》所说“尧学于君畴，舜学于务成昭，禹学于西王国”中的“西王国”，与“君畴”“务成昭”对应，应当是人名，或许就是西王母或与西王母有关的人物[4]。

对西王母的崇拜是汉代社会特定历史条件下的产物，事实上，西王母就是在汉代的一次次转折演变中不断完善其神仙形象的[5]。早在西汉早中期，在当时人们的观念中，西王母是一位掌管天罚、半人半兽的可怕的刑罚之神，如成书于战国至西汉间的《山海经·西山经》云：“又西三百五十里，曰玉山，是西王母所居也。西王母其状如人，豹尾，虎齿，善啸，蓬发戴胜。是司天之厉及五残。”《山海经·大荒西经》记曰：“西海之南，流沙之滨，赤水之后，有大山，名曰昆仑之丘……有人，戴胜，虎齿，有豹尾，穴处，名曰西王母。”《山海经·海内北经》也说：“西王母梯几而戴胜，其南有三青鸟，为西王母取食。”

晋武帝时从汲郡战国魏王墓中出土的《穆天子》中记载，周穆王十三年，用造父驾车，从王都宗周（西安附近）出发，到西王母之邦的瑶池拜会了西王母。《汉武帝内传》里，把西王母描写成年约三十，姿容绝世，有大群仙姬随侍、武帝拜受教命的威严女神，并说她把三千年一结果的蟠桃赐给武帝。先秦时期就有的后羿登昆仑的传说，到西汉时期已经演化为优美的神话故事，即传说西王母掌管着昆仑山的不死之药，如《淮南子·览冥训》：“羿请不死之药于西王母，姮娥窃以奔月，怅然有丧，无以续之。”因此，西王母也被改造成为美丽温柔的幸福仙女，更引得宫廷文学家司马相如在《大人赋》中大加赞美：“吾乃今日睹西王母，暠然白首，戴胜而穴处兮，亦增有三足乌为之使。必长生若此而不死兮，虽济万世

1 王子今、周苏平：《汉代民间的西王母崇拜》，《世界宗教研究》1999年第2期。

2 刘宗迪：《西王母信仰的本土文化背景和民俗渊源》，《杭州师范学院学报（社会科学版）》2005年第3期。

3 陈梦家：《古文字中之商周祭祀》，《燕京学报》第19期，1936年。

4〔日〕小村一郎（孙昌武译）：《中国的神话传说与古小说》，第24页，中华书局，1993年。

5 参阅信立祥：《汉代画像石综合研究》第四章之第五节，文物出版社，2000年。

不足以喜。”“大人”是仙人的别名，这是西王母作为仙人的最早记载。而西汉末的一次群众性造仙运动则将西王母彻底变成全社会公认的仙人，据《汉书・哀帝纪》记载：建平四年（公元前3年）春，“关东民传行西王母筹，经历郡国，西入关至京师。民又会聚祠西王母，或夜持火上屋，击鼓号呼相惊恐。”运动兴起之初，还只是被汉代上流社会视为威胁社会秩序的动乱现象，后来王莽为了给自己居摄篡汉寻求根据，遂将这次“传行西王母筹”运动视为预兆元后女主摄位的瑞应，《汉书・元后传》云：“……哀帝之代，世传行诏筹，为西王母共具之祥，当为历代母，昭然著明。予祗畏天命，敢不钦承！”

民间的西王母崇拜因新莽的提倡而名正言顺，到东汉时代遂蔚然成风，并得到上流社会的热烈响应，西王母从此变为昆仑山仙人世界的主人公而受到全社会的憧憬和崇拜，也就是自此时起，在铜镜纹饰、器物花纹和画像砖中，西王母的图像开始大量出现[1]。在这些早期的西王母图像中，戴胜的西王母周围都有九尾狐、三足乌、拥臼捣药的玉兔等仙禽神兽，少数图像还在西王母周围画出绵延的昆仑山，表明西王母图像的构图格局已经初步形成。

汉代铜镜中西王母形象和画像砖石中的形象一样都取盘坐的姿态，但九尾狐、三足鸟却较少出现，与之相对的都是一位东王公。正如陈直曾经指出的：“汉代每以西王母事为镜铭及图画题材，于西王母之外，又增加东王公以为配。”[2]这也是汉人所谓“阴阳互倚”五行观念在家庭伦理生活中追求“完整”的一个表现。先秦之际流传下来的神话中原本不相干的诸多神明，这一时期也被人们重组、改造成对偶神，如伏羲与女娲、日神羲和与月神常羲、金乌与蟾蜍、四灵、龙凤等，东王公就是此时创造出来的西王母的对偶神。由于铜镜是家庭生活用品，自然寓意是在夫妇家庭生活的圆满[3]。

东王公最早进入记载，是在一本托名东方朔所著的《神异经》中，比记载西王母的《山海经》晚约300年。《神异经》云：“西王母岁登希有鸟翼上，会东王公也。”东王公“长一丈，头发皓白，人形鸟面而虎尾，载一黑熊，左右顾望。”另一本托名东方朔所著的《海内十洲记》中说：“扶桑在东海之东岸……在碧海之中，地方百里，上有大帝宫，太真东王父所治处。”[4]另有学者认为，汉代文献中没有记载东王公的由来，推测很可能是从先秦信仰中的东皇太一发展嬗变而来。东汉中期以后，与西王母相对应的男性主仙东王公也被造仙运动创造出来并出现在各类画像中[5]。

---

1 〔日〕冈村秀典：《西王母の初期の图像》，《高井悌三郎先生喜寿纪念文集》，1988年，转引自信立祥：《汉代画像石综合研究》，第148页，文物出版社，2000年。

2 陈直：《史记新证》，第192页，天津人民出版社，1979年。

3 刘道广：《略论汉、宋铜镜纹饰中的西王母故事》，《东南大学学报（哲学社会科学版）》2000年第1期。

4 转引自董亚巍等：《从一枚环状乳画纹带神兽镜中看东王公、西王母、黄帝及伯牙的形象》，《鄂州大学学报》2003年第3期。

5 信立祥：《汉代画像石综合研究》，第156页，文物出版社，2000年。

两汉时期是神仙思想的大发展阶段，道教中的神仙在汉代逐渐被尊奉崇拜、成为偶像。湖北的鄂州与浙江的绍兴两地处在道教中心区的两侧，距已经形成的道教文化源都较近，是道教文化的自然传播区，信奉东王公、西王母等道教神仙当属情理中事。因此我们在会稽镜的铭文与纹饰中，常可见到东王公（父）、西王母的名字和形象：铭文带如“袁氏作竟真（缺字）上有东王父、西王母，山（仙）侪侍，左右辟邪，喜怒无央（殃）咎，长保二亲生久”“吕氏作镜世少有，东王公、西王母，仙人子乔、赤诵子，车马辟邪在左右，为吏高升贾万倍”；榜题如“上有仙人不知老”、仙人“王子乔”“西王母”“东王公”“仙人六博”“王女侍”“王女朱师作兮”等。其表达方式或为铭文带中的“东王父西王母”，或为榜题中的“东王公”“西王母”，或为铭文带中的“上如东王公西王母”“寿如东王公西王母”等几种。

会稽镜图像中的西王母多踞坐、戴胜。其所戴玉胜源于何物？有学者研究后认为，是汉代仙道学家们发明的，与刚卯、司南佩一样，源自玉琮的又一种意义非凡、别出心裁的佩戴类器物[1]。有龙虎夹侍（或称为胁侍，或称为龙虎座），有侍者，即玉女和羽人，有的有肩翼，有的甚至长袖起舞，其舞蹈据考为流行于江南地区的“白紵舞”，并且其时会稽上虞即盛行舞蹈[2]。关于其在画像镜、神兽镜画面中的具体形象刻画及其演变，也有学者作过排列和研究，将画像镜、神兽镜中西王母的形象各分为七式，指出画像镜中西王母像体形一般较大，正面或基本正面而坐、亦有少数站立或起舞者；双乎笼袖拱于胸前或前伸，头着冠，多数不戴胜，极少置肩翼两侧所置侍者、羽人或禽鸟数目不一，但体态多较主神小，尊卑差别明显。而神兽镜注重突出西王母重要的“神性”特征而不事人物外形的精雕细刻，王母像往往只简约绘出外形轮廓，绘画者所着力强调的是被极度夸张放大显示神性功能的羽翼、龙虎座等部位；加之神兽镜中神兽、列仙的大量增加，使西王母像在构图中所占的空间不断减小，形体不断收缩而与列仙大小一致，已很难看出西王母神性“独尊”或与东王公“平分天下”的迹象，与其夹纽对置的东王公像，形态也愈发与西王母雷同，仅以三山冠作为两者有别的符号[3]。

东王公以三山冠（或称为棘式的三山帽）为显著特征。有学者研究了铜镜中东王公形象、帽饰、坐姿等的演变，认为起初东王公戴高山、进贤之类高冠，装束和世俗的诸侯王差不多；后改成戴山字形冠；再进一步，乃于背后伸出两枚小羽翼。到建安年间的神兽镜，东王公的双翼增大且上举，这种式样至三国时仍然流行；其间东王公的羽翼有时还呈“S”形飘带状。东王公始终都为跪坐姿势，早期为半侧面像，神兽镜则多为正面，仍然跪坐[4]。

1　张明华：《定县玉座屏新识》，《中国文物报》2003年11月26日。

2　王士伦、王牧：《浙江出土铜镜》（修订本），第24页，文物出版社，2006年。

3　杨玉彬：《汉神兽画像镜中的西王母演变——兼论神兽画像镜流行的年代关系》，《收藏家》2006年第9期。

4　孙机：《孟津所出银壳画像镜小议》，《中国文物报》1990年9月20日。

重列式神兽镜铭文中不见东王公和西王母，这在某种程度上给辨识带来了一定的难度。但有学者认为，只要镜铭中出现黄帝及伯牙，其镜背纹饰中一般都铸有东王公、西王母两位神人的形象，两仙的特征是：东王公头上铸有三根冒刺，西王母头戴两边翘的冠（即为胜），而带皇帝冠者显为黄帝，双手抚琴、旁立一侍者则是伯牙[1]。

1. 羽人

东王公与西王母多有体生羽毛的仙人为侍。舒展的双翼、高耸的双耳，羽人的形象如同精灵，在东汉镜中无处不在：有在主神东王公、西王母两侧随侍，有在主神两侧娱神，有的六博对弈，有的骑驭龙虎，有的驾舟飞翔，充分展现了神仙世界的自由、浪漫和奔放。

羽人形象同样也是两汉神仙思想影响下的产物，汉人认为要成仙，必先羽化，因此羽人作为羽化文化和图像的主体，便屡屡出现在汉代画像石、砖和壁画、镜像中。东汉思想家王充《论衡・无形篇》云："图仙人之形，体生毛，臂变为翼，行于云，则年增矣，千岁不死。此虚图也。世有虚语，亦有虚图。"同书《道虚篇》又云："为道学仙之人，能先生数寸之毛羽，从地自奋，升楼台之陛，乃可谓升天。"王充是上虞人，虽然他认为羽人之说是虚言，但也可由此间接说明东汉时会稽一带确然相信羽人之说。

2. 四神

与东王公、西王母同时出现在铜镜画面中的还有四灵，亦即四神。

"四神"，最早的意义是"四方宿名"[2]。王充《论衡・物势篇》："东方木也，其星苍龙也；西方金也，其星白虎也；南方火也，其星朱雀也；北方水也，其星玄武也。天有四星之精，降生四兽之体。"

西汉晚期四乳四虺镜中始见此类四神图像。按：西汉中晚期，阴阳五行思想、天人感应及谶纬学说盛行，因此，战国之际即已存在的二十八宿拱卫北斗的宇宙观此时得以充分发展并形成东青龙、西白虎、南朱雀、北玄武构成的标准模式，并进而泛化成汉代政治、经济、文化领域及社会生活习俗、时代艺术风尚中无所不在的万能守护神。如《三辅黄图・汉宫》载："苍龙、白虎、朱雀、玄武，天之四灵，以正四方，王者制宫阁殿阁取法焉。"汉镜镜铭中常见的"左龙右虎避不祥，朱雀玄武顺阴阳"等词句殆亦缘于其故。

3. 龙虎座

"西王母打坐龙虎座"图像出现于东汉中晚期之后，是汉画像中最为常见的图像之一，但多出现在四川地区。而在长江中下游地区的神兽镜上，不仅有西王母，更有其他神灵，如东王公、佛像及不明身份者，均坐在了龙虎座、双龙座、双凤座、龙凤座上。事实上，综观会稽镜中的神人龙虎画像镜、神兽镜、龙虎镜可知，从神人龙虎画像镜上的龙虎与东王公、

1　董亚巍等：《从一枚环状乳画纹带神兽镜中看东王公、西王母、黄帝及伯牙的形象》，《鄂州大学学报》2003年第3期。

2 《礼记・曲礼》："行，前朱鸟而后玄武，左青龙而右白虎"，疏曰："朱鸟、玄武、青龙、白虎，四方宿名也。"

西王母分别配置一方，到环状式神兽镜上的龙虎配置于东王公、西王母两侧形成似连似分的组合关系，再到重列式神兽镜上龙虎与东王公、西王母及其他神人构成座骑式的组合关系，龙虎与东王公、西王母之间确有一种并存及所属关系。从这一点上说，铜镜图像上的龙虎座有其自身的演变历程。

（三）神人瑞兽

东汉之际会稽地区道教盛行，上虞人魏伯阳所著之《周易参同契》等道家学说的重要著作对会稽镜图像及铭文产生了深远的影响，在此背景下，山阴成为当时神兽镜铸造的重要地区之一，其中尤以重列式神兽镜对神人瑞兽的刻画和表现最为突出。有学者指出重列式神兽镜图像中第一重为天皇；第二、三重为五帝三皇，弹琴者为伯牙；第四、五重当为黄帝除凶。天皇在道教中是神仙之首，《晋书·天文志》：北极星正中有一星“曰天皇大帝……一主御群灵，执万神图。”其神像一般位于五段式重列神兽镜的最下段，往往与龟蛇并列。五帝即东方太皞、南方炎帝、西方少昊、北方颛顼、中央黄帝，在五行观念中，五帝代表的就是东西南北中星宿的名称，而古人观测天象星宿和制作星宿图的方位均是上南下北，左东右西，所以铜镜上的方位也是如此。铜镜铭文中常有“五帝天皇……黄帝吉祥……”或“黄帝除凶”，这正是古人希望天皇五帝为他们“佑福祛邪”的心理体现[1]。

伯牙弹琴故事中的历史人物有时也在神兽镜中出现。故事相传发生在春秋时期的楚国，《吕氏春秋·本味篇》：“伯牙鼓琴，钟子期听之，方鼓琴而志在太山，钟子期曰：‘善哉乎！鼓琴巍巍乎若太山！’少选之间，而志在流水，钟子期又曰：‘善哉乎！鼓琴汤汤乎若流水。’钟子期死，伯牙破琴绝弦，终身不复鼓琴，以为世无足复为鼓琴者。”在儒家伦理思想占统治地位、符合忠孝节义标准的历史人物纷纷进入艺术题材的汉代，正如吴王与伍子胥作为画像镜主题一样，伯牙弹琴成为主题之一也属情理之中。

会稽镜中还常见辟邪、天禄、巨虚、蜚廉、狮子等形象。如镜铭中多有“上有辟邪与天秩”（“秩”、“禄”通，“天秩”即“天禄”）、“巨虚辟邪除秩凶”“白虎辟邪居中道”“右有辟邪，左有青龙”等词句，可见辟邪、天禄是经常与青龙、白虎同时出现的。辟邪是我国神话传说中的神兽，东汉阙前、南朝陵墓前常有石辟邪为饰，镜中似狮而带翼的动物都是辟邪。天禄也是神话传说中的异兽，或有人云即天鹿。从石刻形象观察，天禄与辟邪是很相似的，或认为双角者为辟邪，独角者为天禄[2]。又，《淮南子·俶真训》：“若夫真人，骑蜚而从敦圄……”庄逵吉注曰：“蜚廉，兽名，长尾有翼，敦圄，似虚而小……”。在画纹带神兽镜的铭文与画纹中，也偶见有蜚廉和敦圄二兽的形象。

1　陈佩芬：《中国青铜镜发展概述》，《中国青铜器全集·16·铜镜》，文物出版社，1998年。

2　南京博物院：《江苏丹阳胡桥南朝大墓及砖刻壁画》，《文物》1974年第2期。

（四）师子与狮子

1977年浙江兰溪游戏埠出土一枚三国吴时的半圆方枚对置式神兽镜，直径11.8厘米，半圆纽。神兽作对置式布局。有方枚八，每枚一字。周铭："青盖明镜以发阳，揽睹四方照中英（央），朱鸟玄武师子翔，左龙右虎（文未完）。"其中的"师子"即狮子。另在镜背纹饰中也有狮子或白虎立在圆轮上飞翔的图案，与镜铭合[1]。

狮子是丝绸之路开通后西域献给汉室的"舶来品"，但在佛教中狮子则是神的化身，佛教经典中称佛的坐席为"狮子座"，又称作"狮子床""猊座"等。后来佛教在中国传播后，把佛像菩萨的台座、高僧说法时的坐席都泛称为"猊座"，甚至在后来连给僧人写信也尊称"猊座"。这里的"猊"即古代文献所称的"狻猊"，《穆天子传》："狻猊□野马，日走五百里，食虎豹。"郭璞注曰："狻猊，师子，亦食虎豹。"《尔雅·释兽》中有"狻猊"，郭璞注曰："即师子也。"汉代文献中一概写作"师子"，这是因为东汉时期佛教在中国传播并日益受到重视，附丽于佛教的狮子自然也受到信徒的礼遇而被尊称为"师子"了[2]。这一称呼直到唐代仍然沿用，如公元838年日本僧人圆仁入唐，在寺庙中看到的狮子有青毛狮、金毛狮、白玉狮等，记载"其师子精灵，生骨俨然，有动步之势，口生润气，良久视之恰似运动矣。"[3]

四、龙虎

迄今所知最早的龙虎图像出现在仰韶文化时期的河南濮阳西水坡45号墓，墓主为一壮年男子，左右两旁有用蚌壳排列的图形，左龙右虎，龙形在东，虎形在西。李学勤认为可能史前已有四象或至少有龙、虎，它们不仅是诸星的划分，还与丧葬有关，此墓的龙虎图形象征死者灵魂升天，驾龙乘虎是升天的方式和途径[4]。其后，有此意义的龙的形象还见于楚地的人物御龙帛画及一些漆器上的相关图案，升天成仙的思想促使人们祈求依附着龙的神性达到实际愿望的实现，因而龙被充任了仙境与人间的交通工具。《管子·水地篇》认为龙"生于水，被五色而游，故神。欲小则化为虫蠋，欲大则藏于天下。欲上则凌于云气，欲下则入于深泉。变化无日，上下无时。"《九歌·湘君》中有"驾飞龙兮北征，邅吾道兮洞庭"的诗句。《淮南子·览冥训》载女娲"乘雷车，服驾应龙。登九天，朝帝于灵门。"相传汉高祖为蛟龙所生。楚镜中也只有龙纹镜直至西汉前期仍然盛行[5]。

---

1 王士伦、王牧：《浙江出土铜镜》（修订本），第30页，文物出版社，2006年。

2 刘自兵：《佛教东传与中国的狮子文化》，《东南文化》2008年第3期。

3 杨古城：《中国狮文化的演进》，《宁波高等专科学校学报》2000年第1期。

4 李学勤：《西水坡"龙虎墓"与四象的起源》，《走出疑古时代》，辽宁大学出版社，1994年。

5 邓秋玲：《西汉前期龙纹铜镜研究》，《湖南省博物馆馆刊》2006年第3期。

虎的形象则见于我国古铜镜中最早的浮雕神兽镜——四虎纹镜，功能驱鬼。《风俗通·祀典》：“画虎于门，鬼不敢入。”《太平御览》卷九百五十四引《风俗通》：“墓上树柏，路头石虎。”而“在石棺上画虎，是为了驱逐魍象之类恶鬼，不让它们侵害墓主的尸体。”[1]

龙虎图案同时出现是在战国时期的湖北曾侯乙墓彩绘衣箱盖上的龙虎图纹，还有完整的二十八宿及其中心北斗，故有学者认为曾侯乙墓龙虎图纹才是四灵中龙虎图纹的渊源[2]。再后，龙虎的功能还扩充为中国风水理论的一条重要原则，晋郭璞《葬书》称：“故葬者以左为青龙，右为白虎，前为朱雀，后为玄武。”青龙和白虎出现在墓地之左右，有护佑亡灵之意。

汉代继续沿袭龙虎升天的观念，视龙、虎同为凡人死后升入仙界的交通工具，以及如镜铭所述“左龙右虎辟不祥”，即认为其具有辟邪的功能外，同时也将龙虎视为祥瑞。在“天人感应”神学盛行的汉代，祥禽瑞兽的出现，被视为盛世和统治者的德政象征，也被百姓视为社会安定、祥和的征兆。江苏南京出土孙吴时期釉下彩绘瓷器和残片中，盘口壶、双领罐彩绘内容即主要采自当时流行的各种“祥瑞”形象，而以龙虎最为多见[3]。

龙虎形象同样始终贯穿于会稽镜之博局镜、画像镜、神兽镜，尤在龙虎镜上成为主题纹饰。龙虎镜在东汉会稽地区的盛行，应与当时阴阳五行学说的流行和道教的兴起有一定的关系。东汉时期会稽地区道家学说盛行，被后世道家奉为丹经之祖的上虞人魏伯阳杂糅《易》学、黄老之说，著成《周易参同契》，把五行、两仪、四象、八卦相结合，用“日月为易”的学说统一起来，自成体系。龙虎镜流行于魏伯阳所处的东汉时期，并一直延续到六朝，这一历史阶段，道家非常活跃，太平道、五斗米道拥有大量的信徒，道教文化达到了一个高峰，因此龙虎镜所反映的纹饰内容，与东汉时期整个社会思潮、社会习俗相关，也同道家的频繁活动密切相关，与《周易参同契》更是直接相关，两者同时出现并盛行于会稽地区是必然的。正如有学者指出“汉人魏伯阳《周易参同契》中，将术士炼丹的鼎炉铅汞、坎离水火比之为男女交媾，喻之为‘龙呼于虎，虎吸龙精’，以龙虎之交喻示男女交媾，成为汉代产生的道教的一个基本表达方式。‘龙虎戏’也因此被后世视为男女交媾的房中术的代称”[4]。

在道教炼丹术中，龙虎还有特定的含义。道教的炼丹分内丹与外丹，内丹讲求自身修炼，通过练功强化体内精气；外丹则利用金属或矿物质为原料炼丹，二者皆以长生不老为目的。其内丹功夫，以龙属木，木生火，同心神之火，乃以龙为火；虎属金，金生水，同身肾之水，乃以虎为水。所谓水火即龙虎，《性》命主旨有“龙从火里生，虎向水里生，龙虎相亲，坎离交济。”正因为此，有人认为东王公、西王母与龙虎座的组合应为视西王母为大母

1 信立祥：《汉代画像石综合研究》，文物出版社，2000年。

2 黄佩贤：《汉代流行的四灵图像始见于新石器时代?——河南濮阳西水坡及湖北随县曾侯乙墓出土龙虎图像再议》，《中国汉画学会第九届年会论文集》，中国社会出版社，2004年。

3 王志高、贾维勇：《南京发现的孙吴釉下彩绘瓷器及其相关问题》，《文物》2005年第5期。

4 顾森：《存世的秦汉绘画》，《秦汉绘画史》，人民美术出版社，2000年。

神，而左右的龙虎则象征着饮食男女的交合创世。用《道德经》作相应的解释，西王母就是“一”，龙虎就是“二”，然后龙虎结合生育三，创始人类。而作为具象艺术，表示出来就是“西王母打坐龙虎座”，其图像形式直接来源于“太一·伏羲女娲交尾”图像模式[1]。

五、佛像夔凤

饰有佛教内容的四叶八凤镜目前国内外见诸著录的计有20余面，其铸作和纹饰均较精致。但有关这类铜镜的定名目前尚不统一，初步统计大约有九种说法，如佛像夔凤镜、佛像镜、平雕花纹镜、柿蒂夔凤镜、四叶八凤佛兽镜、变异柿蒂八凤佛兽镜、变异四叶佛像鸾凤镜、凤凰镜、柿蒂夔凤佛兽镜等。另有湖北鄂州和安徽和县两面铜镜又被称为佛兽镜或画文带佛兽镜[2]。另据统计，近年来我国南方的长江流域已发现汉晋时期的佛像300余例[3]，但对其性质，学术界同样一直存有分歧：一部分学者认为汉晋佛像表示佛教信仰[4]；另一部分学者则认为汉晋佛像为神仙[5]。此外还有“仙佛模式”说[6]、“道教造像”说[7]、“佛神模式”说[8]等。

自上述之大量饰有佛教内容的四叶八凤镜和佛像的发现可以想见，其时佛教已被越来越多的民众所接受，而其时神兽镜也已走过了极盛期，于是匠师们便将佛教题材借新兴的四叶八凤镜和神仙形象一起加以塑造。这种神仙与佛像并存是早期常见的表现手法，其他如镜的十六连弧内，既有传统的表示方位的四神，也有飞天等佛教题材，还有指代天上十二宫的动物图形，而黄道十二宫的动物图形是随着佛经翻译而传入中国的[9]，因此它们和佛像同时出现在同一个镜背上也就不足为奇了。关于此类佛像镜的产地，有学者从出土数量、铜矿原料、铸造基础等方面论证是在湖北鄂州即吴时的武昌[10]，但就其分布区域及与之相关的神兽镜、兽首镜、四叶八凤镜出土情况乃至会稽郡的矿冶基础、铸造传统来看，很难说当年这些镜皆系由武昌铸制后流入，也有可能是会稽本地铸造的。

---

1 郑先兴：《汉画西王母配神图像“龙虎座”的原型分析》，《河南科技大学学报》2008年第4期。

2 王仲殊：《关于日本的三角缘佛兽镜》，《考古》1982年第6期。

3 《东南文化》1994年第1期“早期佛教造像南传系统研究”编者按。

4 吴焯：《佛教东传与中国佛教艺术》，浙江人民出版社，1991年；阮荣春：《佛教南传之路》，湖南美术出版社，2000年；李正晓：《中国内地汉晋时期佛教图像考析》，《考古学报》2005年第4期。

5 金维诺、罗世平：《中国宗教美术史》，第44页，江西美术出版社，1995年；孙机：《佛像的火焰肩和火焰背光》，《中国历史博物馆考古部纪念文集》，科学出版社，2000年。

6 温玉成：《“早期佛教初传中国南方之路”质疑》，《四川文物》2000年第2期。

7 巫鸿：《地域考古对“五斗米道”美术传统的重构》，《汉唐之间的宗教艺术与考古》，文物出版社，2000年。

8 何志国：《“仙佛模式”和“西王母+佛教图像模式”说商榷——再论佛教初传中国南方之路》，《民族艺术》2005年第4期；《论汉晋佛像的“佛神模式”》，《艺术考古》2007年第3期。

9 夏鼐：《从宣化辽墓的星图论二十八宿和黄道十二宫》，《考古学和科技史》，科学出版社，1979年。

10 李龙：《“佛像镜”相关问题浅议》，《洛阳工学院学报（社会科学版）》2000年第3期。

第三节 会稽镜铭文

两汉时期铜镜铭文内容非常丰富，可以说是我国铜镜铭文最有特色的时期。早在20世纪50年代，著名的秦汉史专家陈直就已指出："汉镜的铭词是两汉文学上最美丽的作品，也是两汉文学上潜在的遗产……其体例有三言、四言、六言、七言及乐府歌辞式五种……不但为优秀古朴的作品，主要可以看出两汉社会情况，尤其是戍边的痛苦，哀怨连篇，这些宝贵的材料，在汉书里是看不出来的。仅在盐铁论'备胡篇'中有简单的叙述，发扬搜罗，还是必要的。"[1]因此，搜集、研究会稽镜上的铭文，对于研究那一时期的社会、文化、风俗、礼制、宗教等方面无疑都是极具价值和意义的。

一、铭文种类

（一）尚方作镜——博局镜的铭文

会稽山阴博局镜的铭文种类与王莽博局镜铭文种类相近，也分尚方铭、新兴铭、桼言铭等几种，如镜铭首句常见"尚方作竟真大好""新有善铜出丹阳"等标榜铜镜制作质量品级和原料的铭文，以及"上大山，见神人"或"驾蜚龙，乘浮云"等反映修炼服食神仙方术富贵保子孙之类的三言体的铭文等；少见"尚方御竟大毋伤""新兴辟雍建明堂"等类铭文；而"王氏作竟四夷服"铭文的核心内容则常见于稍后的画像镜。尽管如此，以"尚方作镜"为主要体例的铭文内容仍有一定历史价值和文化内涵，有的内容可以用来证史、补史。如"唯始建国二年新家尊，诏书数下大多恩。贾人事市，不躬啬田。吏作辟雍治校官，五谷成熟天下大安。有知之士得蒙恩，宜官秩，葆子孙"，属于对王莽执政歌功颂德的内容。相似的内容在各地出土和收藏的同时期铜镜上比比皆是，典型的如阜阳市博物馆所藏"刘氏去"镜铭文"刘氏去，王氏持，天下安宁乐可喜，井田平贫广其志"[2]，不仅证实了王莽掌握政权后推行"井田"制的一段真实历史，而且"天下安宁乐可喜"还道出了两种相反的历史评价，即其时朝野对王莽的赞美与东汉以降两千年来儒家正统对王莽的贬损正相反。

会稽镜中第一类镜铭为常见的"尚方作镜"铭，内容相当程式化，基本为："尚方作竟真大巧（好），上有仙人不知老，渴饮玉泉饥食枣，浮游天下敖四海，寿比今石为国保，大富昌，宜侯王。""尚方作竟真大巧"也是四神博局镜中使用最多的铭文，尤其是纽座外

1　陈直：《汉镜铭文学上潜在的遗产》，《文史哲》1957年第4期。
2　王纲怀：《莽式铭文镜（三）》，《收藏家》2008年第7期。

大方格内有十二地支铭的博局镜。按："尚方"是汉代皇室制作御用物品的官署，属少府。《汉书·百官公卿表》中的少府下有"尚方"，颜师古注："尚方主作禁器物。"《后汉书·百官志》："尚方令一人，六百石。本注：'掌上手工作御刀剑诸好器物，承一人。'"铜镜铭文中大量出现"尚方作竟"字句，表明制作铜镜也是尚方的任务之一。"饥食枣"，典故源出于汉武帝时代，其时神仙方术盛极一时，服食仙药作为成仙的重要途径而备受推崇，食枣就是其中之一。汉武帝时，方士李少君自称有祠灶、谷道（也称"辟谷"，不吃五谷）、去老还童之秘方，能役使鬼神，长生不老，得到武帝的信任。据司马迁《史记·封禅书》记载："少君言上：祠灶则致物（物指鬼神），致物而丹砂可化为黄金，黄金成以为饮食器则益寿，益寿而海中蓬莱仙者乃可见，见之以封禅则不死，黄帝是也。臣尝游海上，见安期生，安期生食巨枣，大如瓜。安期生仙者，通蓬莱中，合则见人，不合则隐。"武帝听后非常高兴，成了狂热的信仰者，亲自祠灶，派方士入海求蓬莱之安期生，并且着手炼丹砂药物，希望变出黄金。汉代文献中也屡有"饥食枣"的相关记载，如《后汉书·方术传》即记有"孟节能含枣核，不食可至五年十年"之事。所以，"尚方作镜"铭文中的"枣"应即安期生所食之枣、孟节含食之枣核，均是方士们服食的"巨枣"。河南偃师南蔡庄汉建宁二年（169年）墓出土"肥致碑"中则记载有凡人肥致"舍止枣树上，三年不下，与道逍遥"，最终食枣成仙，获得千里须臾而至的仙术[1]。因此枣在其时是长生成仙的灵丹妙药，不仅方士们借此成仙，凡人们也起而效仿，以致有汉一代食枣成为风气。

与枣组合的玉泉也具有相同功效。《本草经》载："玉泉一名玉澧，味平，生山谷，治藏百病，柔筋强骨，安魂，长饥。久服能耐寒暑，不饥渴，不老神仙人。临死服五斤，死三年色不变。"同时，玉泉应该与"澧泉"相近，会稽镜有的铭文即作"食玉英饮澧泉"。汉代盛行并信奉祥瑞之说，玉泉在渴求长生祈盼成仙的时人心中自然也具有无比的神力。魏伯阳所著《周易参同契》一书中讲到内修精气，服食丹药，可使"老翁返丁壮""寿命得长久"，进而"御白鹤兮驾龙麟，游太虚兮谒仙君"，与肥致服食后的神奇效果和特异功能一样。玉泉与巨枣对世人均极具吸引力，也因而不断助长了这种思潮对于会稽铜镜铭文的影响。

与此相类似的铭文为"尚方御镜"，内容多为"尚方御竟大毋伤，（巧工刻娄成文章），左龙右虎辟不祥，朱鸟玄武顺（调）阴阳，子孙备具居中央，长保二亲得（乐）富昌，（寿敝金石如侯王）。"有的以"尚方御镜（哉）真大好"起首，配以"上有仙人（神鲜）不知老，渴饮玉泉饥食枣，浮游天下敖四海，寿如金石为国保，（传之后世乐毋）。"有学者认为其中的"哉""神鲜""乐富昌""刻娄"等语具绍兴语言特色[2]。铭文内容为当时"尚方作镜"、"新有善铜"镜常见的用语，带有鲜明的商品宣传特征。正如有学者所

1　汪小洋：《枣树：汉画像石中树图像的一个原形——读〈肥致碑〉的一个思考》，《齐鲁艺苑》2004年第3期。

2　张宏林：《从绍兴传世的尚方御镜试探新朝山阴的尚方作镜作坊》，《东方博物》第三十辑。

指出的："尚方铭、纪氏铭、善铜铭的出现，标志着铜镜生产商品化程度的加深。"[1]

第二类镜铭为"新（汉）有善铜"，内容也较格式化，多为："新（汉）有善铜（亦作'名铜'）出丹阳，和以（亦作'杂以'）银锡清且明，左龙右虎掌（亦作'主'）四彭（旁），朱爵（雀）玄武顺阴阳，八子九孙治中央。"铭文中前两句夸耀铸镜的原料质量上乘，取自丹阳铜，又加入了锡，因此制成的镜"清且明"；中间两句为道教文化影响下的阴阳五行和驱邪求吉、护佑四方思想的体现，已见上文之"四神"与"龙虎"部分；末一句有的作"子孙备具居中央"，为王莽时期王莽家族执掌大权的真实写照。《汉书·王莽传》载："二子（莽长子、次子）前诛死，乃以临（莽四子）为皇太子，安（莽三子）为新嘉辟，封宇（莽长子）子六人：千为功隆公，寿为功明公，吉为功成公，安为功崇公，世为功昭公，利为功著公。大赦天下……又按金匮，辅臣皆封拜……安阳侯王舜（莽之堂弟）为太师，封安新公……丕进侯王寻为大司徒，章新公……成都侯王邑（莽之堂弟）为大司空，隆新公……京兆王兴为卫将军，奉新公……京兆王盛为前将军，崇新公。凡十一公……封王氏齐（即五服之一）之属为侯，大功为伯，小功为子，缌麻（五服中最轻的一种）为男……"王莽家族累世为官、执掌朝野的盛况为其时人人追求仰慕。

第三类镜铭为"桼言"，铭文多为："桼言之始自有纪，长保二亲和孙子，辟去不羊（祥）宜贾市，寿如金石西王母，从今而往乐乃始。""桼言"即"七言"，为当时铭文的七言句式。

第四类为镜铭中的"宜古（贾）市"，在一定程度上反映了汉代会稽地区的商品意识和商品经济。

（二）题记姓名——神兽带镜的铭文

题记姓名指神兽带镜的铭文和榜题，既题记作镜者姓氏，又标示画面图像的名称，如温州白象镜铭文末尾的"赵"为作镜匠师姓氏，而柏师镜的铭文体例则均为榜题形式。其榜题可分为两方面的内容，其一是标明镜师姓氏及参与作镜的方式。这种在产品上标明姓氏作坊的表述方式经历了一定的演变过程：起始时于铭文末尾注明姓氏，如"赵"；其后于榜题中标注直接制作的匠名，如"柏师作""王女朱师作兮"；再后则在铭文带中以匠师作坊名号起首，如"＊＊作镜"。其二是介绍所指图像的名称，如"辟邪""铜柱"等。此种体例与画像石中榜题的"题名"相同，即"题记姓名"，其功能也与画像石中榜题相同，即刻于画像旁介绍具体人物、事物名称、内容，帮助读者确知画像的内容。由此可见，会稽铜镜的榜题当与画像石艺术有承袭关系。但画像石中另一类榜题，即为墓主人歌功颂德的"赞"，在铜镜中则没有直接的承继脉络，后者多是讴歌图像内容中的神人瑞兽、标榜铜镜质量、诉说长生不老等心愿，这与其时铜镜作为商品有关，如铭文中刻铸的

1 孔祥星、刘一曼：《中国古代铜镜》，第109页，文物出版社，1984年。

"宜古（贾）市"等内容。

如上所述，柏师镜的榜题既标明了镜师姓氏，又介绍了图像内容，可谓其后画像镜榜题的滥觞，以及画像镜、神兽镜、龙虎镜等姓氏镜铭文体例和神兽镜铭文内容的雏形。对于这种图文结合的表现形式，有学者给予了高度的评价，认为系首次出现的集图像、文字于一体的单幅画面，开创了中国传统艺术里字画结合的表现方式[1]。

（三）姓氏作镜——画像镜、龙虎镜、神兽镜的铭文

会稽镜中有大量的姓氏镜，即在铭文起首即标注姓氏，以强调系由该姓氏的私家作坊铸作的铜镜，充分反映了其时以私家铸镜业为代表的民营手工业的兴盛。众所周知，会稽地区的民营手工业早在吴越时期已经产生并得到较快发展，且种类较多，如丝织、造船等，尤以冶铸业最为著名，产品具有极大的市场。汉代，会稽也是商品经济较为发达的地区之一。西汉前期，中央政府间或允许郡国和民间铸钱，文帝时废除《盗铸钱令》，将巴蜀严道铜山赐给邓通开采，吴王刘濞也在豫章铜山鼓铸，一时"吴、邓钱布天下"，间接揭示出当时商品流通对货币的需求之广。从东汉开始，社会分工有了进一步的发展，民间手工业者不断从农村中分化出来，向城市集中，成为独立的手工业者，并产生了商品萌芽。一些器物开始在铭文中刻明器主、匠名及价格等内容，会稽镜中即屡见"宜古（贾）市"铭和以姓氏起首的镜铭，如柏氏、杜氏、周是、石氏、驺氏、田氏、尚方及蔡氏等，不难想见其时铸镜业在民间的普遍程度。据研究，汉代商品经济已发达到在一定程度上出现利润率平均化的趋势，在这种条件下，不仅投资金额较大的盐铁、林牧、行商各业容易获得巨额利润，就是一些店铺业、饮食业和其他薄技小业也同样可以赢利致富，如"张氏以卖酱而隃侈，质氏以洒削而鼎食，浊氏以胃脯而连骑，张里以马医而击钟。"[2]因此农民纷纷"背本趋末"，权贵"云行于途，轂击于道"[3]，文士"多去文学而趋利"[4]，形成了汉人独具特色的商品意识[5]。会稽姓氏镜的兴盛盖亦如斯。

画像镜、龙虎镜及部分神兽镜的铭文也相当程式化，除沿袭神兽带镜的榜题体例、在画面上标示图像名称外，多于镜缘刻铸周铭，并以作镜者姓氏起首，即"＊＊作镜"（也有的为"尚方作镜"），其余内容相同，均为"四夷服，多贺国家人民息，胡虏殄灭天下复，风雨时节五谷熟，长保二亲得天力，传告后世乐无极"，表现出较强的同一性。镜铭中相同的内容始见于王莽时期的王氏镜，如《中国铜镜图录》著录一面博局镜，铭文为"王氏作镜四夷服，多贺新家民息，胡虏殄灭天下复，风雨时节五谷熟，长保二亲得天力，官位尊贵蒙禄

---

1 杨金平：《东汉铜镜和画像石的图像比较》，《东南文化》2005年第5期。

2 《汉书·货殖传》。

3 《盐铁论·刺权》。

4 《史记·货殖列传》。

5 王彦辉：《汉人的商品意识及其历史作用》，《东北师范大学学报》1994年第1期。

食，传告天下乐毋极，大利兮。”按：王氏镜是典型的莽式镜，亦是我国最早的姓氏镜，出现在与我国最早纪年镜（居摄、始建国）同时的年代。会稽地区虽未见王氏镜，但于其后的东汉早中期沿袭了王氏镜的铸作体制，风行其铭辞，仅出于朝代更替而将“王氏”改为所在作坊的姓氏，将“新家”改为“国家”而已。

通过与《汉书·王莽传》相对照，就会发现画像镜、龙虎镜及部分神兽镜铭辞的核心内容如“四夷服”“人民息”“胡虏殄灭”“天下复”“风雨时节”“五谷熟”等均与王莽时的史实相符[1]。之所以在百年之后乃至三国及其以后时期仍见使用，或许和这段史实与民众的愿望紧相契合有关。与此相似的情形也表现在汉画像石的题材上，西汉晚期至东汉中期，特别是西汉晚期至东汉早期画像石流行“胡汉战争图”题材，且与铜镜铭文一样，均延续至时过境迁的时期。有学者认为，画像石上“胡汉战争”本是宗庙中的画像，早期汉代墓地祠堂中的画面只是宗庙画像在墓地祠堂中的习惯性延续，以后逐渐变成了一种纯粹装饰意义的画像，失去其本身的存在价值。东汉中期前后，这类图所占面积明显减少；东汉晚期，祠堂画像中已见不到“胡汉战争图”，这种失去意义的画像题材已与祠主车马出行图结合在一起，变为与原来的“胡汉战争图”图像学意义完全不同的另一种画像（汉军河桥水陆交战图，本书著者注）[2]。只不过，铜镜铭辞内容相对固定、不见增减，不似“胡汉战争图”作为画像石的题材随时间的推移而面积减小、地位降低。

铭文中的“长保二亲得天力”“长保二亲乐无极”等内容，则与汉时推行的以“孝”治天下的政策有关。汉武帝即位后排斥黄老，独尊儒术，其核心内容就是“仁孝”。东汉时期对孝道的推行更是过犹不及，其时所实行的“举孝廉”制度，即将“孝悌”列为选拔、任用官吏的最重要的标准，因此士大夫们无不想方设法博取“孝悌”之名以期飞黄腾达。汉画像砖、石的兴盛便是孝道的产物，铜镜铭文中充斥“孝”的内容亦属必然之事。

（四）吾作明镜——神兽镜的铭文

东汉时期，常见于画像镜、龙虎镜上的姓氏镜铭及七言体铭辞在神兽镜上逐渐演变为纪年铭文带，同时以方枚上每枚二字或四字合为以“吾作明镜”起首的四言体铭辞。内容也从东王公、西王母变为天皇五帝、黄帝、伯牙，由祈盼天下安定、生活富足转而标榜冶铸精湛、质量上乘及祈求长生富贵、子孙番昌等。纪年铭文带主要包括铸镜年月、匠师籍贯姓氏、广告语、祝词、神仙故事等，体例、内容均更为丰富多彩，如“吾作明镜，幽湅宫商，周罗容象，五帝天皇，白牙弹琴，黄帝除凶，朱鸟玄武，白虎、青龙，服者豪贵，延寿益年，子孙番。建安十年造。”“吾作明镜，幽湅三商，周刻无亟，配象万疆，伯牙作乐，众神见容，天禽并存，福

1 王纲怀：《莽式铭文镜（三）》，《收藏家》2008年第7期。

2 信立祥：《汉代画像石综合研究》，第129 136页，文物出版社，2000年。

禄氏（是）从，富贵常至，子孙潘（蕃）倡（昌），曾（增）年益寿，其师命长，惟此明镜，□出吴郡，张氏元公，千练白斛，刊刻文章，四器并（文未完）。”

东汉铸镜等手工业发展情况已如上述，紧随其后的孙吴因在特定时期实行世袭领兵制、奉邑制、复客制及工匠征调制等特定制度，也在一定程度上推动了民营手工业的发展，并呈现出半官半私的特征。如孙吴时推行的世袭领兵制使得领兵将领必须自行解决所领家兵、私兵的供养和军费，国家并不统一供给，因此，铸镜工匠或隶属于世袭将领或隶属于朝廷作坊，常常随领兵将军或政治中心的迁移而定居并设坊铸镜。孙吴时期存在一类将军镜，如沿用魏黄初年号的黄初二年镜，镜纽上有针刻铭文“上大将军校尉李周镜”，周铭为“黄初二年……扬州会稽山阴师唐豫命作镜……”[1]；再如金华古方窑厂出土三国吴永安七年神兽镜，铭文为“永安七年九月三日……将军杨勋作镜……”[2]。杨勋或李周当是其时的将领，铜镜应为军中工匠所铸。各地铜镜出土情况也表明孙吴西晋的镜师往往在几个地区铸镜，著名的有：会稽山阴的鲍唐曾在武昌作镜，山阴鲍氏镜在日本也有发现；京口的陈氏曾分别在武昌、京口、日本作镜；吴县柏氏、周是、张元等匠师在山阴作镜，故所作镜多在绍兴地区出土。

不独铜镜，孙吴的兵器也可以私铸、私属。就相关管理体制而言，汉、曹魏及蜀汉均设有掌管冶铁及武器钱币农具等的司金中郎将，唯孙吴未设，如《三国志·吴书·诸葛恪传》载：丹阳“地势险阻，山出铜铁，自铸甲兵。”以弩机为例，孙吴时的弩机直接镌刻价值或价格，如镇江出土之孙吴嘉禾六年弩机，悬刀上刻有“直一万司马王隋平”，不仅标明了所属，还注明价格，这就使其具有商品性，允许流通买卖[3]。兵器尚且如此，日常用品的铜镜自不待言。山阴镜师所铸镜中还有记镜的大小的，如武昌出土黄初二年半圆方枚神兽镜铭：“黄初二年十一月丁卯塑廿七日癸巳，扬州会稽山阴师薛豫命作镜，大六寸清圜，服者高迁，秩公美，宜侯王，子孙番昌。”“大六寸”即镜的大小，该镜今实测为13.1厘米[4]，可见尺寸大小可能也是当时评价铜镜的质量或价值的一个标准。有的还在镜铭中明示价格，如传鄂州出土的传世黄龙三年（231年）重列神兽镜，铭为：“黄龙三年六月七日□作新六五镜，□□□卿公，可卖大□千二，奏明吴国孙王……”[5]。而在其时的铜镜上商品化的字句更属比比皆是：“吾作明镜，幽湅三商”，是标榜镜子的铜料经过精炼、铸成的镜子非常明亮；“周罗容象，五帝天皇，白牙弹琴，黄帝除凶，朱鸟玄武，白虎、青龙”，是说服买者镜子上刻画如此多神仙瑞兽会使镜子具有非凡的驱邪护佑功能；“服者豪贵，延寿益年，子

1 鄂州市博物馆：《鄂州铜镜》，第78页，中国文学出版社，2002年。

2 王士伦、王牧：《浙江出土铜镜》（修订本），图版72，文物出版社，2006年。

3 毛颖：《浅谈古代吴地的民营手工业》，《东南文化》2008年增刊；《从弩机铭文看孙吴时期兵器制造的建置与管理体制——兼与魏蜀比较》，六朝城市与交通学术研讨会论文，2006年。

4 鄂州市博物馆：《鄂州铜镜》，第78页，中国文学出版社，2002年。

5 董亚巍：《浅谈鄂州镜的塑与铸》，《鄂州大学学报》2000年第2期。

孙番昌”，更是说使用此镜能让人富贵吉祥、长生不老、子孙兴旺。真是铜镜虽小，神力无边，铸镜者如此用心良苦，无非是为了宣传产品、招徕顾客罢了。

二、铭文书体

在中国文字发展史上，两汉至魏晋是一个重要的转折期，此时汉字结束了以小篆为殿军的古文字时代，开启了文字学史上的隶楷阶段。通观汉字的发展史，这种从篆到隶的变化对文字特别是字形结构的影响最为剧烈，因为篆书的主要构形基于象形，但在隶定过程中无法继续遵循这一原则，从而导致字形结构发生重大变化。裘锡圭《文字学概要》一书指出：“在汉字形体演变的过程里，由篆文变为隶书，是最重要的一次变革。这次变革使汉字的面貌发生了极大的变化，对汉字的结构也产生了很大影响。”[1]两汉时期以隶书为主，辅以草书。大约在东汉中期，又从日常使用的隶书里演变出了一种比较简单的俗体，学者们称之为“新隶体”[2]。东汉晚期，在新隶体和草书的基础上形成了行书。大约在汉魏之际，楷书出现，但隶书和新隶体并没有很快就丧失它们的地位，其后历魏晋长达200年左右的时间，楷书才最终发展成为占统治地位的主要字体。这种新旧字体共存的现象在文字发展史上极为普遍，“新的字形出现以后，旧的字形往往迟迟不退出历史舞台。”[3]因此，这种从篆到隶再到楷的演变，自两汉至魏晋，持续了相当长的一段时间，形成了两汉至魏晋特别是东汉中晚期文字发展过程中数体并存、纷繁复杂的格局。

铜镜铭文的四次大变革，也以西汉晚期到东汉末为一重要阶段，其间铭文空前盛行，书体也由原来的篆体或隶中带篆演变为成熟隶书。特别是王莽改制，促使古文字在西汉末完成了向今文字的隶变。“及亡新居摄，使大司空甄丰等校文书之部，自以为应制作，颇改定古文。”（《说文解字》序）其对汉字使用的影响一直延续到东汉早期，以致彼时的简、牍、镜铭中不仅篆隶并存，还有一些特殊的用字现象，如“四”作“亖”，“七”作“桼”等；而其后三国两晋的铜镜铭文只是沿袭东汉，并无新意[4]。

会稽镜铭文书体演变大致如下：西汉晚期至东汉初期，镜铭字体近汉隶而有小篆笔意，也有简画省笔的现象，但比西汉文体更接近书写文体。早期博局镜文字书体多为无波磔隶书，略带减笔，较少见精美汉隶。王莽时博局镜铭文已是容易认读的“今文字”，比较规范，反书或错别字较少，也较少通假，笔划多的文字偶有减笔。有笔端出尖的隶书，即“莽隶”，这在会稽博局镜上较为多见，尤其是竖笔出尖。至于王莽天凤年间问世的悬针篆，

1 裘锡圭：《文字学概要》，第82页，商务印书馆，1988年。

2 裘锡圭：《文字学概要》，第74页，商务印书馆，1988年。

3 裘锡圭：《文字学概要》，第78页，商务印书馆，1988年。

4 王士伦、王牧：《浙江出土铜镜》（修订本），第38页，文物出版社，2006年。

于各地铜镜上均较少得见。该书体为小篆的一种，也叫“垂针篆”，典型特征为“竖画收笔出锋”，锋如钢针倒悬。《浙江出土铜镜》（修订本）彩版6“汉有善铜”博局镜、图版10“汉有善铜”博局禽兽镜、图版15“桼言”博局四神镜等镜铭文，字体竖画出锋长而细劲、坚挺，恰有钢针之形，疑即悬针篆。

汉六朝时期会稽镜的书体特点还有通假、省偏旁、错别字、缺字、残句、减笔、潦草等现象，这其中既有古代可供使用的文字少因而导致通假的局限，也有约定俗成、习惯使然而采用同音或近音字的原因；既与铜镜铸造时的特殊性带来的刻字难度有关，同时也与工匠水平欠缺、随意选拼抄刻、经营布局失当有关。总体来说，画像镜、龙虎镜铭文虽也有减笔、通假、漏字、省偏旁、反写等现象，但大都有规律可循，容易释读。神兽镜则不然，其减笔现象愈演愈烈，特别是东汉末期的半圆方枚镜，每个方枚上刻写四字，于是工匠就一省再省，直至无法辨别。加之铸镜工序复杂，容易造成字迹模糊，更使得铭文难以辨识。如1989年龙游寺底袁东出土汉建安四年同向式神兽镜不仅字体潦草，而且减笔甚多[1]。有些镜铭以至于不易识读。对此前人研究较多并有详细列举，此不赘述。

三、铭文体例

（一）镜铭句式体例

对镜铭句式体例的认识，是在古代著录过程中逐渐形成的，源于发现其具有的诗辞特征。最早的如北宋王黼编撰《宣和博古图》，将其归入“诗辞门”，钦定四库全书《重修宣和博古图》卷二十八共收录有汉代铜镜12面。具体的汉七言诗体镜铭见于宋代姚宽的《西溪丛语》，其后明清及近现代皆有著录和收集，有突出其古器物价值的，也有突出其书法价值的，还有将之收入文集揭示其文学地位的[2]。陈直《汉镜铭文学上潜在的遗产》一文指出：“汉镜的铭词是两汉文学上最美丽的作品，也是两汉文学上潜在的遗产……其体例有三言、四言、六言、七言及乐府歌辞式五种……。”[3]此五种体例在会稽镜铭文中全然具备，尤以四言和七言居多。前者多用于半圆方枚神兽镜，或为每枚四字合为四言体铭文，如“吾作明镜幽湅三商”“利父宜兄仕至三公”之类；或为周铭作四言体，也如“吾作明镜幽湅三商”“盖惟货镜变巧名工”之类；也有的前半段纪年号匠名后半段接四言体铭文，或前后次序颠倒，四方体置于铭文带首。后者多见于画像镜和龙虎镜。

需要指出的是，镜铭种类及其数量与镜的数量间并无直接联系，除去姓氏、年月、榜题

1　王士伦、王牧：《浙江出土铜镜》（修订本），图版65，文物出版社，2006年。

2　参阅胡淑芳：《汉代铜镜铭文中的七言诗》，《湖北大学学报（哲学社会科学版）》2005年第4期。

3　陈直：《汉镜铭文学上潜在的遗产》，《文史哲》1957年第4期。

等内容有所不同外，镜上铸铭大多为重复相同铭文的诗句或篇章，且并不追求经营布局，常因计算失当而致使铭文内容或残缺或有增赘[1]。

（二）七言句式体例

会稽镜铭文体例多为七言句式，其特点是有整齐的七言句式，注意到了用韵，结构完整，在音顿、节奏等方面与传统七言诗相同，仅个别镜的个别区多一个“哉”或“兮”的语气词，也有的在七言句后再缀以三言体句，较常见的有“上大山，见神人”或“饮玉泉，饥食枣”等；但也有的属于布局失当而致铭文残缺，并非后缀，如绍兴出土东汉博局禽兽镜铭作“汉有善铜出丹阳，取之为镜清且明，左龙右虎备四旁，朱爵（雀）玄武顺阴阳，八子”即属此例。

通观会稽镜七言体铭文，其用韵主要有四个特点：其一，一韵到底；其二，除一句用韵不同外，其余各句均相同；其三，全铭两个以上音韵、并有换韵现象；其四，不合音韵。例如：博局镜中“尚方御镜”为句句同韵、一韵到底，铭作“尚方御竟大毋伤，巧工刻娄成文章，左龙右虎辟不详，朱鸟玄武调阴阳，子孙备具居中央，长保二亲乐富昌，寿敝金石如侯王”，全铭押“昂”韵；“尚方作镜”则为除一句外余句同韵，铭作“尚方作竟真大巧（好），上有仙人不知老，渴饮玉泉饥食枣，浮游天下敖四海，寿比今石为国保”，除第四句外，余均同韵；“桼言”镜与其相同，铭作“桼言之始自有纪，长保二亲和孙子，辟去不羊（祥）宜贾市，寿如金石西王母，从今而往乐乃始”；“汉（新）有善铜”镜也是如此，除第二句不同韵外，余均为“昂”韵；画像镜、龙虎镜中流行的“＊＊作镜四夷服，多贺国家人民息，胡虏殄灭天下复，风雨时节五谷熟，长保二亲得天力，传告后世乐无极”，全铭有“乌”“衣”两个韵，有换韵现象。

半圆方枚神兽镜中方枚合文及周铭也有用韵现象，如“吾作明镜，幽湅宫商，周罗容象，五帝天皇，白牙弹琴，黄帝除凶，朱鸟玄武，白虎、青龙，服者豪贵，延寿益年，子孙番（昌）”，其间以“镜”“琴”同韵，“商”“象”“皇”最后归为“昌”同韵，“凶”“龙”同韵，仅“武”“年”在各组中不同韵，其间四次换韵。对于这种情形，有学者在研究博局镜铭文时提出，某些尾字音韵在用普通话读不协调时，若以陕西方言读就不会有问题[2]。由此推论，对于会稽镜的铭文用韵，特别是会稽地区盛行的画像镜、龙虎镜、神兽镜等的铭文，如果按其时的会稽方言或吴地方言读，也应该是同韵的。

用韵现象在周代青铜器铭文中即已存在，胡小石言：“齐人好用阳唐韵，楚人好用之

1　参阅胡淑芳：《汉代铜镜铭文中的七言诗》，《湖北大学学报（哲学社会科学版）》2005年第4期。

2　转引自王纲怀：《莽式铭文镜（一）》，《收藏家》2008年第5期。

韵。”[1]如对会稽旧地吴越地区青铜器颇有影响的春秋徐国青铜礼乐器铭文，皆“文辞至简，用韵特精”，辞藻华丽，措辞典雅、犹存《诗经》遗韵[2]。吴越等国当时受其影响，青铜礼乐器铭文也有用韵或局部用韵现象。因此，一方面自《诗》、楚辞而至汉乐府，另一方面自两周青铜器而至两汉青铜镜，诗辞体例以两种方式流传并臻于成熟：一由文人辞赋；一由器物铭文。

这也就引出了有关汉镜铭七言体诗句与汉七言诗之关系，即两者孰先孰后、孰源孰流，或是否有先后、源流、影响的关系，还是互为因果、互相影响、同生共进？我们知道，七言诗与五言诗均经历了自民间歌谣、到文人仿作、再到被引入歌坛的历程，而对于汉镜铭与七言诗的关系，相关研究则表明了两种意见：一种意见认为，汉代的铜镜首先是专供宫廷御用的宝器，后来随着冶金、铸造、商品流通等工商业的发展才逐渐在民间流行，铜镜（特别是“尚方”镜）的原始设计乃是出自朝廷的尚方机关，而不是民间的工匠。因此，铜镜上的七言诗铭文，并不是民间歌谣，而极有可能是出自宫廷御用文人的精心撰作[3]；另一种意见则认为，汉代铜镜铭文七言诗既不是纯粹的民间歌谣，也不属于文人的独立创作，它是在民间歌谣基础上融入专业艺术家艺术智慧的产物。汉代铜镜铭文七言诗正处在七言体诗歌由民间歌谣向文人仿作发展的过渡阶段，其形成的时间，至迟可以上溯到西汉中期[4]。

（三）七言体句式的缘起及成因

与其他地区一样，会稽镜铭也以七言句式构成的诗歌数量最多。据研究，这种选择，在很大程度上取决于由七言句式构成的诗歌形式能够更充分地将祈祷和祝愿的内容表达出来，从而造成一种无以复加的语言表达效果[5]。通观我国古代诗歌发展史，如果说商周时期敬天、畏地、尊祖先的祭祀文化下的礼乐器铭文、骚体楚辞，秦汉时期祈求长生渴望升仙的神仙思想下的铜镜铭文和内容丰富多彩的两汉乐府，催生了古代三言、四言、五言、六言和七言句式的诗体；汉以后六朝寄情山水的山水诗则对五言体情有独钟；而降至诗歌鼎盛的唐代，诗人们更多地选择了七律、七绝等七言体。因此，从某种意义上说，七言体在汉唐两代最为兴盛。事实也是如此，在中国历史上，汉唐两代极为相似，均国力强盛，气魄雄大，文化多彩，其雄浑的时代特征、丰富的精神生活，唯七言体形式的诗歌才能充分地予以表达。

这一认识早在汉代即已形成，如绍兴上蒋凤凰山出土的“桼言”博局镜，铭文作“桼

1 胡小石：《胡小石论文集》，第171页，上海古籍出版社，1982年。

2 何琳仪：《吴越徐舒金文集释简评》，《考古》1995年第10期。

3 胡淑芳：《汉代铜镜铭文中的七言诗》，《湖北大学学报（哲学社会科学版）》2005年第4期。

4 李立：《汉代七言体铜镜铭文文体学意义初探》，《学术交流》2002年第6期。

5 李立：《汉代七言体铜镜铭文文体学意义初探》，《学术交流》2002年第6期。

言之纪从镜始，长葆二亲利孙子，辟去不祥宜古市，寿如金石耈王母，乐乃始。”[1]铭文中的“桼言之纪从镜始”意即用七言结构句子的文辞表达形式，是自汉代铜镜铭文（诗歌）开始的。这意味着，汉代铜镜铭文七言诗是最早的完整的七言体诗歌，也意味着秦汉及秦汉以前即已存在的由三言起头、以七言为主的诗歌形式，是汉代铜镜铭文七言诗的直接源头，七言体诗歌即是由其演变而成。再如扬州出土博局镜，铭作“令名之纪七言止，湅冶铜华去无宰，铸成错刀天下喜。安汉保□世毋有，长□日进宜孙子。”[2]首句“令名之纪七言止”即明确指出用“七言”记述“令名”能够达到最好的效果。“桼言之纪从镜始”“令名之纪七言止”这两句镜铭，正揭示出七言体诗歌由以七言为主的杂言体向完整的七言体演变的轨迹。

按：“七”在中国古代传统文化中是一个有着特殊内涵的数字，对“七”的选择、偏爱与使用，是中国古代特有的文化现象。《易·复卦》云：“反复其道，七日来复。”意思是说，数字“七”是“道”往复运行一周的数，是“道”运行轨迹的极点[3]。因此，在信奉道家学说的汉代，也将“七”视为事物发展的极致，而七言体句镜铭也随之风行于两汉版图，北至甘肃、西至四川、南至广州均有发现，充分反映出汉朝政权大一统下文化的同一与传播。会稽镜铭理所当然也深受影响，在呈现共性文化特征的同时，又以神兽镜铭文充分体现出时代特征和地域特色，特别是其丰富的内容涵盖了纪年、姓氏、地名、祈愿、叙事、夸耀等诸多方面，为研究那一时期会稽地区的冶铸、信仰、风俗及手工业、商品经济等提供了重要资料。

第四节　会稽镜铸造

铜镜铸造研究属于青铜器铸造研究的范畴。《周礼·考工记》中已有对铜镜合金配比的记载，汉《淮南子·修务训》，后汉高诱注《吕氏春秋·召类》，唐《太清石璧记》，宋沈括《梦溪笔谈》、赵希鹄《洞天清禄》，明宋应星《天工开物》、冯梦桢《快雪堂漫录》、曹昭《格古要论》、方以智《物理小识》，清谷应泰《博物要览》、郑复光《镜镜詅痴》等均有相关记载和阐述。对铜镜工艺的科学考察约始于20世纪前半叶，日本学者近重真澄、小松茂、山内淑人，我国学者梁津等曾先后对古镜合金成分作了一些考察；其后，梁上椿对其铸造工艺作了进一步探讨，使人们对中国古镜技术有了一定程度的了解[4]。新中国成立后，

1　王士伦、王牧：《浙江出土铜镜》（修订本），彩版5，文物出版社，2006年。

2　王勤金、李久海等：《扬州出土的汉代铭文铜镜》，《文物》1985年第10期。

3　李立：《汉代七言体铜镜铭文文体学意义初探》，《学术交流》2002年第6期。

4　梁上椿：《古代铸镜技术之研讨》，《大陆杂志》第3卷第11期，1951年。

随着考古发掘的深入开展，出土铜镜资料的不断增多，对铜镜的综合研究和技术考察有了丰硕的收获，特别是对铜镜技术所作的科学分析和研究取得了突破性进展，有关会稽镜的铸造技术也相应地得以逐步揭示出来。

一、冶炼技术

两汉至东吴时期的会稽镜含锡量一般较高，含铅量较低，工艺程序大致为：选料、配料—熔炼—铸造—热处理—刮削、研磨—“开镜”、使用。

铜镜的产量与质量首先与铸镜的铜料密切攸关。会稽邻近丹阳，而丹阳则是两汉至东吴时期铸镜铜料的主要产地之一，流行的汉镜铭文中即有“新（汉）有善铜出丹阳”之句；《汉书·地理志》载西汉政府在丹阳郡设“铜官”，且是全国唯一的铜官；《汉书·吴王濞传》亦确记吴王濞时此处采铜之盛；《三国志·吴志·诸葛恪传》也记载吴国丹阳“山出铜铁，自铸甲兵”，说明丹阳在吴时仍是铸造业铜料的主产区。这里所说的“丹阳”，并非是指今日之江苏丹阳，而是指安徽境内长江南侧的古丹阳郡，《汉书·地理志》载汉武帝元封二年（公元前109年）“改故鄣为丹阳郡，郡治苑陵（今安徽宣州）”，其地理位置相当于今天安徽长江以南、江苏大茅山及浙江天目山以西、浙江新安江支流五强溪以北区域，其行政范围包括皖南全部并延伸至江苏南京、句容和浙江吴兴一带。自20世纪80年代安徽铜陵汉丹阳郡的辖区内发现开采铜矿的遗址以来，现经考古发掘的汉代采矿、冶铜遗址累计已达20万平方米。据1987年铜陵金牛洞发掘情况分析，当时在找矿、探矿、井巷支护、通风照明、排水等方面都体现了较高技术。这些证实了汉丹阳郡正是古“丹阳铜”的主要产地，其具体位置应是今安徽之铜陵[1]。

会稽镜铸造前的铜料获得经历了怎样的辨脉找矿、开采铜锡、精工冶炼阶段，在镜铭中有形象的描写，如绍兴、金华出土东汉环状乳半圆方枚神兽镜，周铭作“盖惟货镜，变巧名工。攻山采锡，伐石索铜。□火炉冶，幽湅三商。”也有的镜铭作“破山采锡，仗石索铜，丹火炼炉，幽湅三商。”“攻山采锡，伐石索铜”说的是开采铜锡，“丹火炼炉，幽湅三商”说的是如何熔炼，虽然是为了标榜质量而作的宣传，但也揭示了铜料和熔炼对铜镜质量的重要性。

对铜镜合金成分的著录最早见于《考工记·六齐》之“金锡半，谓之鉴燧之齐”，其后各代文献及出土镜铭多有以铜配锡铸镜的记载。对此所作的科学分析始于20世纪二三十年代，研究成果表明：西汉中期到五代铜镜的平均成分为铜72.46%、锡22.273%、铅4.881%，多不含锌或含锌量极低，且成分相对稳定、相对集中，显示为最佳的铸镜合金。但同时也引发了对“六齐”的争议，形成了“金锡各半”和“金一锡半”两种意见[2]。

1　安徽省文物考古研究所、铜陵市文物管理所：《安徽铜陵市铜矿遗址调查》，《考古》1993年第6期；《安徽铜陵金牛洞铜矿古采矿遗址清理简报》，《考古》1989年第10期。

2　何堂坤：《中国古代铜镜的技术研究》，第59页，紫禁城出版社，1999年。

与铸剑需要加锡以确保硬度和锋利程度一样，铸镜原料中加入一定量的锡，可使铜镜既白且坚易于磨拭，同时凝固时收缩体积小，耐腐蚀，氧化后形成薄膜，起到保护铜镜的作用。浙江省博物馆对馆藏东汉神人画像镜所作成分检测表明，该镜含铜（Cu）54.86%、锡（Sn）25.51%、铅（Pb）4.59%，铜含量平均低于一般汉镜10个百分点以上，锡、铅含量虽与其他汉镜相近，锡、铜比例却明显高于其他汉镜；铜、锡、铅总量仅占试样的85%左右，而其他汉镜则接近试样量的100%。测试结果说明浙江省博物馆所藏东汉神人画像镜试样的含锡量相对较高，合金可能多呈氧化物状态存在，这或许正是为了更好地发挥锡所具有的上述功能吧。

铜镜合金中含有一定的铅的成分，这在镜铭中已有自载，如《西清续鉴甲编》卷一九录一汉益寿镜铭："炼冶铅滓清而明，以之为镜而宜文章……"。又《小檀栾室镜影》卷二录一益寿镜铭："湅冶铅，清而明，以之为，宜文章，延年益寿去不羊……"。铅的作用主要是改善铜液浇铸时的充型性能，确保花纹精细，铸镜时用铅，炼至清而明，效果是"宜文章"，即图纹清晰。据研究，铅含量与镜纽间存在着一定的关系，即铅含量必须随着镜体剖面几何形状的变化而随之改变，原则上小镜含铅量低，大镜含铅量高，小纽镜含铅量低，大纽镜含铅量必须高，否则就会造成废品，因此铅在高锡青铜镜合金里的加入量，对于各种铜镜的品质而言至关重要。至于理想的铅含量，大纽镜一般都会超过6%以上，其中画像镜多在7%以上，而神兽镜更需大于画像镜[1]。

出土铜镜镜铭中还有加银的内容，如"和以银锡清且明"或"炼冶银锡清而明"。刘体智、梁上椿等学者认为此"银"为金属银；何堂坤则认为此"银"是形容词，用以形容锡之白。

从博局镜的标榜铜料上乘，到神兽镜等津津乐道于开采熔炼，会稽镜在重视上好铜料的同时，也越来越强调合金冶炼技术，渐以炼的次数及炼的技法作为某种参数来评判铜镜好坏。会稽镜铭中多有"百炼青铜"等字样，如1982年衢州白坞口出土东吴永安七年半圆方枚神兽镜周铭作"永安七年五月廿四日造作明镜，百炼清铜"；1973年绍兴上游出土东汉环状乳半圆方枚神兽镜周铭有"吴郡胡阳张元……百炼并存"等内容。又，镜铭中常见"幽湅三商""幽湅宫商"等字样，乃侧重于表述熔炼的技法，甚至于颇具神秘性。特别是"幽"和"三商"激发了人们的探究兴趣，"幽"多释为隐蔽玄妙，"三商"则有"三刻"说和"三金"说，前者指时间，即三刻；后者指铜锡铅三种铸镜原料。因而有学者将"幽湅三商"解释为"隐蔽地、神秘地、巧妙地熔炼铜锡铅。"[2]

1 董亚巍：《论古代铜镜合金成分与镜体剖面几何形状的关系》，《全国第五届科技考古论文集》，2000年5月。

2 何堂坤：《中国古代铜镜的技术研究》，第89、97页，紫禁城出版社，1999年。

二、铸造技术

（一）型范

相对于商周时期复杂的青铜礼乐器，铜镜器形简单，制范、浇铸技术难度相对降低，特别是面范尤其简单。会稽镜的铸造分以下程序：制模、翻范、浇铸、脱模等。但有一点值得注意，即当时手工业及商品经济发达，虽然仍是作坊模式，但较多行业内出现了技术分工，如画像石制作工匠队伍中，有被称为“师”的石工和被称为“画师”的画工两种工匠，证明当时画像石制作集团内部已经有了明确的专业技术分工[1]；同样，铸镜匠师特别是神兽镜的匠师中也出现了塑型与铸镜的分工，即塑型与铸造成为两个独立的工种，先由专业从事雕塑的工匠塑造原始泥镜模后，再由专业铸镜的工匠进行翻模、夯范、熔炼、浇铸及加工。著名的如山阴师鲍唐所制分段式重列神兽镜，铭文作“黄武六年十一月丁巳塑七日丙辰，会稽山阴作师鲍唐镜，照明服者也，宜子孙，阳遂，富贵老寿，臣先牛羊马，家在武昌，思其少天下命吉服，吾王干昔□□”，有学者认为鲍为铸镜师，唐为塑模师[2]；湖北鄂州征集的太平三年对置式神兽镜铭也明确记载有塑型师和铸镜师[3]。另见传世泰始十年半圆方形带神兽镜铭文中有“吾作吾型明竟”字样[4]，此“吾型”学术界认为系“吴型”，应为专业塑型师所制。由此可知，当时确有塑型师塑造一个基本模式或标准设计供镜师铸镜使用，因此各地才出土了图像、铭文等相同的铜镜，只是绝大多数镜铭中均只标明一位镜师，易让人觉得铜镜的铸造自始至终由一人完成。但这也从一个侧面反映出模可以共用、可以购买，铸造却主要由铸镜师或由其作坊完成，因而对铜镜的质量、价值至关重要。

迄今所见镜的模范不多，日本学者梅原末治《汉三国六朝纪年镜图说》收录了东汉建安元年（196年）半圆方枚神兽镜和无纪年画像镜的两个镜范[5]，与会稽镜有关。关于其铸作，目前学术界有蜡模和泥模两种观点。如梅原末治针对三角缘神兽镜群中存在大量的同形（范）镜，认为是使用了失蜡法，即熔模制镜；陈佩芬也认为东王公西王母镜的铸作，纹饰类浅浮雕，细部则用线刻，而滑石模易于雕刻，因而首先采用了滑石制模、翻制蜡模、敷范成型、蜡胎流失、浇铸铜液、剖范取镜的工艺流程，这样镜的主体纹样多是凸起的、流畅的

---

1 信立祥：《汉画像石综合研究》，第26页，引罗福颐《他芗君石祠堂题字解释》（《故宫博物院院刊》总二号，1960年）之1934年山东省东阿县发现他芗君祠堂（东汉桓帝永兴二年）石柱题记资料。

2 董亚巍：《浅谈鄂州镜的塑与铸》，《鄂州大学学报》2000年第2期。

3 鄂州市博物馆：《鄂州铜镜》前言，中国文学出版社，2002年。

4 〔日〕梅原末治：《汉三国六朝纪年镜图说》，第105页，桑名文星堂，1943年。转引自何堂坤：《中国古代铜镜的技术研究》，第129页，紫禁城出版社，1999年。

5 〔日〕梅原末治：《汉以前的古镜研究》，内外出版社印刷株式会社，1935年。

细线[1]。另外一些学者则认为，中国古代应用失蜡法铸青铜器虽然早至春秋时期，但是熔模制镜的方法在秦汉魏晋南北朝时期并不兴盛，目前发现的几例镜范均泥质，用泥范铸造青铜器，包括铜镜，是中国的传统（商周在南方有用石范铸器的传统，但铸镜石范至今尚未见诸报道）。王莽以后的浮雕纹饰艺术与前朝不同，是用泥料雕塑好动物或神人的单独形象，再贴到车好的泥镜坯上，翻成阴模后，取掉所贴的形象，模就成为了整体，经修整、压刻铭文，再翻成阳模，就成为具有浮雕纹饰及铭文的整体阳模。以东汉环状乳神兽镜为证，系先用泥料在陶车上车出泥镜坯（包括镜缘、镜纽、空铭文带或者空画文带及镜体的几何形状），再用泥料单独雕塑各种神、兽及半圆、方枚，然后将神兽贴到镜坯上翻成阴模，用半圆及方枚在阴模上压印出纹饰，将神、兽以及其他所贴纹饰从阴模中脱出后，压刻铭文，经修整再翻成阳模后，一枚完整的阳模就完成了[2]。采用泥模铸镜，优点是造型较易，并可视需要制作许多细如纤发、纤毫无失、造型各异的镜背图纹；缺点是一范使用一次，唯图纹简单、烧造较好者，可使用两次或以上[3]。

（二）同形镜

同形镜是指大小、形制、图纹、铭文完全相同的铜镜，在中国、日本出土较多，但对其定名却存有不同的争论，主要有同范镜说[4]、同模镜说[5]、同形镜说[6]等观点。另外还有一类铜镜，图像、大小、铭文均大致相同，仅一些细微处有异，如太平元年镜，方枚铭作太平元年、周铭却作□□四年，时间互相矛盾。对此，有人称之为改范镜[7]，也有认为系分模复印法所致，亦即祖模（阳模）相同，阴模局部调整，多是时间调整，如将丙午另外雕塑成壬午、壬申，于是就成了一个新的阳模，再用来制范浇铸[8]。

迄今发现的同形镜或改范镜中很多为山阴匠师所铸，略举数例：

（1）湖北鄂城出土黄初二年（221年）十一月同向式神兽镜2枚，周铭曰："黄初二年十一月丁卯朔廿七日癸巳，扬州会稽山阴师薛豫命作镜，大六寸清圜，服者高迁，秩公美，宜人侯王，子孙番昌。"现藏鄂州市博物馆[9]。

1　陈佩芬：《中国青铜镜发展概述》，《中国青铜器全集·16·铜镜》，文物出版社，1998年。

2　董亚巍：《论古代铜镜制模技术的三个历程》，《收藏家》2004年第2期。

3　何堂坤：《中国古代铜镜的技术研究》，第113页，紫禁城出版社，1999年。

4　王仲殊：《关于日本三角缘神兽镜的问题》，《考古》1981年第4期；《从日本出土的铜镜看三世纪倭与中国江南的交往》，《华夏考古》1988年第2期。

5　董亚巍：《"同范镜"及其相关问题》，《中国历史博物馆馆刊》1999年第1期。

6　何堂坤：《中国古代铜镜的技术研究》，第128页，紫禁城出版社，1999年。

7　董亚巍：《鄂州铜镜·序》，图版195、196，中国文学出版社，2002年。

8　何堂坤：《中国古代铜镜的技术研究》，第128页，紫禁城出版社，1999年。

9　鄂州市博物馆：《鄂州铜镜》，图版177、178，中国文学出版社，2002年。

（2）山阴师作黄初四年（223年）五月对置式神兽镜三枚。其中二枚藏于日本，出土地点不明：一枚藏于日本东京五岛美术馆，铭为："黄初四年五月壬午朔十四日乙未，会稽师鲍作明镜……"；1枚藏于日本东京国立博物馆，铭为："黄初四年五月壬申朔十四日乙未，会稽师鲍作明镜……"。第三枚为湖北鄂城出土，现藏鄂州市博物馆，铭作："黄初四年五月丙午朔十四日乙未，会稽师鲍作明镜，行之大吉，宜贵人王侯，□服者也□□，今造大母王三。"三枚铜镜大小、形制、图像以及年月相同，仅朔日不同，应系局部改刻而成[1]。

（三）浇铸

虽然会稽镜的浇铸方式未见专文论述，但由相关研究可知，也应采用顶式浇铸法，一套范（面、背）组成一个浇铸系统，每套范可单独浇铸，也可叠置。这种浇铸方式的优点是浇铸系统简单，有时难以区分外浇口、直浇口、内浇口，减少了制范工作量和金属损失；缺点则是易于引起金属飞溅。为确保浇铸过程中铜液均匀充盈及浇铸后的收缩与补缩，某种意义上决定了以各类浮雕为构图技法的会稽镜如画像镜、龙虎镜、神兽镜、四叶八凤镜的一些独特的形制特点，如大纽、凸棱、厚缘、镜面凸起等，而与《梦溪笔谈》等古代文献对于镜面大小凹凸关系的阐述并不相符[2]。

据研究，神兽镜铸造过程中会存在比较普遍的铸件发气现象，发气的部位大多数在镜纽孔之中的泥芯，造成镜背花纹从纽孔的一端至镜缘一段的浮雕模糊不清。此种现象在会稽神兽镜里也比较普遍，特别是同向式、对置式半圆方枚神兽镜较为多见，吴时铜镜尤甚。通过试验后发现，产生这一现象的原因，是由于陶范在倒焰窑停火以后没有及时从热窑中取出，在随窑冷却过程中吸入了热窑地底下蒸发的水蒸气；加之南方潮湿气候下陶范范面容易受潮，合范浇铸时，范面吸入的微量水分绝大部分被注入范腔的高温铜水蒸发成水蒸气，或顺着冒口和范缝、或凭借陶范本身的透气性排出，唯纽孔之中的泥芯被高温铜水包裹严实，其中的水分无法排出，只能顺着铜水与范腔往上升，这就造成了铸件发气现象。因此，在烧制好陶范以后必须采取热出冷浇工艺，即陶范需在350℃以上时从热窑中取出，放置在干燥的地面上进行自然冷却，待彻底放凉后浇铸，方能避免上述缺陷[3]。

（四）铸镜吉日

不仅如此，铜镜的成功浇铸，尚取决于诸多其他因素，如季节、天气、环境等，而这

1 何堂坤：《中国古代铜镜的技术研究》，第129页，紫禁城出版社，1999年。

2 董亚巍：《试论镜纽的演变过程与镜体剖面几何形状的制约关系》，《全国第五届科技考古论文集》，2000年5月；《试论古代铜镜镜面凸起的成因及其相关问题》，《文物保护与考古科学》2000年第2期。

3 董亚巍：《中国南北气候差异对古代青铜镜铸造质量的影响及其相关问题》，《东南文化》1999年第2期。

在古代又往往通过一些玄妙的方式加以渲染，比如选择某个吉日铸镜。清桂馥《札朴》卷八“古镜文”条说：“五月丙午，冶家之吉日良时也……是年遇丙午，则《吴越春秋》铸剑所谓候天伺地也；若不遇丙午，亦取其利市耳。”在阴阳五行学说盛行的汉代，铸镜吉日的选择十分重要，所谓五行生克，铸镜用铜，铜为金，金为火克，因此其日当为火日，丙午日阳火尤佳，有的镜铭中甚至还标明为日中午时，如嘉兴元年镜，其铭文明确指出“……五月丙午，时加日中，造作明镜。”所谓“五月火正”（《淮南子·天文训》），丙、午为火（《左传·昭公十七年》），日中为午也属火，选择其时铸器，“以阳召阳”，可谓阳火极盛之时。丙午五行属水，正好形成火克金、金生水的五行生克。

阳燧也有于五月丙午日铸制的记载。王充《论衡·率性篇》云：“阳燧取火于天，五月丙午日中之时，消炼五石，铸以为器；磨砺生光，仰以向日则火来至。此真取火之道教也。”

会稽镜铭文中也不乏载明“丙午作镜”的例子，如1981年浙江龙游出土东汉环状乳神兽镜方枚铭文作“吾作明镜，幽湅三商，丙午□□”[1]，周铭中无纪年，无法核实；浦江出土东吴赤乌对置式神兽镜铭文为“□赤乌□年王（疑为五，本书著者注）月丙午朔□日造作此镜，服者吉□。”[2]也有的年为丙午而月为他日，如1973年衢州横路出土东吴黄武五年重列神兽镜，周铭：“吾作明镜……宜吉祥位至公美侯王官位禄寿当万年而愿即得长□黄武五年太岁在丙午五月辛未朔七日天下太平吴国孙王治□□太师鲍唐而作。”[3]

铸镜吉日似有时代和地域特征：时代上，东汉时铸镜干支纪日多与实际历法相符，孙吴后则多与历法不合，有的甚至阴差阳错；地域上，会稽镜标示丙午日的少于武昌镜，虽然后者也多山阴镜师所作。另外，镜铭为广汉西蜀所作者也较多标明为丙午日造作。分析起来，这当与铜镜流行所处的时代有关，武昌所作镜及广汉西蜀镜多为神兽镜，时代上稍晚于会稽镜。

事实上，镜的铸成并非是一朝一夕之事，从制母模到阴模刻铭到浇铸成镜坯，以及其后的表面处理等都需要时间，所以镜铭上所铸的日期不能作为具体的铸镜日期，只能认为是制作阴模的大概日期[4]。因此，无论朔日相符与否，都反映了其时的阴阳五行思想，恰如清人桂馥《札朴》卷八“古镜文”条所言“取其利市耳”，说得再通俗点，借吉言讨口彩而已。这也从一个侧面说明，真正要在丙午日铸镜不是一件易事，况且并非每年都有五月丙午日，故六朝以后渐以序数日代替，即某月某日，多为五月五日，因五月五日午时年年都有。“汉人的五月丙午，随着干支纪日法之最后让位于序数纪日法，已变成了唐人的五月五日，就如同三月上巳修禊变成了三月三日”“五月五日仍是阳盛之意”[5]，这样就达致了愿望与实际的相符合。

1 王士伦、王牧：《浙江出土铜镜》（修订本），图版49，文物出版社，2006年。

2 王士伦、王牧：《浙江出土铜镜》（修订本），图版77，文物出版社，2006年。

3 王士伦、王牧：《浙江出土铜镜》（修订本），图版61，文物出版社，2006年。

4 董亚巍：《“同范镜”及其相关问题》，《中国历史博物馆馆刊》1999年第1期。

5 庞朴：《“五月丙午”与“正月丁亥”》，《文物》1979年第6期。

三、表面处理技术

（一）机械加工

在铜镜的制作流程中，铸造与装作两者缺一不可，浇铸结束只意味着成功了一半，意外和失败随时都会发生，如浇铸时镜体各部分冷却不均，浇铸速度过高等；若铸型设计不当就会更严重；热处理操作欠妥如淬火入水角度、速度失当，就会导致铜镜镜坯产生一些缺陷，如气孔砂眼、金属未填满型腔甚至镜体变形等[1]。因此，镜坯脱模后的铸后加工及表面处理也至关重要，主要有校正镜形，填补表面气孔和沙眼，并用切削、刮削、研磨等方式使镜面致平、致光。

有学者通过对鄂州地区出土汉六朝铜镜的观察与研究，发现铜镜镜面所呈现的往往不是铸态而是加工态，背面的外缘及纽上有明显的加工痕迹，即一圈圈很细的磨痕，多与镜体外圆呈平行的同心圆，这说明铜镜是在圆周性运转的设备上进行磨制加工的。具体方法是将镜坯安置在一个陶车或者类似于陶车的设备上，在圆周性运转的作用下，用磨石之类的工具进行手工或固定工具架操作而成[2]。事实上，当年武昌的铜镜铸造业是在会稽山阴镜师迁移至其地后才得以兴盛的，因此，会稽镜的铸后加工技术显然应更先于武昌而使用。

另外，其时对铜镜镜坯所作的刮削，既是铸后加工之所需，也是东汉六朝铜镜特殊形制的要求，如浮雕花纹、大纽、宽厚缘等。从铸造技术上说，要铸造这样的铜镜难度较大，特别是大纽、薄镜体的四叶八凤镜，如果不将镜坯的镜面刮削成凸面，铜镜就会因应力而报废[3]。正是刮削这一铸后加工程序用凸起的镜面确保了东汉六朝的画像镜、神兽镜、四叶八凤镜等的成功铸造。

（二）表面处理

《淮南子·修务训》云："明镜之始下型，朦然未见形容，及其粉以玄锡，摩以白旃，鬓眉微毫，可得而察。"脱模后的镜坯表面粗糙、黯淡无光，并非可使用的成镜，需"粉以玄锡，摩以白旃"，即经过开镜、开光的表面处理后方能使用，收到"鬓眉微毫，可得而察"的效果。具体磨镜之法，郑复光《镜镜詅痴》卷四有详细描述："铸镜既成，磨以方药则明。磨法：先着水少许，以洗净乱发磨去垢腻，再以布转紧作裹，蘸水磨热，撮药少许，研细稍去其中之矾。"镜在使用过程中因与人体、大气等接触，镀层会因腐蚀而变黑，因此，这样的磨镜在铜镜使用过程中会重复多次，据《多能鄙事》记载，重复的频率大约为每

---

1 何堂坤：《中国古代铜镜的技术研究》，第128页，紫禁城出版社，1999年。

2 董亚巍：《从古代青铜文物看中国机械加工的渊源》，《鄂州大学学报》1999年增刊。

3 董亚巍：《试论古代铜镜镜面凸起的成因及其相关问题》，《文物保护与考古科学》2000年第2期。

年一次，所用磨药则与第一次相同。从《淮南子》的记载可知，西汉时磨镜已成为常识，磨镜工艺也已很普及，因此，其时出现原理相似的工艺——鎏金实属自然之事。

（三）鎏金

会稽镜中有见镜背鎏金的铜镜，如义乌徐村出土东汉鎏金五乳四神镜，镜背主纹区鎏金，铭为“尚方作镜真大巧”[1]；上虞出土东汉鎏金环状乳半圆方枚神兽镜，镜背鎏金，镜缘有画文带，铭为“吾作明镜”[2]。这在众多会稽镜中，显得极其珍贵。

鎏金的本意是指“美丽的金”，但通常所用的意思是指火镀金。金属器的鎏金技术于春秋战国时发明，会稽境内的鎏金实物则见于战国时期，如1954年杭州老和山战国遗址出有鎏金环首青铜刀、青铜戈[3]，1982年绍兴战国初期墓出有鎏金嵌玉扣饰等[4]。汉代时称为黄金涂，并且得到较高程度的普及，镜中多用于博局镜，其后的铜镜也见使用。鎏金技法的关键是用汞（水银）将黄金熔解，涂至金属器物表面，再加热以使水银蒸发，即告成功。具体操作程序为：首先，配制金汞齐，即制作“金棍”“杀金”（熔解黄金），并清理器物表面；接着，抹金和开金，即将金汞齐均匀地涂抹到器物表面，并用加热法驱汞使黄金附着于器物表面；最后，用酸碱溶液清理器物表面并用玛瑙压子研光。若需镀层较厚，可重复三四次甚至十数次[5]。鎏金后的铜镜金光闪闪、富丽堂皇，极具观赏性，且比普通铜镜更耐腐蚀。

（四）表面色泽

鎏金的铜镜毕竟是少数，大多数铜镜均不鎏金，因此腐蚀是必然的，只是程度不同而已。尤其是铜镜经过锡汞涂附、白旃打磨的铸后处理，表面含锡较多，更易氧化腐蚀；加之会稽地处江南，降雨量丰富，地下水位高，土壤潮湿，铜镜深埋地下多年后，与地下水土及其中的物质发生物理化学变化，而产生一种类似再生矿物的新化合物[6]，并发生颜色的变化。自宋代以来文献资料中所说的“黑漆古”“绿漆古”“铅背”“水银沁”与“花背”等，都是镀锡后表层自然腐蚀的结果，其中除“水银沁”见于北方地区外，余皆为南方地区铜镜常见的腐蚀色，因而此类镜也被称为“南方式”铜镜。对于铜镜各种色泽的形成原因及其工艺的探讨，一直是自宋以来人们关注的课题，20世纪以来日本及西方学者也有涉猎，综

---

1 王士伦、王牧：《浙江出土铜镜》（修订本），彩版10，文物出版社，2006年。

2 王士伦、王牧：《浙江出土铜镜》（修订本），彩版35，文物出版社，2006年。

3 孙元超：《杭州发现战国青铜器》，《文物参考资料》1955年第2期。

4 浙江省文物管理委员会等：《绍兴306号战国墓发掘简报》，《文物》1984年第1期。

5 温廷宽：《几种有关金属工艺的传统技术方法》，《文物参考资料》1958年第3期。

6 周世荣：《中国历代铜镜鉴定》，第7页，紫禁城出版社，1993年。

合起来大致形成四种意见：即取决于接触条件、合金成分、铜质清杂、腐殖酸等因素。一般而言，中日学者相对强调环境因素；欧美学者中有的认为系自然形成，也有的认为是有意识制作[1]。特别是其中的“黑漆古”更是研究的焦点之所在，学术界认为，青铜制品生成黑漆古的外表须具备两个要素：一是合金含锡量为20%以上的高锡青铜器；二是需在PH值为中性偏酸的高湿土壤环境中长期埋藏。会稽镜符合上述条件。在这种环境中埋藏时，铜镜等于处在一个相对稳定的电场环境内，湿泥土为阴极，铜镜为阳极向外释放电子，相当于在一个电镀槽中进行反镀。在三元合金中，铜的电导率最高，铜分子向外迁移最多也最快，当失掉的铜分子产生空位后，就会有氧及其他酸性物质进来填充。在长期的埋藏过程中，随着表面铜分子的流失，锡含量相对富集于铜镜表层，慢慢地形成了二氧化锡层，表面黑亮光洁耐腐蚀，这便是黑漆古的化学成分即二氧化锡。因此，在这样PH值为中性偏酸的高湿土壤环境中埋藏的古代高锡青铜镜，出土时便往往生成了黑漆古或者绿漆古[2]。

迄今所见会稽镜的表层色泽大致有以下几种[3]：

（1）黑漆古：多见于画像镜、龙虎镜、四叶八凤镜及部分神兽镜，有的表面虽漆黑，但光泽略逊[4]。

（2）灰黑色：多见于神兽镜，也有的黑灰中带青黄色[5]。

（3）花背：即同一枚镜子呈现不同色泽，以东汉神仙车马画像镜较多见，镜面上都有黑白两种成色的现象。可见，即使是同一墓坑的镜，或者同一镜的不同部位，也会因镀层腐蚀产物的物质结构形态和数量比例不同，而产生色泽差异[6]。

（4）部分汉镜清洗后呈现一种色泽发闷的绿色，犹如橡皮一般，加工痕迹几乎没有，偶见于重列神兽镜[7]。

四、迁移铸镜与标示原籍

镜铭中常见有东汉孙吴时期南方铜镜上标示镜师原籍的体例，如东汉的“吴向里柏师”、孙吴的“会稽山阴鲍氏”之类。此类镜均在其原籍以外的地区发现，如吴县镜师镜多在绍兴即当时的山阴发现，山阴师的铜镜则多在鄂州即其时的武昌出土。这种体例的形成应

---

1 参阅何堂坤：《中国古代铜镜的技术研究》，紫禁城出版社，1999年。

2 鄂州博物馆编：《鄂州铜镜·前言》，中国文学出版社，2002年。

3 参阅王士伦、王牧：《浙江出土铜镜》（修订本）《序言》，第11页，文物出版社，2006年。

4 王士伦、王牧《浙江出土铜镜》（修订本）彩版13、40、46为典型的黑漆古，彩版28光泽稍逊。

5 王士伦、王牧《浙江出土铜镜》（修订本）彩版34等，黑灰带青黄者如彩版39。

6 参阅何堂坤：《中国古代铜镜的技术研究》第五节，紫禁城出版社，1999年；周世荣：《中国历代铜镜鉴定》，第8页，紫禁城出版社，1993年。

7 王士伦、王牧：《浙江出土铜镜》（修订本），彩版42，文物出版社，2006年。

与以下因素相关：

其一，古代各种技能的发明或行业的形成，总是始而归功于杰出人物，继而托名于能工巧匠，一如会稽故地的干将、莫邪与青铜宝剑。西汉以来的手工业、商品经济持续发展，逐渐形成了以家族为主体、以名匠师为标志的各种行业，各行业内出现了一批以家族内子承父业为主的著名匠师，且其产品已具有品牌意识，而标示地名、姓氏显然是标榜质量、显示诚信的最佳方式，所以即使离开原籍也要在产品上予以标明，因为其代表的是质量和信誉。

其二，会稽山阴自东汉早中期起即开始铸造画像镜、神兽镜，是画像镜与神兽镜的发源地和其时主要的铸镜中心，同时也可能是铜镜业的商品集散地，因此具有吸聚效应，吸引了时属吴郡的吴县的能工巧匠。迄今吴县镜师柏氏、周是、张元等匠师所作铜镜大多在绍兴地区发现，说明当时这些镜师可能曾迁移至山阴铸镜，或者铜镜曾集中至山阴集散出售。

其三，孙吴时期的一系列制度加重了匠师及其产品的半官半私性质，如前述之孙吴时期的将军镜，即揭示了镜师隶属于将军的历史背景。加之孙权黄初二年大量征调能工巧匠至武昌兴办各种手工业，山阴镜师鲍氏等遂至武昌铸镜。但因为山阴之名早已与青铜镜融为一体，以至于无论用魏的年号抑或用吴的年号，无论是在武昌还是在日本，山阴镜师都要在所铸镜上标注“会稽山阴”。

因此，传统的以家族为主体、以地域为中心的私营铸镜业，兼之东汉孙吴时期的会稽在铜镜铸造的管理体制、经营性质等方面的地域特色，遂形成了其时镜师迁移作镜、标示原籍的体例特征。如上述“吴向里柏师”，再如京口陈氏，后者在日本所作景初三年（239年）神兽镜，铭为“景初三年，陈是作镜，自有经述，本是京师。”[1]

山阴镜师中的鲍氏、唐氏、薛豫等曾迁移武昌作镜，这些镜师所铸的铜镜在其时的武昌即今日的鄂州常有发现，例如：

1970年鄂钢630工地、1975年鄂钢五里墩工地各出土黄初二年（221年）薛豫命作同向式神兽镜一面，后者纽上有针刻铭文“上大将军校尉李周镜”，周铭：“黄初二年十一月丁卯塑廿七日癸巳，扬州会稽山阴师薛豫命作镜，大六寸清圜，服者高迁，秩公美，宜侯王，子孙番昌。”

1984年鄂钢制氧站工地出土黄武年间山阴镜师所作混置式神兽镜，周铭：“黄武年十月丙午朔，会稽山阴，□者□□□□里□子高（下为符号）。”

1956年鄂州瓦房湾第8号吴墓出土黄武四年（225年）鲍师作重列式神兽镜，黄武五年、黄武六年鲍唐作重列式神兽镜，周铭：“黄武四年六月五日丙辰作长明镜，服者大吉，寿得万年，鲍师扬名，无巳人去之。”

1956年鄂州朱家垴第21号西晋早期墓出土黄武六年鲍唐重列神兽镜，周铭作：“黄武

1　毛颖：《浅谈古代吴地的民营手工业》，《东南文化》2008年增刊。

六年十一月丁巳塑七日丙辰，会稽山阴作师鲍唐镜，照明服者也，宜子孙，阳遂，富贵老寿，臣先牛羊马，家在武昌，思其少天下命吉服，吾王干昔□□。”从镜铭“家在武昌”及上述“鲍师扬名无已人去之”铭可看出鲍氏主要在武昌作镜并成名。

1978年鄂城西山铁矿第105号吴墓出土黄龙二年（230年）鲍豫作重列式神兽镜，周铭：“黄龙二年七月丁未朔七日癸丑大师鲍豫而作明镜玄湅三（商）灭绝孚秽，服者高迁位至竹帛寿復[金石]也。”[1]

1980年鄂钢七里界工地第5号吴墓出土嘉禾五年（236年）鲍豫作重列式神兽镜，周铭：“嘉禾五年五月壬寅朔五日丙午，太师鲍豫造作五帝明镜，玄湅章文，光耀昭明，服者宜官，远至侯王，女为皇，虞老忧兮。”

1970年鄂钢630工地出土“□□四年鲍作明镜”，周铭作：“□□四年五月丙午朔十四日，会稽师鲍作明镜，行之大吉，宜贵人王侯，□服者□□，今造大毋王三。”

日本出土神兽镜中也有山阴匠师的作品，如黄初四年（223年）“会稽师鲍作明竟（镜）”、黄武六年（227年）“会稽山阴作师鲍唐”镜等，有些与中国出土的为同形镜。

由上述“家在＊＊”铭文可知，此应是其时制镜等民间手工业流行的用语，因为迁移异地铸镜，在标明原籍的同时，也申明现址。如一面私人收藏的半圆方枚神兽镜，方枚上作“家在上虞”[2]。

标示原籍这一铭文体例还影响了当时的青瓷铭文，如南京赵士岗孙吴墓出土的虎子腹部刻有“赤乌十四年会稽上虞师袁宜作”，江苏金坛白塔西晋墓所出扁壶腹部两面刻铭“紫（此）是会稽上虞范休可作坤者也”，均折射出其时突出产地匠名的私铸、民营色彩和质量意识。不仅如此，唐宋时期的私营或民营铸造业铭文体例亦多对此有所沿袭，为地名、匠名及广告用语等。同时，迁移作镜的方式也成为宋代湖州镜铸造经营方式的滥觞。湖州镜大致自北宋政和年间开始以“州名+姓氏店名”的商标铭记取代图形装饰，有的还标明店址、铜的质量、价格等，为其他朝代所不见，具有鲜明的时代特征。如著名的湖州石家，从事镜业人数众多且代代相传，不仅在湖州有众多店铺，还曾在杭州、建康、镇江等地设分店铸镜，如湖州石家镜中有“石念二叔”铭文镜，杭州有“真石大叔青铜照子”，建康有“建康府石家念二叔”铭文镜，镇江有“镇江府水军酒库前石家照子”。值得注意的是，镇江还出土一面“湖州周寄居婺州炼铜照子”镜，表明铸者是寄居在婺州的湖州周家，或者说是后者在婺州开设的分店；而“杭州钟家青铜照子今在越州清道桥下岸向西开张”，更是将店铺的迁移都交代得清清楚楚，这与东汉孙吴时期的镜师迁移异地作镜在镜铭中标示原籍的经营理念一脉承传何其相似。

1　鄂城县博物馆：《湖北鄂城四座吴墓发掘报告》，《考古》1982年第3期。

2　王牧：《关于神兽镜的若干问题思考》，《东方博物》第三十辑。

五、三角缘神兽镜之探讨

事实上，会稽山阴镜师不仅迁移至武昌作镜，并推动其成为吴的第二个铸镜中心，甚至与吴地的镜师们东渡日本铸镜，并对日本三角缘神兽镜的形成起了至为重要的作用。

日本国原称倭、大倭（大和）、邪马台、倭奴，也称为扶桑。中日两国的文化交流已有2000多年悠久的历史，汉代将公元前一个半世纪左右两国的交往记为“岁时来献见”，如《汉书·地理志》云：“乐浪海中有倭人，分为百余国，以岁时来献见。”《后汉书·东夷传》载光武建武中元二年（57年），颁赐来朝的奴国国王金印一颗。其后，安帝永初元年（107年）倭人也曾遣使来汉。日本与中国最为正式和隆重的交往发生在魏明帝景初年间，即倭国女王遣使使魏，对此《三国志·魏书》卷三十《东夷传》中有较详细的记载：景初三年六月，倭国女王卑弥呼派大夫难升米去魏的时候，倭国让他们将男生口四人、女生口六人和斑布二匹二丈等物献给魏国。同年十二月，魏王下诏书与倭国女王，称卑弥呼为亲魏倭王，并授予金印紫绶，同时赠给她绛地交龙锦五匹、绛地绉粟罽十张、蒨绛五十匹、绀青五十匹，后又追加赐予绀地句文锦三匹、细斑华罽五张、白绢五十匹、金八两、五尺刀二口、铜镜百枚、真珠和铅丹各五十斤。在魏王的赠送物品中，特别引人注目的是铜镜百枚，但也由此引发了中日两国学术界持续至今的有关日本境内不断出土的三角缘神兽镜魏镜说和吴镜说的争论。

三角缘神兽镜，作为日本考古学的一个专有名词，并不指所有边缘切面为三角形、纹饰主题为神仙和神兽组合的铜镜。日本学者樋口隆康在《古镜》（1979年出版）一书中指出，关于三角缘神兽镜的名称必须同时满足以下几个条件：① 直径超过20厘米的大镜；②镜的外区纹带由复线波纹带和其内外的锯齿纹带组成；③ 内区的最外部有一个由铭文、兽纹、唐草纹、波纹、锯齿纹、半圆方形带组成的副圈纹带；④ 主纹区由四个或六个乳钉等分，其间配置有神人和仙兽纹样；⑤ 图像的配置分求心式和同向式两种；⑥ 铭带的铭文有一定格式。简言之，即直径在20厘米以上，纹饰的分布有相对固定的配置，包括两个锯齿纹带，一个复线波纹带，主体纹饰为神仙和神兽的组合。这类镜迄今在日本出土已近500余枚，主要在畿内一带出土，伴出有一部分佛像镜。所见魏的年号有：青龙三年、景初三年、景初四年、正始元年，其中景初三年（2枚）、正始元年、景初四年为陈是作镜（4枚），有方格规矩镜、盘龙镜、神兽镜等几种，有平缘、三角缘或近似三角缘神兽镜；所见吴的年号有：赤乌元年、赤乌七年、元康□年，皆平缘神兽镜，其中有很多相同的同形镜。而中国境内，合乎以上六条标准的三角缘神兽镜目前还没有发现。

三角缘神兽镜可以分为“仿制镜”和“舶载镜”两大类，前者粗糙，为“倭镜”；后者精致，被认为是从中国输入，也正是这类镜引发争议。由于三角缘神兽镜在形制、花纹和铭文等方面都具有中国镜的基本特征，一直以来日本学界的主流看法认为是铸制于汉末、魏晋之际的中国镜。日本学者富冈谦藏最先称此类镜为半肉雕式神兽镜，并从考定“铜出徐州，师出洛阳”而将镜的国属限定在魏。其后的高桥健次始定名“三角缘神兽镜”。富冈的弟子梅原末治赞同三角缘神兽镜即魏镜说，此说在日本一直延续，即使内藤晃、园田大六、横田健一等人在批评小林行雄之“同范镜为魏镜说”时，也无人质疑三角缘神兽镜为魏镜的观点。针对中国一直未见三角缘神兽镜而日本出土数量超出百枚的事实，小林行雄又提出“特铸说”即魏朝特为倭国所铸的观点，并将制作年代限定在景初三年和正始元年。这也恰是史载卑弥呼女王使臣来华的年代。

日本学界首先对此提出异议的是森浩一，他从三角缘神兽镜不见于中国的事实出发，主张“三角缘神兽镜的大部分是仿制镜，担当制造的是当初在日本国内制作镜的归化系工人，”其“大部分”意思的推论是指同一个工人在中国和日本制造的机会很少。此后日本国内对三角缘神兽镜即魏镜的批评声浪逐渐高涨，部分学者、作家如奥野正男、古田武彦、松本清张等均转而认为三角缘神兽镜是国产镜，倾向于认为系中国工匠在日本所作。同时，中国学者王仲殊、徐苹芳、杨泓等也提出了不同意见[1]，特别是王仲殊著文数十篇，指出三角缘神兽镜不属北方魏镜镜种而属于南方吴镜系统，力主三角缘神兽镜为吴地工匠东渡日本所铸，是由制造三角缘画像镜及平缘神兽镜的吴工匠东渡日本，合成三角缘画像镜及平缘神兽镜、并加进日本独特的要素“笠松形”而制成的。镜铭中的“本自京（或）师，绝地亡出”“至海东”，即指吴的工匠到日本作镜。该观点又因景初四年（不见于魏年号）和青龙三年（早于卑弥呼遣使至魏）镜在日本的出土得到了更有力的支持，彻底否定了小林行雄的“特铸说”。因此，王仲殊的结论是：公元3世纪前期，中国吴的工匠开始到日本作镜；3世纪前期后半段（三四十年代）至后期前半段（六七十年代）制作的主要是三角缘神兽镜，即日本学者所谓的“舶载镜”；吴的工匠在日本作镜，自有日本本地工匠参与，主要起助手作用，以后到了约3世纪后期后半段（八九十年代），直到4世纪前期，吴的工匠年龄老化乃至死亡，参与作镜的日本助手转为主干，继续制作三角缘神兽镜，即日本学者所谓的“仿制三角缘神兽镜”。这一观点得到了中国学界的部分认同，并从器物类型学、铸造技术研究等各方面予以进一步支持。但也有不同的质疑声音，如日本学者直木孝次郎从文献上论证“檀洲”指“夷洲”，亦即台湾，而并非如王说所假设的琉球；樋口隆康则引铜镜中的“用青铜，至海东”铭文论证中国北方地区与日本的北部陆路的可能[2]。国内学者如阮荣春认为三角缘神兽镜系吴地铸造后经由一定方式输入

1　王仲殊：《关于日本三角缘神兽镜的问题》，《考古》1981年第4期；《景初三年镜和正始元年镜的铭文考释》，《考古》1984年第12期；《景初三年镜和正始元年镜铭文补释》，《考古》1985年第3期；《吴镜师陈是所作神兽镜论考》，《考古》1986年第11期；《论日本出土的景初四年铭三角缘盘龙镜》，《考古》1987年第3期；《“黄初”、“黄武”、“黄龙”纪年镜铭辞综释》，《考古》1987年第7期；《从日本出土的铜镜看三世纪倭与中国江南的交往》，《华夏考古》1988年第2期；《论日本“仿制三角缘神兽镜”的性质及其与所谓“舶载三角缘神兽镜”的关系》，《考古》2000年第1期等。徐苹芳：《三国两晋南北朝的铜镜》，《考古》1984年第6期。杨泓：《吴、东晋、南朝的文化及其对海东的影响》，《考古》1984年第6期。

2　徐坚：《论三角缘神兽镜所见古代日本对江南文化的吸收》，《东南文化》2000年第1期。

日本[1]；张懋镕则从三角缘神兽镜的铭文、纪年、魏与倭的关系等出发，认为是魏朝皇帝送给倭女王的特赐品，被赋予了特殊的政治使命[2]；韩国河等人既强调该种铜镜的政治意义和呈现出的魏国纪年铭文，又重视三角缘神兽镜花纹与南方长江中下游流域吴晋时期画像镜、神兽镜花纹的类似性，认为倭国“朝贡之时，向魏晋皇帝请求或自己募求中国大陆制镜工匠的东渡。”[3]遗憾并且至为关键的是，到目前为止尚无相关镜范的出土，因此三角缘神兽镜真正制作地的历史谜团迄今仍无法彻底揭开，可能还会继续争论下去。

但无论是何观点，会稽神兽镜与日本三角缘神兽镜间存在的文化交流却是不容置疑的，这在当时的历史背景和航海条件下也是完全可以实现的。《越绝书》中对于流散以后的越族称为“内越”和“外越”，后者或称“东海外越”，显然指的是漂洋过海的一支。《后汉书·倭传》记载：“会稽海外有东鳀人。分为二十余国。又有夷洲及亶洲。人民时至会稽市。”所谓东鳀人，或指在会稽外捕鱼之民，可能是汉以前东渡日本的吴越苗裔[4]。《三国志·吴书》亦载“黄龙二年（230年）遣将军卫温、诸葛直将甲士万人，浮海求夷洲及亶洲……其上人民时有至会稽货市。会稽、东县人海行，亦有遭风流移至亶洲者。”书中还记载，“亶洲”即传说中秦始皇遣方士徐福率童男童女数千人不归之地，经过世代相传，到三国时代户口已发展到数万家之多。这些记载说明彼时会稽与日本列岛不仅时有人员往来，甚至还建立了一定的贸易关系。虽然4世纪的日中关系不见于文献记载，但3世纪倭与中国江南吴地的民间交往为5世纪倭王与东晋、南朝进行的官方交往开辟了道路。《古事记》《日本书纪》称东晋和南朝为“吴国”，称东晋、南朝的人员和物件为“吴织”“吴衣缝”“吴服”“吴床”等，溯其渊源，正是在于3世纪倭人与江南吴地密切的交往[5]。关于其时去日本的线路，有人认为其中一条是自当时的会稽郡东冶县（今福州一带）入海，经台湾（夷州）琉球，抵九州南部的种子岛（亶州）而达南九州[6]；也有人认为三国吴时是从今浙江宁波渡海去日本[7]。在这个层面上综合考察，似乎也可以说三角缘神兽镜的产生与江南吴镜特别是会稽镜有着密不可分的联系。

---

1 阮荣春：《早期佛教造像的南传系统（续）》，《东南文化》1990年第3期。

2 张懋镕：《三角缘神兽镜为东渡吴国工匠制作说质疑》，《周秦汉唐研究》第一册，三秦出版社，1998年。

3 韩国河、程林泉：《日本发现的三角缘神兽镜源流述论》，《考古与文物》2002年第4期。

4 《史记·赵世家》云：黑齿雕鳀，鳀冠秫缝，大吴之国也。说明用鱼皮作帽的东鳀人是吴人的后裔。

5 王仲殊：《从日本出土的铜镜看三世纪倭与中国江南的交往》，《华夏考古》1988年第2期。

6 罗宗真：《六朝时期中国对外文化交流》，《文史哲》1993年第3期。

7 林士民：《铜镜、青瓷、刻石——浙东居民迁移东瀛之研究三题》，《东方博物》第十三辑；李军：《关于宁波为吴东渡日本出海口的考证》，《南方文物》2004年第1期。

第三章

越窑瓷

“九秋风露越窑开，夺得千峰翠色来；好向中霄盛沆瀣，共嵇中散斗遗杯。”[1]唐人陆龟蒙的这首《秘色越器》诗，吟咏的是我国古代文化与艺术之苑里的又一朵奇葩——越窑青瓷。诗中提到的越窑，在空间概念上，是对当时的越州和明州，也就是今天浙东宁绍平原一带青瓷窑场的统称；在时间概念上，我们通常所说的越窑，主要是指晚唐、五代和北宋这一历史阶段，在此之前与在此之后浙东宁绍地区烧制青瓷器物的瓷窑，因其产品在诸多方面尚不具备越窑典型器物之特征，工艺技术也与传统越窑有别，因此学术界亦往往表述为“先越窑”或“后越窑”[2]。本书所言的“越窑”，在时间上主要指称的是自东汉晚期越窑创烧至北宋中晚越瓷衰微这一范畴。

现代发现与研究成果表明，至迟在东汉晚期，位于今天浙江东部宁绍地区的上虞小仙坛窑址已经成功烧制出了比较成熟的瓷器，领越窑青瓷创烧风气之先。经由标本测试，小仙坛窑址出土青瓷器物胎釉结合紧密，吸水率低，胎中铁、钛含量在各时期越窑瓷中相对较低，烧成温度为1200℃～1310℃，已基本达到现代瓷的标准[3]。中国也由此成为世界上最早发明瓷器的国家。东吴至两晋之际，越窑瓷业生产迎来了历史上的第一个发展高峰，以上虞为中心的越瓷产品陆续经曹娥江运抵杭州湾，向西到达山阴（今浙江绍兴），或经运河直达京口（今江苏镇江）以及当时南方的政治、经济、文化中心建康（今江苏南京）等地，向东则入海运往各处。南京一带六朝贵族墓中大多出土有制作精细、造型优美的越窑瓷器，说明当时越窑所产的高档青瓷已经大量进入都城建康并深受时人的喜爱。虽然如此，在这一时期的历史文献或文人著述中却并不能找到任何关于越窑或越瓷的记录，实在是令人百思不得其解之事。

东晋、南朝以至唐初，越窑瓷业处于历史低谷，不仅窑场数量不多规模偏小，产品质量也乏善可陈。晚唐伊始，越窑瓷业生产开始进入鼎盛时期，越瓷产品不仅畅销内地，同时也远销海外，东北亚、东亚、南亚、西亚以及北非、东非等地的许多国家和地区都曾发现过越瓷的遗存。唐代的不少诗歌作品也都描述和歌咏过越瓷之美，如徐夤的《贡余秘色茶盏七律诗》：“捩翠融青瑞色新，陶成先得贡吾君；巧剜明月染春水，轻旋薄冰盛绿云。古镜破苔当席上，嫩荷涵露别江濆；中山竹叶醅初发，多病那堪中十分。”[4]皮日休的《茶瓯》诗：“邢客与越人，皆能造兹器；圆似月魂坠，轻如云魄起。枣花势旋眼，苹沫香沾齿；松下时一看，支公亦如此。”[5]以及陆龟蒙的《秘色越器》《子夜警歌二首》，施肩吾的《蜀茗词》，许浑的《晨起二首》《夏日戏题郭别驾东堂》，郑谷的《题兴善寺》《送吏部曹郎中

1 （唐）陆龟蒙:《秘色越器》,《全唐诗》第九函第十册，扬州诗局本。

2 参阅徐定宝主编:《越窑青瓷文化史》前言，人民出版社，2001年。

3 李家治:《我国瓷器出现时期的研究》,《硅酸盐学报》1978年第3期。

4 （唐）徐夤:《贡余秘色茶盏》,《全唐诗》第十一函第一册，扬州诗局本。

5 （唐）皮日休:《茶瓯》,《全唐诗》卷六百十一，中华书局本。

免官南归》，韩偓的《横塘》，皎然的《饮茶歌诮崔石使君》，李群玉的《答友人寄新茗》等诗作。值得注意的是诗中提到的秘色瓷器，1987年陕西扶风法门寺唐代塔基地宫中出土了14件越窑青瓷，据同出的《监送真身使随真身供养道具及恩赐金银器物宝函等并新恩赐到金银宝器衣物账》记载，其中13件为秘色瓷[1]。这批秘色瓷器造型简洁，釉层匀净如玉，釉色晶莹滋润，既是当时越窑烧制的进贡之物，也是越窑青瓷产品的代表之作。

五代时期，钱氏崛起，立国于钱塘，建立吴越国，越窑瓷业遂为钱氏垄断，并一度将越瓷的生产推向了新的高峰。钱氏还在上林湖等地设立贡窑，专门生产宫廷用瓷。据《十国春秋·吴越世家》《吴越备史》《宋史·吴越世家》等文献记载，吴越钱氏统治时期每次向中原朝廷进贡物品时都有大量的秘色瓷器，考古发现钱越王室贵族墓中也多见有大批秘色瓷器出土，临安板桥五代墓出土的一件越窑青瓷双耳罐肩部还刻有“官”字款[2]，可能就是官方在越窑定烧的器皿。这种情况一直持续到北宋之初，史载自北宋立国到太平兴国三年（978年）钱弘俶被迫纳土归宋的短短十余年间，吴越国控制下的越窑就曾为北宋朝廷烧制青瓷贡品达14万件之多[3]，其中的许多珍品还曾作为礼物被宋廷赠与外邦。

北宋中期以后，越窑贡瓷易位，进奉数量骤减，生产逐步衰退。《宋会要辑稿》载神宗熙宁元年（1068年）“尚书户部上诸道府土贡物……越州……秘色瓷器五十事。”[4]南宋赵与时《宾退录》转引《元丰九域志》云：“越州每年贡青瓷五十件。”这与吴越国时的大量供奉已属云泥之别。延至北宋晚期，由于受到土地开采限制、原料供给困难、烧造燃料不足、窑业税的征收以及南北各窑的兴起等诸多内外因素的制约与影响，越窑青瓷不仅生产数量锐减，同时产品质量与前相比也明显下降，生产规模亦相应急剧萎缩，曾经兴盛一时的越窑瓷业风光不再，逐渐失去了市场，并最终走向全面衰落。

对越窑青瓷的科学考察与系统研究，肇始于20世纪30年代北京故宫博物院学者陈万里对宁绍地区的勘查。在此之前，越窑和越瓷只在一些古代诗文，如唐代陆羽的《茶经》、顾况的《茶赋》、宋代陆游的《老学庵笔记》、唐人诗歌作品以及一些地方史志、杂记中偶尔出现。20世纪30年代，陈万里开始对浙东宁绍地区，特别是上林湖窑区进行了多次现场勘查和考察研究，并先后整理出版了《青瓷之调查与研究》《瓷器与浙江》《越器图录》等论著，开越瓷研究之先河。其后如吴仁敬、辛安潮、童书业等著名学者也纷纷加入到越瓷的研究行列中来，相继发表了一系列卓有建树的研究成果，如吴仁敬、辛安潮的《中国陶瓷史》，童书业的《中国瓷器史论丛》等著作，也都具有积极的拓荒意义。

---

1 陕西省法门寺考古队：《扶风法门寺塔唐代地宫发掘简报》，《文物》1988年第10期。

2 浙江省文管会：《浙江临安板桥的五代墓》，《文物》1975年第8期。

3 《吴越备史》卷四，四部丛刊续编本。

4 《宋会要辑稿·食货四一》。

20世纪50年代开始，越窑与越瓷的调查研究日益受到关注和重视。特别是80年代以来，随着大规模的古代窑址的考察与发掘工作在宁绍地区的陆续展开，直接推动了越窑青瓷研究的深入进展，一大批新素材、高质量、新观点的考古发掘报告、研究论文和学术专著，如朱伯谦《中国陶瓷·越窑》，林士民《青瓷与越窑》，李刚《瓷窑初探》《古瓷新探》《古瓷发微》《越窑论集》，浙江省文物考古研究所编《寺龙口越窑址》，慈溪市博物馆编《上林湖越窑》，徐定宝主编《越窑青瓷文化史》等纷纷问世；另外一些综合性的陶瓷研究著作，如中国硅酸盐学会与冯先铭各自主编的《中国陶瓷史》，李家治主编的《中国科技史·陶瓷卷》，张光福《中国美术史·陶瓷》，轻工业部陶瓷研究所《中国的陶瓷》，中央工艺美术学院《中国工艺美术简史·陶瓷工艺》，叶喆民《中国古陶瓷名窑录》，程道腴《陶瓷学概论》，杨晋荣、杨永善《中国陶瓷》，冯先铭《中国陶瓷》，刘东瑞《中国古代陶瓷艺术》以及由中国陶瓷全集编辑委员会编著的《中国陶瓷全集》等，也都从不同的角度切入越窑青瓷的研究，发表了各自独到的精彩论断。相信随着今后新的考古材料的发现和新的研究成果的推出，关于越窑青瓷的研究也必将翻开新的一页。

第一节　原始青瓷器

成熟青瓷是在商周时期原始青瓷的基础上逐步演进发展而来的，因此，要探讨越窑青瓷的发轫与发展、兴盛与衰微，就不能不首先提及原始青瓷。根据现代科学检测与化学分析，商周时期原始青瓷的烧成温度一般在1200℃左右，表面施釉，富有光泽，釉色多呈青灰色或黄绿色。此时釉多是石灰釉，CaO的含量在16％左右，个别的也可能高到20％[1]，由于黏土内含有铁质，釉中也因此含有2％左右的Fe_2O_3，在氧化气氛中烧成时则显青色或青绿色。近年中国科学院上海硅酸盐研究所又对无锡鸿山越国贵族墓和德清冯家山、亭子桥等战国窑址出土的瓷器标本进行了系统测试分析，结果证明鸿山越墓出土瓷器的烧成温度竟高达1290℃，冯家山、亭子桥窑址出土瓷器的烧成温度也分别达到了1290℃和1260℃[2]，理化指标已与东汉以后的成熟青瓷极为接近，并由此引发了关于我国青瓷起源与原始青瓷命名问题的热烈讨论和重新审视[3]。但总体而言，与东汉以后的青瓷相比，这一时期绝大多数瓷器的烧成温度仍然相对偏低，胎体尚未完全烧结，吸水率较高，釉层薄而容易剥落，应属于瓷器生产的早期阶段。

宁绍地区是我国古陶瓷窑址分布最为密集的地区之一，距今7000年前的河姆渡文化时期就已有了成熟的陶器。商周时期，随着制陶技术的完善，生活在这里的人们制作陶器时开始逐步选用瓷土做坯料，并在器表施以青釉，从而成功地烧造出了原始青瓷。上虞樟塘严村李家山等地曾发现有合烧印纹硬陶和原始青瓷的商代龙窑遗址[4]，西周时流行于宁绍一带的土墩与土墩石室墓中也出土了为数不少的原始青瓷，常见器型主要包括碗、盂、豆、罐等类，其胎土粗糙，釉色青绿，器表多见弦纹和附加“～”形纹贴饰。春秋战国时期，绍兴成为越国的都城，这一地区的原始青瓷制造业得以迅速发展，仅萧山进化和绍兴富盛两地现已发现的原始青瓷与印纹硬陶合烧的窑址就有20多处。其中绍兴富盛长竹园窑址原有面积达1万平方米以上，在窑址的南部还发现有并列的窑床，上下叠压龙窑5座，旁边遗留有很多废品堆积[5]，可见当时窑场范围之大，陶瓷产量之高。瓷器质量比西周时期也有了较大进步，胎土较前期细密，釉色青中发黄，器形规整，品种丰富，除饮食器具外，还有仿青铜礼器

1　李家治：《我国古代陶器和瓷器工艺过程发展的研究》，《考古》1978年第3期。

2　吴隽、鲁晓珂等：《无锡鸿山越墓出土青瓷的分析研究》，《鸿山越墓发掘报告》附录二，文物出版社，2007年。

3　南京博物院、江苏省考古研究所等：《鸿山越墓发掘报告》，文物出版社，2007年；李伯谦：《鸿山越墓发掘报告·序》，文物出版社，2007年；曹锦炎：《越国考古的重大发现和启迪——读鸿山越墓发掘报告》，《中国文物报》2008年1月30日；朱建明：《浙北东苕溪流域的古代越国瓷业——兼谈早期越国都邑及青瓷的起源》，《南方文物》2009年第2期。

4　浙江省文物考古研究所：《浙江上虞县商代印纹陶窑址发掘简报》，《考古》1987年第11期。

5　绍兴县文物管理委员会：《浙江绍兴富盛战国窑址》，《考古》1979年第3期。

鼎、钟、簋、尊、乐器等。春秋末年越国灭亡之后，宁绍地区窑场规模急遽萎缩，瓷业生产一度低落，这一时期墓葬中原始青瓷已不常见。秦汉时期，宁绍一带原始瓷手工业一度重新兴起，烧制器物以鼎、盒、壶、瓿、钫等仿青铜礼器为主，但此时原始瓷和釉陶还是同窑烧造，其品质和工艺上也有退化迹象。东汉中期以后，宁绍地区瓷业生产再度勃兴，制瓷技术逐步完善，并终在东汉晚期率先创烧出了成熟青瓷。

一、西周时期

宁绍地区目前尚未发现西周时期烧造原始青瓷的窑场，但在这一时期的宁波、绍兴、慈溪、余姚、鄞州、嵊州、上虞、萧山等地土墩墓、土墩石室墓和遗址中均见有一定数量的原始青瓷出土。器物胎质疏松，胎土颗粒较粗，呈灰白色，釉层稀薄，釉色青绿或青褐，施釉多不及底，有的内壁全部涂釉，有的则是内壁上部涂釉，内壁下部不涂釉，流釉现象比较严重。常见器型有豆、碗、盂、罐等类。器表装饰纹样主要见有弦纹、“S”形堆贴纹、戳点纹等。制作方法多采用泥条盘筑法手制成型后再用慢轮修整，口沿、器耳、器底则与器身另接黏合成器，平底器的外底往往见有直线条状的切割痕，有的罐内壁留有明显的按捺压平的痕迹。

出土部分原始瓷器之上刻划有“≠”“‖”“+”等多种符号，这些符号一般都出现于豆、碗、盂、罐等器物的底部，推测应是在瓷坯未干时先用尖状工具刻好，然后再入窑烧造而成。关于这些刻划符号的含义，有的认为是制瓷工匠的代号，有的认为是器物的编码。江苏丹阳六间屋村西周墓出土的一批大小有别的原始青瓷豆、盂、碗等器物中，凡器物尺寸相同的，其刻划符号就相同，器物尺寸有异的，其刻划符号也相异。由此可以看出，这些原始青瓷器物底部刻划的符号，更可能属于当时制瓷工匠所做的数字记号，因需要同时烧制的器物数量庞大，又多为小件器，为防止混淆，故在器物底部刻上数字符号以便识别。

二、东周时期

东周时期，越国定都绍兴，宁绍平原一带社会经济空前繁荣，制瓷手工业发展迅猛，大小窑场密布山野，成为当时原始青瓷的主要产区，其中尤以绍兴、萧山、诸暨三县交界处窑场分布最为集中。20世纪50年代考古工作者在萧山进化区临江乡茅湾里城山、欢潭乡四州村唐子山和马面山麓先后发现过3处春秋、战国时代的原始青瓷与印纹硬陶合烧的窑址[1]，后经考古调查，又在萧山进化、所前、浦阳等地发现春秋、战国时代的原始青瓷与印纹硬陶合烧窑址数十处[2]。此外，绍兴富盛长竹园、樊江孔山、上蒋东堡村庙前山等地也发现有烧制原

1 王士伦：《浙江萧山进化区古代窑址的发现》，《考古通迅》1957年第2期。

2 施加农：《瓷器的曙光——萧山原始瓷器精品展》，《收藏家》2007年第5期。

始青瓷的窑址多处。这些窑场生产的原始青瓷产品，除供应本地外，还畅销到江苏、江西、福建等地。

与西周时期相比，东周原始青瓷无论是在制瓷工艺、烧造技术还是在装饰技法上都有了不同程度的进步。制瓷工艺上，选料讲究，胎土细腻，呈灰或灰白色；釉层厚薄均匀，流釉及脱釉现象相对少见；制作时一次拉坯成型，器型规整，接合良好。烧造工艺上，如绍兴富盛长竹园发现的龙窑系利用山坡倾斜度控制火焰流向和加强热能利用率，并在器物的内外底设三个圆形垫隔的窑具，具有增加装烧量、节省空间的优点；同时托珠形状宽扁，也起到了稳固摞叠器物的作用，还有利于烧成后器物与托珠的分离。装饰技法上，采用刻划、剔刺、拍印、堆贴等多种手法。其中刻划是以尖状工具在未干的瓷胎表面刻划弦纹、水波纹、篦点纹等纹样，多饰于口沿、肩颈部位；剔刺也是以尖状工具剔刺成密集的细而短的芒刺状的纹饰，多见于器物的腹部；拍印是以带纹饰的工具拍打于坯体，纹样主要有篮纹、方格纹、云雷纹等，亦多饰于器物的腹部；堆贴则是以坯泥为原料，捏塑成鸟形、绹索形、小圆饼、“S”形、辫形等，多饰于器物的口沿、肩、腹以及盖的顶部。这些装饰纹样，有的表现出鲜明别致的江南水乡特色，如原始青瓷罐上的水波纹，仿佛是在浩瀚的江面上，轻风微拂，波浪起伏荡漾；水涡纹就像狂风吹舞，浪花犹如漩涡翻滚，凌空腾跃；重圈括弧纹或细密或粗疏，远远望去，好似在碧绿的湖面中，微风掠过，掀起层层涟漪……有些则取材于现实生活中直接使用或接触到的事物，如蓆纹、篮纹、编织纹等与编织物有关；变体云纹那线条的弯曲与流动，恰似天空云彩的变幻无方……这些纹饰都是来源于自然，来自于生活，越地先民们通过艺术加工，以柔和、优美的线条和精巧、高超的手法在原始青瓷器物上再现出来，充分体现了他们朴素的想象力，给人一种美的享受。

（一）春秋时期

原始青瓷胎质较细，胎色灰白，器壁厚薄均匀，器形规整。施釉工艺与前相比有了明显提高，釉层较厚，釉色加深，呈青褐色或黄褐色，通体施釉，釉面光亮，流釉现象比较少见。器物成型方法已由原来的泥条盘筑法变为拉坯成型法，碗、盘、罐等器物内壁和内底往往留有轮修时形成的一圈圈的螺旋纹，外底则留有线割的痕迹。春秋中期开始出现以直腹盅式碗为代表的少量快轮制品。

这一时期原始青瓷窑址遗存主要有萧山进化前山窑址和绍兴樊江吼山窑址等。其中前山窑址揭露的两条龙窑上下叠压，窑址时代分为春秋和春秋战国之际两期。春秋时期龙窑斜长13米，由火膛、窑室两部分组成，火门外侧见有大量不同大小的圆饼状泥垫（托珠），窑室底面铺有沙层，坯件可能是直接置于窑底烧造的。该窑虽属原始青瓷与印纹硬陶合烧窑，但烧造时两类产品分开放置在不同的部位，发掘时在窑室的前侧多见原始青瓷残片，后部多见印纹硬陶残件和残片，未见原始青瓷。原始青瓷装烧时一般大件套小件，器物与器物之间以

及大件器物的增多。据分析，西汉原始瓷胎中氧化铝和氧化铁的含量较高，分别达到17.23％和2.97％，而春秋战国时萧山茅湾里和绍兴富盛出土的原始瓷氧化铝与氧化铁的含量前者为13.69％和1.68％，后者也仅为15.19％和2.12％。坯中氧化铝含量的增加，使陶瓷坯有可能在较高的温度中烧成，并生成较多的莫来石晶体，可以提高陶瓷器的机械强度，减少制品的变形[1]；氧化铁含量的多少则直接影响到坯体的颜色，如在还原气氛中烧成，胎呈灰白色，在氧化气氛中烧成则呈红色，氧化铁含量愈高，胎色也就愈深。由于此时原始瓷坯中氧化铁含量增高，烧制的器物胎色一般呈灰色或深灰，质地粗松，气孔较多，吸水率高。器型上，秦汉时期大件器明显增多，常见器型主要有罐、瓿、钫、壶等，器物釉层较厚，釉色较深，呈青绿或黄褐等色，施釉方法由浸釉变为刷釉，施釉部位从战国时的通体施釉变为口、肩和内底等处局部上釉。制作方法也一改战国时期的拉坯成器、线割器底之法，转而采用底身分制、黏接成器的方法。

（一）秦至汉初

此期原始青瓷和釉陶产品制作工艺相同，均在同一窑中烧成，主要器型见有鼎、盒、壶、钫、钟、瓿、罐等，春秋战国时常见的饮食用具碗、盘、盅少见，随葬品组合多为鼎、盒、壶、瓿等。上虞凤凰山曾发掘秦至汉初墓葬29座，出土器物共556件，其中原始青瓷占137件，主要器类亦为瓿、钵、罐、杯等[2]。鼎：一般为子口微敛，口沿下设一对称附耳，耳上部外弧，耳根突出，腹略鼓，平底承三蹄形足，有盖，盖面有对称3组，反过来可作盘；盒：子口内敛，腹较深，圈足，有盖，盖缘下作子口，与器身紧合，盖纽为圈足形捉手，反过来可作碗；壶：侈口，长颈，扁圆腹，高圈足，肩部设一对称半环形系耳，耳面饰人字纹或叶脉纹，上下耳根黏贴螺旋纹，肩部划弦纹或水波纹；瓿：直口，平唇，肩部设对称双耳，扁圆腹，平底承三扁矮足，肩部饰凹弦纹间以水波纹，有的划人字纹和篦点纹。

（二）汉武帝至西汉末期

此期原始青瓷鼎、盒数量减少，敦则被盒取代。鼎腹加深，附耳低于口沿而直，三蹄足变矮，盖纽变成乳钉状，反过来纽不着地，已不可当足用；盒腹部加深，器底圈足和盖顶圈足消失；壶颈较短，变成喇叭形，腹较深，圈足变矮，或为平底，肩部除设半环形系耳外，有的在双耳上端贴铺首或堆塑龙头；瓿口缩小，腹加高，系耳顶端低于口沿，三矮足消失，变成平唇深腹的大罐。

西汉晚期原始青瓷又有了新的变化，盒已消失，鼎也不多见，主要器型为壶、瓿、罐

1　李家治：《我国古代陶器和瓷器工艺发展过程的研究》，《考古》1978年第3期。

2　浙江省文物考古研究所等：《浙江上虞凤凰山古墓葬发掘报告》，《浙江省文物考古研究所学刊》，科学出版社，1993年。

等。鼎足很矮，贴附于器壁上，几乎与底平齐，盖上无纽；瓿敛口，平唇，肩部双耳作铺首衔环，球腹，平底；壶呈喇叭口，短颈，椭圆腹，平底，颈肩部设对称半环系耳，耳面模印兽首，耳下贴“∽”形纹。器物纹饰常见水波纹、卷草纹、云气纹、人字纹等，往往在壶、瓿等的颈、肩及腹的上部用泥条作凸弦纹间隔，划以水波、水鸟、卷草、云气等。

（三）东汉时期

西汉末叶至东汉初年，中原政局动荡，北人纷纷南迁，入居宁绍一带的北方流民数量很多，促进了当地的经济生产和瓷业发展。考古发现这一时期的窑址主要分布在宁波、上虞等地，宁波地区发现的窑址一般属东汉晚期，如横塘山、吴石岭、大庙岭、黄婆山、季岙、郭塘岙、鸡步山等窑为原始瓷与成熟瓷器合烧，出土器物以青釉瓷居多，也有褐釉瓷[1]。上虞是当时原始青瓷的主要产区，窑场分布最为集中。如上虞大顶尖山的东西两麓分布有11处窑址，烧制的产品主要为陶器，兼烧少量的原始青瓷，制品质量较好，时代属东汉早期；上虞龙松岭分布有6处窑址，产品数量比大顶尖山窑多，原始青瓷产品增加，器形种类更加丰富，质量也有所提高，还发现少量的酱色釉原始瓷器，时代属东汉中期[2]。出土器物方面，东汉前期釉陶较多，东汉中期原始瓷器数量逐渐增加，瓿、钫、鼎等礼器消失，代之以壶、罐等实用器。罐一般为直口、短颈、颈肩部设双耳、平底。喇叭形壶趋于消失，盘口壶开始流行，新出现了五联罐、盘、熏炉、虎子等器类。器物口沿、肩部及腹部一般划一道或数道弦纹，有的间以水波纹，有的在器物腹部贴铺首，整体装饰纹样比较简单。

第二节　东汉越窑瓷

东汉晚期，上虞小仙坛率先成功烧制出了比较成熟的青瓷，首开越窑青瓷发展之先河。目前在宁波、慈溪、上虞等地发现的汉代窑址，既有原始瓷器与成熟瓷器的合烧窑，也有单独烧造成熟瓷器的窑址。如慈溪上林湖的周家岙、横塘山、吴石岭、黄婆山、桃园山、大庙岭，宁波江北的八字桥、季岙、鸡步山、郭塘岙，鄞州栎斜的玉缸山，东钱湖郭家峙的郭童岙、上水的老鼠山等窑址中，除鸡步山、郭塘岙、季岙、黄婆山、横塘山、吴石岭、大庙岭等窑址属原始瓷与成熟瓷的合烧窑外，其他均为专烧成熟瓷器的瓷窑。上虞大湖岙发现的3处东汉中晚期窑址中，印纹罍、瓿等器物已用瓷土制作，结束了原始瓷器和印纹硬陶同窑烧造的状态。上虞四峰山窑群除个别窑场仍在生产原始瓷器外，大多数窑也已成为专烧瓷器的瓷窑。

1　林士民：《浙江宁波汉代窑址的勘察》，《考古》1986年第9期。

2　朱伯谦：《朱伯谦论文集》，第25、26页，紫禁城出版社，1990年。

一、瓷窑遗存

（一）上虞地区越瓷窑址

上虞曹娥江中游地区目前已发现东汉瓷窑遗址37处，主要分布在上虞上浦石浦和联江凌湖周围。石浦龙池庙后山有瓷窑2处，小仙坛和大陆岙各有瓷窑1处；凌湖有畚箕岙、倒转岗、帐子山等窑址。另外在凤凰山也发现有汉代瓷窑。龙池庙后山和大陆岙的3处窑址废品堆积中，有一部分胎质较松、玻化程度差、胎釉结合不严密的产品，应为原始瓷，大陆岙窑址还发现有不施釉的印纹罍。小仙坛、帐子山和畚箕岙等窑址则完全生产瓷器，其中帐子山窑场生产青瓷和黑瓷，其他2处窑场只生产青瓷。这3处窑场烧制的青瓷器物，釉呈青黄、纯青等色，胎质细腻，完全烧结，击之铿锵有声[1]。中国科学院上海硅酸盐研究所曾对上虞小仙坛东汉晚期窑址出土瓷片的瓷胎和窑址附近的瓷石进行了测试分析，发现它们的化学成分

表2　上虞小仙坛窑出土东汉青瓷标本化学、物理测试结果

项目	内容											
胎釉外观	釉层外观						胎色和断面					
	青色，较光亮，有细碎片纹						淡灰色，致密，有闭口微孔					
胎的化学成分	氧化物含量（%）											
	SiO_2	Al_2O_3	CaO	MgO	K_2O	Na_2O	Fe_2O_3	TiO_2	P_2O_5	MnO	烧失	总计
	75.85	17.47	0.20	0.52	2.66	0.54	1.64	0.97	微量	0.03	微量	99.88
釉的化学成分	氧化物含量（%）											
	SiO_2	Al_2O_3	CaO	MgO	K_2O	Na_2O	Fe_2O_3	TiO_2	P_2O_5	MnO	烧失	总计
	59.66	13.70	18.20	1.55	1.85	0.49	1.84			0.45		
物理性能	体积比重（g/cm^3）		显气孔率（%）		吸水率（%）		吸红试验		抗弯强度（kg/cm^2）		烧成温度（±20℃）	
	2.17		0.62		0.28		不吸红		710		1310	

（采自李刚《古瓷新探》，浙江人民出版社，1990年）

1　浙江省文物考古研究所等：《浙江上虞县发现的东汉瓷窑址》，《文物》1981年第10期。

十分接近[1]，说明小仙坛瓷窑是就地取材的。分析还表明此时瓷器胎釉原料中铁、钛氧化物含量较低，胎色较白，釉色纯青，烧成温度高达1200℃～1310℃，瓷胎已烧结，不吸水，透光性好，胎釉结合比较紧密，无脱釉现象，已基本达到了现代瓷的标准[2]（表2）。

（二）宁波地区越瓷窑址

宁波地区已经发现的东汉瓷窑遗址主要有慈溪上林湖的周家岙、横塘山、吴石岭、黄婆山、桃园山、大庙岭，江北区的八字桥、季岙、鸡步山、郭塘岙，鄞州栎斜的玉缸山，东钱湖郭家峙的郭童岙、上水的老鼠山等10多处（表3）。林士民先生将之分为三种类型：鸡步山类型、郭童岙类型和玉缸山类型。鸡步山类型：除大庙岭窑仍烧制印纹陶外，其他均为原始瓷与成熟瓷合烧的窑，品种见有青瓷和酱褐釉瓷，器物以罐、罍、壶为多，饰弦纹、几何纹、泥条堆贴纹等，窑具有双足器、圆形垫饼、筒形垫具等。时代属东汉晚期早段；郭童岙类型：瓷片堆积显示均为成熟瓷窑，器物制作方法有拉坯成形和泥条迭筑成形两种。拉坯成

表3　宁波地区东汉窑址一览表

时代	窑址名称	位置	主要产品	釉色	窑具
东汉晚期（早）	鸡步山	宁波江北	罍、壶、罐、盘、洗	青、黑、酱褐釉	双足器、圆形垫饼、筒形垫具
	郭塘岙	宁波江北	罍、壶、罐、盆	青、酱釉	同上
	季岙	宁波江北	罍、壶、罐	青、酱釉	同上
	黄婆山	慈溪上林湖	罍、壶、罐	青、酱釉	同上
	横塘山	慈溪上林湖	罍、壶、罐	青、酱釉	同上
	吴石岭	慈溪上林湖	罍、壶、罐	青、酱釉	同上
	大庙岭	慈溪上林湖	罍、壶、罐	青、酱釉	同上
东汉晚期（中）	郭童岙	东钱湖郭家峙	壶、罐、洗、钵、碗、缸	青釉为主、也有酱褐釉	双足器、圆形垫饼、筒形垫具、覆钵形垫具
	八字桥	宁波江北	壶、罐、洗、钵、碗、缸	青釉为主、褐釉少许	同上
	柏家岭	余姚历山	罍、罐	以酱褐釉为主	同上

1　郭演仪、王寿英等：《中国历代南北方青瓷的研究》，《硅酸盐学报》1980年第3期。

2　李家治：《我国瓷器出现时期的研究》，《硅酸盐学报》1978年第3期。

续表

时代	窑址名称	位置	主要产品	釉色	窑具
东汉晚期（晚）	玉缸山	鄞县横溪栎斜	壶、罐、洗、碗（盏）、缸、砚台	青、酱褐釉	双足器、圆形垫饼、覆钵形垫具、三足支具
	周家岙	慈溪上林湖	罍、壶、罐、钵、碗	青、酱褐釉	同上
	老鼠山	东钱湖上水村	壶、罐、洗、罍、碗	青釉为主	同上
	桃园山	慈溪上林湖	罍、壶、罐、钵、碗（盏）	青釉为主	同上

（采自林士民《青瓷与越窑》，上海古籍出版社，1999年）

形的原料经过淘洗，胎质细腻，呈灰白色，釉色青，釉层厚薄均匀；泥条迭筑成形的器物，胎土杂质较多。主要器物有壶、罐、洗、钵、碗、缸等。窑具有双足器、圆形垫饼、筒形垫具、覆钵形垫具等。时代属东汉晚期中段；玉缸山类型：产品胎土、釉色都有所进步，主要器物见有碗、盏、壶、洗等。窑具除双足器、筒形垫具、覆钵形垫具外，新出现了三足支具。时代属东汉晚期晚段。

二、龙窑遗迹

上虞帐子山曾发现2座东汉时期的龙窑遗迹，发现时两窑前段均已遭破坏，其中一号窑残长3.9米，估计全长10米左右，窑床残长2.98米，底宽1.9～2.08米。窑底用黏土抹成，底面铺砂二层，窑具置于砂层上。窑墙同样采用黏土做成，烧结面凝结，窑汗丰厚。窑顶原为黏土砌成弧形拱顶，窑室后部有墙一堵，墙的下部筑有烟火道，墙后有排烟坑。近后墙的烟火道附近出土有碗、盏等标本，胎质疏松，易破碎，说明窑尾部位温度较低，难以使坯件烧成。窑具为斜底直筒状和三足支钉。二号窑窑床结构与一号窑相似，只是窑底的倾斜度不同，前段为31°，后段为14°，两段交接处凸腰现象明显。窑具有束腰形、斜底喇叭形垫座，均用瓷土制作而成。两窑出土器物见有青瓷和黑瓷两种，其中一号窑烧制的器物以小件碗、盏等为主，二号窑烧制的器物以罍、瓿、罐、壶等大件器物为主，黑瓷居多，青瓷少见，表明两窑已有了初步分工[1]。

东汉龙窑与战国龙窑相比在结构上有了新的进步。战国时期的龙窑结构表现为短、矮、宽，窑室短而矮，不仅装烧量小，而且火焰流速快，窑内温度不均匀，器物容易过烧或生烧，从而影响产品的质量；窑室宽，拱顶跨度大，则易在高温燃烧下坍塌，如富盛战国龙窑就曾发现过5窑上下相叠的情况。由于此时还没有创制垫底窑具，不能把坯件垫高到窑内烧成

1 中国硅酸盐学会：《中国陶瓷史》，第131页，文物出版社，1982年。

温度最好的部位，导致装在窑底器物的生烧现象比较普遍。东汉时期龙窑不仅规模比战国龙窑有所扩大，增加了装烧量，且窑床内还发现有垫底垫具，表明此时坯件已用窑具垫高，避免了窑底温度过低出现产品生烧的现象；同时窑的前段坡度加大，自然抽力加强，利于发火和升温，后段的坡度较小，利于减少抽力，延长火焰在窑炉内的停留时间，使窑温能够烧到1250℃～1300℃。这些结构方面的改进与完善，为成熟瓷器的烧制创造了有利条件。

三、纪年瓷器

纪年瓷是指有着明确纪年的瓷器，包括两方面的含义：一是指器物本身刻有纪年铭文，即狭义的纪年瓷；一是指出自有明确纪年的遗存中的瓷器，即广义的纪年瓷。后者的数量往往多于前者。

目前所见东汉纪年瓷器多属广义的纪年瓷，主要集中出自这一时期浙江、江苏、安徽、河南、四川等地的多年墓葬中，常见器物有罐、壶、盘口壶、钟、簋、罍、钵、五联罐、熏炉、灶、井、耳杯等（表4）。浙江奉化白杜东汉熹平四年（175年）墓出土的一件青瓷井和青瓷熏炉，造型端正，胎质细密，釉层青翠，色泽匀净，装饰简朴，形象直接，分别代表了早期越窑青瓷的写实风格与产品面貌[1]。

表4　东汉纪年墓葬出土越瓷简表

公元	年号	墓葬地点	纪年依据	出土瓷器	资料来源
67	永平十年	江苏邗江甘泉2号汉墓	纪年砖	罐4	《文物》1981（11）
101	永元十三年	江苏丹阳大泊汉墓	银地涂金带钩	钟1、黑釉罐1、黑釉盘口壶1	《考古》1978（3）
103	永元十五年	浙江上虞汉墓	纪年砖	壶1、碗1、罐1、罍1	《朱伯谦论文集》
109	永初三年	浙江上虞蒿坝汉墓	纪年砖	簋1、钟1、罐1、钵1、罍1	《文物》1983（6）
164	延熹七年	安徽亳县曹操家族墓	纪年砖	罐1	《文物》1978（8）
170	建宁三年	安徽亳县曹操家族墓	纪年砖	罐1、罍1	《文物》1978（8）
175	熹平四年	浙江奉化白杜汉墓	买地卷砖	五联罐1、灶1、耳杯2、香熏1、井1	《浙江省文物考古研究所学刊》1981年

1　浙江省博物馆：《浙江纪年瓷》，图版1、2，文物出版社，2000年。

四、器物特征与装饰风格

东汉青瓷初由原始青瓷演变而来，因此在造型、制作上都与原始青瓷颇为相似，常见器物有碗、盏、盘、钵、盆、洗、壶、钟、罍、瓿、砚、唾壶、五联罐等，新出现了专门用来陪葬的明器，如堆塑罐、灶和水井等。碗：一般口部较薄，有的口微内敛，深腹或上腹略鼓，下腹弧向内收，平底，底微内凹；盘：与原始瓷盘相同，作耳杯的托盘用；盆：宽沿或直口折唇，上腹较直，下腹内收，平底微凹；罐：直口，有的为圆唇，肩部有环形双系或四横环形系，球腹或鼓腹，平底。肩部有的刻划弦纹或水波纹，腹部常见模印麻布纹，里外施釉不及底。上虞博物馆收藏的一件青瓷罐，直口，高颈，鼓腹，平底内凹，肩部饰弦纹、水波纹和四系，施淡青釉不及底，开细纹片，釉层莹润[1]（图74）；罍：敛口或直口，肩部设半环形双耳，鼓腹，平底，腹部饰弦纹和网纹；钟：盘口，颈较粗，肩腹部设一对环形系，腹扁圆，圈足。有的腹部贴有铺首；五联罐作葫芦形，鼓腹，平底。在束腰部位堆塑有人物、鸟兽，腹部有凹弦纹；耳杯：敞口，椭圆形，平底，施青釉，釉面色调略有深浅，底部露胎；灶：浙江奉化白杜东汉熹平四年墓出土青瓷灶呈船形，灶面有两个釜眼，灶尾有出烟孔。施青釉，釉色光亮，底部露胎（图75）；熏炉：奉化白杜东汉熹平四年墓出土一件青瓷熏炉，敛口，圆唇，鼓腹，平底内凹。肩部饰弦纹间以水波纹，腹部镂有三排小圆孔，器物造型饱满端正，釉色青翠，色泽匀净（图76）；井：奉化白杜东汉熹平四年墓出土青瓷井，宽沿，直口，斜肩，鼓腹，下腹内收，平底。肩腹部堆贴绳索纹，绳索交点作结头状。胎土细密，胎色灰白，施青绿釉不及底（图77）；壶：盘口较浅，鼓腹，平底或矮圈足，肩及

图74　上虞博物馆藏东汉青瓷水波纹四系罐

图75　浙江奉化白杜东汉熹平四年墓出土青瓷灶

1　徐定宝主编：《越窑青瓷文化史》，第22页，人民出版社，2001年。

图76 奉化白杜出土东汉青瓷熏炉

图77 奉化白杜出土东汉青瓷井

腹部饰有弦纹或水波纹，采用分段拉坯，然后黏合成器。浙江上虞出有一件青瓷盘口壶，斜肩，肩部有一对叶脉纹附耳，圆球形腹，平底。颈部饰一圈水波纹，自肩至上腹部饰有3道等距凹弦纹，下腹部有7道粗凹弦纹。施釉不及底，釉层较厚，釉色青黄，明亮清澈，表面有光泽，胎釉结合较紧密，但施釉厚薄不均，有流釉现象。值得特别注意的是，这件盘口壶肩部釉下刻有“熹平年”三字款，按“熹平”（172～178年）为东汉灵帝刘宏年号，这为越瓷创烧于东汉晚期提供了又一个十分难得的直接物证[1]。

瓷器制作方法，碗、钵、洗等是先拉成器身，后接底成器；壶、钟的制作是用分段拉坯法分别制成上、下腹和口颈，再黏接而成。从宁绍地区出土的青瓷看，其胎土较细腻，釉丰厚，色青翠，胎釉结合比较牢固，但施釉多不及底。

装饰纹样基本沿用原始青瓷和印纹硬陶风格，装饰手法除拍印外，还常见使用刻划、模印、镂孔、堆贴等方法，并根据器形的不同而有所区别，一般在壶、碗、洗的口沿处刻划弦纹和水波纹，在洗等器物的腹部贴模印的铺首，在瓿、罍的腹部拍印麻布纹、窗格纹、网纹、重线三角纹、方格纹等纹饰（图78）。

五、黑釉瓷器

黑釉瓷器脱胎于原始酱色釉瓷。分析表明，酱褐釉原始瓷与黑瓷坯料中含铁量比较高，以氧化铁作着色剂，二者成型和施釉方法相同，只是酱色釉原始瓷釉料中铁的含量较低，釉层薄，呈色不黑，若

图78 慈溪市博物馆藏东汉越窑瓷片标本

1 关战垒：《东汉熹平年款青瓷盘口壶》，《浙江省文物考古研究所学刊》，1997年。

窑内烧成温度提高，釉料中氧化铁稍有增加，就可烧成黑瓷。与青瓷相比，黑瓷亦以瓷土作胎，以氧化铁为主要着色剂在还原气氛中烧成，其与青瓷的主要差别在于釉料中氧化铁含量的多少和烧成温度的高低，一般而言黑釉瓷器的烧成温度较低[1]。

宁绍地区汉代窑址中多发现有酱色釉原始瓷器，如上虞乌贼山窑址烧制产品虽以原始青瓷为主，但酱色釉瓷占有一定比重，品种包括五联罐、耳杯、鐎斗、盘、双系罐等；宁波江北郭塘岙4处东汉窑址也出土有一定数量的褐色瓷和少量的黑色瓷。东汉晚期，随着制瓷工艺的提高，这里还出现了专门生产青瓷和黑瓷的作坊。这些窑址中出土的黑釉瓷器胎土多较粗糙，含砂丰富，坯料淘洗不精，推测当时有可能是选用精细的原料制造青瓷，较粗的原料制作黑瓷。黑釉瓷器在这一时期的墓葬中也有不少发现，品种主要见有盘口壶、钟、蒜头瓶、罐、双口罐、罍、五联罐等，器型风格与青瓷类同，其中纪年明确、时代最早的当属江苏丹阳大泊东汉永元十三年（101年）墓出土的一件黑釉鸟食罐，瓷胎呈灰黑色，釉色黑如乌金[2]；1974年浙江上虞百官镇出土一件东汉晚期黑釉熊形灯盏,塑成巨人形象，头顶上的碗为灯盏，两肩宽阔，腿脚曲于腹前作坐状，怀抱一只熊，熊耳竖起，两眼鼓出，腹部有一圆孔。从灯盏的口沿至人的头、肩、双膝雕有熊，神态各异，手法新颖，形象生动。背面刻“大吉祥”3字[3]。上虞凤凰山汉墓第四期出土的60件瓷器中，除青瓷罍外，其他也均为黑瓷。此外，安徽、江苏、湖北等地墓葬也都出有黑釉瓷器，这些黑釉瓷器与宁绍地区东汉晚期窑址出土的相同，有可能为越窑产品。

第三节　六朝越窑瓷

自三国东吴至南朝陈的360余年间，江南地区与中原各地相比，社会政治相对安定，经济文化有所发展，特别是东吴至西晋时期，由于厚葬之风盛行，明器大量生产，青瓷需求增加，越窑制瓷业也因此得以一度繁荣起来。今绍兴、上虞、宁波、余姚、鄞州、奉化、萧山、余杭等地都发现有这一时期的越窑窑址，其中尤以上虞曹娥江中游地区最为集中，窑场数量从东汉时的37处发展到东吴时的40处、西晋时的六七十处，主要分布在上虞百官、江山、梁湖、联江、上浦、皂湖、路东、横塘等地[4]；另外在绍兴九岩、王家溇、古窑庵、新民、下青塘、陶官山、馒头山、禹陵等地发现10余处；萧山上董、石盖村，余姚竺山、陈

1　朱伯谦：《朱伯谦论文集》，第91页，紫禁城出版社，1990年。

2　刘兴：《江苏丹阳东汉墓》，《考古》1978年第3期。

3　江苏教育出版社1990年版《中华文物鉴赏》写作“青瓷灯”。

4　李刚：《古瓷新探》，第27页，浙江人民出版社，1990年。

家岙、贺墅堰、枫树弄、乐安湖，慈溪翁家坟头、大坪里、金鸡岙、冯家山、獾猪坪、大池墩和鳖裙山，鄞州小白，宁波云湖，东钱湖韩岭等地也有这一时期的窑址发现[1]。这些窑场生产的青瓷，不仅畅销本地，也大量销往江苏、安徽、湖北、河南等地，并已形成了专门从事青瓷制作的工匠群和独立的手工业作坊，如江苏南京赵士岗东吴墓出土的青瓷虎子上刻有“赤乌十四年会稽上虞师袁宜作”[2]；江苏金坛白塔东吴墓出土的一件青瓷扁壶上刻有“紫（此）是会稽上虞范休可作坤者也”[3]；绍兴凤凰山永嘉七年墓出土的青瓷火盆外底刻有“徐龙”二字[4]；安徽马鞍山赤乌十二年朱然墓中随葬有一批精美的越窑青瓷，其中一件漆案上还书有“官”字，意味着当时的达官显贵或许已有指定越窑生产高档青瓷的动向[5]。越瓷生产至此进入了大发展时期。

东晋伊始，以至南朝，厚葬之俗渐衰，节敛之风流行，反映在瓷业生产上，以往大量需求的明器基本停烧，日常用品也没有前期丰富，窑场数量明显减少，越窑青瓷趋于式微。与此同时，地处不远的德清窑兴起，瓯窑、婺州窑也有了较大的发展，产品远销至江苏、广东、福建等省，出现了与越窑竞争的局面。各窑场为了在日益激烈的竞争中占有市场，纷纷推出具有各自特色的产品，如德清窑烧制的褐釉瓷，釉光闪亮，一举打破了以往青釉瓷的单调格局，赢得了时人的青睐。江苏镇江东晋墓曾出土过一件褐釉瓷鸟饰洗，口沿宽边微翘，深腹，平底内堆塑一鸟饰，长冠后垂，翘尾，做展翅飞翔状，通体施褐釉，造型生动可爱，自然逼真，妙趣横生[6]（图79）。瓯窑也因其胎土较白，暗衬釉色，同时釉面自然开裂，大若蟹爪，小如鱼子，疏密得体，自然醒目，器物造型又别具一格，逐渐形成了与其他各窑瓷器不同的瓯瓷风格。镇江东晋临淮谢氏墓出土的一件瓯窑青瓷褐斑鸡首壶，与其他窑出土的鸡首壶造型截然不同，为浅盘口，鸡首高昂，无把手，只在鸡首的对称处堆贴蠕体卷曲的尾饰。壶口沿、鸡首、尾部点饰褐彩，斑块相错交叠，与底色融为一体（图80）；镇江大港发掘的一座南朝墓，出土瓷器30件左右，除一件为德清窑外，其余均为瓯窑产品，这些瓷器都用纱布包裹，其中一件青瓷四系罐底部刻有“政”字，有可能是墓主专门向瓯窑定烧的[7]。相较之下，南朝时期越瓷生产则全面萎缩，跌入低谷，基本处于停滞阶段。

---

1 冯先铭主编：《中国陶瓷》，第254页，上海古籍出版社，2001年。

2 王志敏：《从七个纪年墓葬漫谈1955年南京附近出土的孙吴两晋青瓷器》，《文物参考资料》1955年第8期。

3 宋婕：《介绍一件青瓷扁壶》，《文物》1976年第9期。

4 沈作霖：《浙江绍兴凤凰山西晋永嘉七年墓》，《文物》1991年第6期。

5 徐定宝主编：《越窑青瓷文化史》，第48页，人民出版社，2001年。

6 刘丽文：《镇江出土六朝瓷器研究》，《中国古陶瓷研究》第十二辑，紫禁城出版社，2006年。

7 刘丽文：《镇江出土六朝瓷器研究》，《中国古陶瓷研究》第十二辑，紫禁城出版社，2006年。

图79　江苏镇江东晋墓出土德清窑褐釉鸟饰洗

图80　江苏镇江东晋临淮谢氏墓出土瓯窑青瓷褐斑鸡首壶

一、东吴时期

（一）瓷窑遗存

东吴时期窑址遗存主要分布在上虞曹娥江中游两岸，目前已发现窑址30余处，其中以凤凰山、尼姑婆山窑址最为典型。

凤凰山窑址：面积约800平方米，遗物堆积很厚，在山坡的断面处可见到窑炉的遗迹。器型有碗、钵、碟、罐、洗、盘口壶、堆塑罐等。碗分浅腹和深腹两种，口沿下有一道凹弦纹，腹部有的有网格纹带；罐在肩部设一对称或四个泥条横系耳，也有的设一对称扁状竖系耳，耳上印杉叶纹。有的在肩部饰网格纹带，上贴铺首，有的在肩部安一个虎首形流，但此种器型很少见，江苏丹徒出土过一件虎头罐，造型生动，可能为此窑产品（图81）；洗的器型一般较大，腹部有的饰有网格纹带和联珠纹，有的在网格纹带上贴铺首，内底饰弦纹和水波纹；盘口壶颈较长，溜肩，平底，肩部饰细弦纹或网格纹带[1]。

图81　江苏丹徒西晋墓出土青瓷虎头罐

1　林士民：《青瓷与越窑》，第90页，上海古籍出版社，1999年。

尼姑婆山窑址：属于一处典型的东吴、西晋时期的窑场。产品种类丰富，常见者有碗、盘口壶、水盂、三足砚、樽、三足樽、扁壶、虎子等。装饰手法分刻划、模印、戳印几种，纹饰题材有斜方格纹、网纹、连珠回圈纹、水波纹、龙纹等。窑具数量也很多，主要有间隔具和垫具。间隔具多为三足饼形和锯齿盂形；垫具有束腰形、钵形、筒形、盂形、浅盘形等。有的窑具上还刻划、模印符号和文字，如一件椭圆形扁壶范内底刻有“范”字[1]。江苏金坛白塔东吴墓出土青瓷扁壶腹部一面刻“紫（此）是会稽上虞范休可作坤者也”、一面刻“紫是鱼浦七也”（图82）。按：“范休可”为窑工名，“坤”字是当时对青瓷扁壶的专称，“鱼浦”为湖名，即上虞境内的鱼浦湖，现称为“白马湖”“七”字即“土”字。从铭文内容看此件扁壶是取白马湖土制作的[2]，当为尼姑婆窑产品。

图82-1 江苏金坛白塔东吴墓出土青瓷扁壶

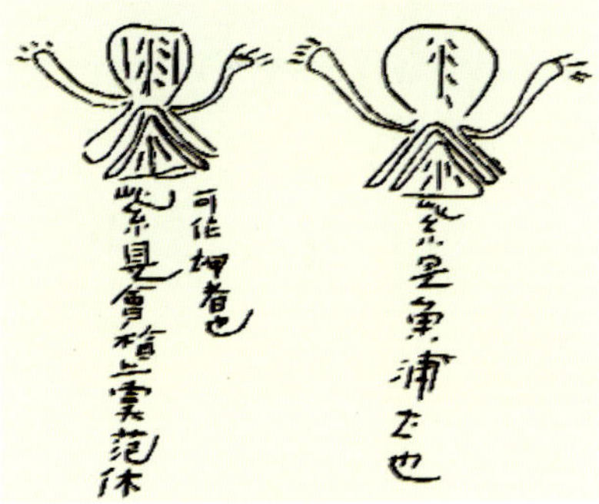

图82-2 江苏金坛白塔东吴墓出土青瓷扁壶铭文拓片

（二）龙窑遗迹

东吴龙窑与东汉时期相比，窑身又有所加长。上虞鞍山东吴龙窑全长达13.32米。火膛呈半圆形，宽与窑床同，中间最大直径80厘米，底用黏土铺成，比窑床低42厘米。窑头前端的窑墙已不存，火门与通风口的情况不明，但在底面可见窑墙的遗痕。窑头前有长方形操作面，亦用黏土铺成，厚4厘米。火膛与窑床之间有一堵黏土墙，厚11厘米，朝火膛的一面有薄薄的窑汗。窑室作斜长甬道形，长10.29、宽2.1～2.4米，前段较宽，后段渐窄，倾斜度前段13°，后段23°，底面铺砂一层。窑墙用黏土筑就，高30～37厘米，窑顶为半圆拱顶，用黏土砖坯砌成。在窑床的尾部筑有黏土矮墙一堵，高10厘米，两壁向下斜伸，墙面烧结坚硬，设有前后参差不齐的烟火柱5个，高15厘米。窑底倾斜度前段缓、后段陡，中间下凹。窑尾拱顶较低，烟自窑腔中出，由于窑腔大，空气与火焰的流通量太大，故筑一堵挡火墙并临时用黏土堵塞窑腔[3]。

龙窑窑身加长不仅延长了火焰在窑室内的停留时间，提高了热能的利用率，也增大了装

1　郑嘉励、张盈：《浙江发掘上虞尼姑婆山三国西晋窑址》，《中国文物报》2007年6月20日。

2　李刚：《古瓷新探》，第87、88页，浙江人民出版社，1990年。

3　朱伯谦：《朱伯谦论文集》，第105、106页，紫禁城出版社，1990年。

烧量。根据东吴龙窑的装窑情况，以1979年南京幕府山东吴五凤元年（254年）纪年墓出土盘口壶为例，窑内直向可装50排，每排可放10件，一窑可烧盘口壶500件以上；若烧制同墓所出的碗，按照当时的装烧方法，碗与碗之间用三足支钉间隔，以叠装5件计算，一窑可烧碗万件以上[1]。

（三）纪年瓷器

东吴纪年越瓷主要集中出自这一时期江浙等地的纪年墓葬中，尤以江苏南京、金坛和浙江绍兴、宁波一带发现居多（表5）。墓中出土青瓷器物少者1～5 件，多者达十几件，如上虞江山南穴村狗尾巴山发现的一座天纪元年小型砖室墓，随葬的青瓷器物有10多件；金坛唐王公社和白塔公社东吴墓出土器物全部为青瓷器。值得注意的是这些纪年墓葬中出土的部分青瓷虎子、堆塑罐、灯等器物自身也刻有纪年铭文，如南京清凉山东吴墓出土的一件越窑青瓷熊灯上即刻有“甘露元年五月造”纪铭，这为墓葬及瓷器断代提供了依据。

表5　东吴纪年墓葬出土越瓷简表

公元	年号	墓葬地点	纪年依据	出土瓷器	资料来源
247	赤乌十年	江苏南京仙鹤山M5	陶盒纪铭	洗1、三足盆1、耳杯1、鐎斗1、盏1、灶1、罐1、盘口壶1	《文物》2007（1）
251	赤乌十四年	江苏南京赵士岗	虎子纪铭	虎子1、双耳罐1、双耳壶1	《文物参考资料》1955（8）
254	五凤元年	江苏南京幕府山M1	砖地券	盘口壶1、碗1	《文物资料丛刊》第8期
254	五凤元年	江苏南京幕府山M2	砖地券	盘口壶1、碗1	《文物资料丛刊》第8期
257	太平二年	浙江嵊州浦口大塘岭M101	墓志铭	堆塑罐1、双系罐4、直系罐1、印纹罍1、灶1、井1、火盆鐎斗1、耳杯1、勺1、碟1、香熏1	《考古》1991（3）
259	太平四年	浙江嵊州石璜	纪年砖	盘口壶1、双系罐1、四系罐1、双口罐1、水盂1、碗14、钵1	《考古》1988（9）
259	永安二年	江苏南京郭家山M7	砖地券	扁壶1、虎子1、碗12、盖罐1	《考古》1998（8）

1　冯先铭主编：《中国陶瓷史》，第254页，上海古籍出版社，2001年。

续表

公元	年号	墓葬地点	纪年依据	出土瓷器	资料来源
260	永安三年	浙江绍兴	罐纪铭	堆塑罐1	《中华文物鉴赏》
260	永安三年	江苏金坛方麓茶场	纪年砖	双系罐1、双系盘口壶1、碗2、唾盂1、水盂1、灯盏1、虎子1	《文物》1989（8）
260	永安三年	浙江宁波鄞州蜈蚣岭	纪年砖	簋1、罐3、盘口壶1、盂1	《考古》2008（11）
261	永安四年	江苏南京郭家山M6	砖地券	双系罐2、水盂1、碗7	《考古》1998（8）
263	永安六年	浙江嵊州浦口大塘岭M95	纪年砖	猪圈1、碗2、钵1、碟2、灶1、勺1、槅1、堆塑罐1	《考古》1991（3）
263	永安六年	浙江嵊州浦口大坟山“泮氏”墓	纪年砖	三足奁	《佛教初传南方之路》
265	甘露元年	江苏南京清凉山	熊灯纪铭	熊灯1、羊尊2	《文物》1959（4）
265	甘露元年	江苏南京北郊五塘村M2	铜镜纪铭	唾盂1、盘口壶1、钵1、盆1	《文物参考资料丛刊》第8期
270	建衡二年	江苏南京甘家巷	铅地券	双系罐1、双系壶1、四系壶1、盏2、碗3	《考古》1976（5）
272	凤凰元年	江苏溧阳东王	纪年砖	仓1、罐1、鸡笼1、灶1、提篮内有小罐和勺、钵3、盂1、栏圈1、鐎斗1	《考古》1962（8）
273	凤凰二年	江苏南京赵士岗	铅地券	蛙形水盂1、四系罐1、双系罐2、四系壶1	《文物参考资料》1956（11）
274	凤凰三年	江苏南京江宁东善桥	纪年砖	洗1、碗2、灯盏1	《文物》1999（4）
275	天册元年	江苏江宁上坊棱角山	纪年砖	堆塑罐1、盘口壶1、罐1、簋1、洗1、碗2、水盂1、水注1、酱釉斑小罐1、灶1、井2、猪圈1、厕所1	《文物资料丛刊》第8期
276	天玺元年	江苏金坛白塔	纪年砖	熏炉1、灶1、井1、鸡笼1、灯1、堆塑罐1、猪圈1、	《文物》1977（6）
276	天玺元年	浙江黄岩秀岭水库	纪年砖	三足盆1、碟2	《考古学报》1958（1）

续表

公元	年号	墓葬地点	纪年依据	出土瓷器	资料来源
277	天纪元年	浙江上虞江山南穴村狗尾巴山	纪年砖	堆塑罐1、罂1、鸡首罐1、篮1、耳杯1、勺1、盘1、灶1、碗1、鸡舍1、猪圈1、澄滤器1	《古瓷新探》
277	天纪元年	浙江淳安	纪年砖	虎子1	《考古》1959（9）
277	天纪元年	浙江建德	纪年砖	虎子1	浙江省博物馆青瓷陈列标本
278	天纪二年	浙江嵊州中爱M74	纪年砖	盘口壶1、双口罐1	《考古》1988（9）

（四）器物特征与装饰风格

东吴青瓷与前相比，胎质更加细腻，呈灰白色，烧结坚硬，不吸水。釉色比较纯净，以淡青色为主，黄釉、青黄釉少见，釉层均匀，胎釉结合紧密，剥落现象很少见。上釉的部位根据器物的用途不同而不同，如碗、盏、钵、盆等是内部满釉，外部施釉不及底；壶、罐等口沿内外及外壁施釉，内壁不施釉。

器物造型基本承袭前代，并吸取了陶器、铜器、漆器等的造型风格，但也出现了新的品种，如以动物为造型的羊形烛台、蛙形水盂等以及反映地主庄园经济内容的明器。常见器型有碗、盘、碟、罐、盘口壶、洗、盆、钵、盒、耳杯、三足奁、果盒之类的盛贮用具，灯、烛台之类的照明用具，水盂、三足砚之类的文房用具和香熏、唾壶之类的卫生用具等。浙江嵊州浦口大塘岭东吴太平二年（257年）墓出土一件青瓷香熏，圆唇，直颈，圆鼓腹下内收，假圈足，平底内凹，口颈部贴塑二圆系，肩腹部镂三层圆孔，其间划四道弦纹，通体施青绿色釉，釉不及底[1]（图83）。明器主要

图83　嵊州浦口出土东吴青瓷香熏

1　浙江省博物馆：《浙江纪年瓷》，图版5，文物出版社，2000年。

见有堆塑罐、猪圈、鸡笼、犬栏、灶、井、鐎斗、火盆、磨、米筛等。嵊州浦口大塘岭东吴太平二年墓出土的一件青瓷堆塑罐，上层置五联罐，其间堆塑百鸟，下部正面开门，两旁各塑一人及鸭、龟等动物，其他三面各塑三人及蛇、狗、熊等动物。所塑十一人均头戴帽，高鼻深目，貌似胡人。罐肩部间隔分布三个蛙头形方角和三个小孔，小孔边各贴塑一条头向洞口的泥鳅（图84）。此罐造型可明显看出似从汉代五联罐演变而来，是研究堆塑罐发展过程的实物例证[1]。

图84 嵊州浦口出土东吴青瓷堆塑罐

装饰风格上东吴早期继续沿袭前代，装饰纹样以弦纹、水波纹为主，中晚期器物上出现了斜方格网纹及在网纹的上下戳印联珠纹，形成斜方格网纹、弦纹和联珠纹组合的花纹带，再配以铺首衔环、四神、佛像等。东吴末年出现釉下彩绘，南京长岗村吴末晋初墓出土一件釉下彩绘盘口壶，通体以褐彩绘画花纹，装饰题材内容丰富，彩绘线条繁密流畅[2]（图85）。部分器物的整体或局部做成动物形状，如上虞联江帐子山窑址所出蛙形水盂，整体做成青蛙形象，在蛙的背部安有管状进水口，腹部呈扁圆形，蛙头前伸，前肢捧钵作饮水姿势，后腿站立，造型十分独特[3]（图86）；南京清凉山“甘露元年”（265年）墓出土的青瓷羊形烛台，作卧伏状，昂首张口，双角绕于耳前，头顶有一圆

图85 江苏南京长岗村出土吴末晋初青瓷釉下彩盘口壶

1 浙江省博物馆：《浙江纪年瓷》，图版4，文物出版社，2000年。

2 易家胜：《南京出土的六朝早期青瓷釉下彩绘盘口壶》，《文物》1988年第6期。

3 徐定宝主编：《越窑青瓷文化史》，第48页，人民出版社，2001年。

孔，供插烛用，羊脊间长毛分披，体肥身壮，臀部上端贴印短尾，四足卷附腹下，腰的两侧划有双翼[1]（图87）。堆塑罐集雕塑、镂孔、堆贴、模印诸般装饰技法于一身，在罐的上面一般有楼阁、殿宇、望台、人物、飞鸟、动物等。江苏金坛东吴墓出土的一件飞鸟百戏罐，在罐上堆塑飞鸟68只，狮子、猴、鹿、海兽等69只，佛像7尊，舞乐杂技俑10人，造型逼真，图案繁杂，刻划精美，表现细致，反映了此时越窑瓷艺技术的高超水平。

图86　上虞联江帐子山窑址出土东吴青瓷蛙形水盂

图87　南京清凉山甘露元年墓出土青瓷羊形烛台

二、西晋时期

（一）瓷窑遗存

西晋是越窑瓷业的蓬勃发展时期，瓷窑数量比前明显增多，仅在上虞一地即发现这一时期的窑址60多处，较东吴时期成倍增加，主要分布在上虞南部、曹娥江中游两岸的凤凰山、晾网山、帐子山、虎尾巴山和皂李湖畔、横塘等处。另外在绍兴九岩、王家溇、古窑庵、禹陵等地发现窑址10余处[2]。余姚、宁波等地也有一定数量的西晋窑址发现。

凤凰山窑群：位于上虞上浦镇大善村。窑群分布在大善村后的前山、凤凰山、尼姑婆山等处，烧造的产品大多器形规整、釉色纯正，可辨器类主要有碗、罐、钵、洗、樽、盘口

1　南京市博物馆：《六朝风采》，图版103，文物出版社，2004年。

2　朱伯谦：《朱伯谦论文集》，第44页，紫禁城出版社，1990年。

壶、堆塑罐、水井等。

晾网山窑群：位于上虞中部梁湖镇。窑群分布在梁湖镇华光村的晾网山及其东边华东村的傅家山等处，共发现窑址5座，分布面积达2000平方米左右。生产品种以碗、罐为主，洗、盘口壶次之，其他产品还有钵、狮形烛台、水盂、砚、鸡首罐、堆塑罐等。

帐子山窑群：位于上虞上浦镇夏家埠村，窑址范围很大，堆积丰富，瓷器质量很高，器物品种主要见有碗、碟、钵、盘口壶、鸡首壶、罐、洗等。

虎尾巴山窑群：位于上虞西南陶岙村虎尾巴山东南坡，主要产品有洗、钵、狮形烛台等。

皂李湖畔窑群：位于上虞梁湖镇皂李湖畔，产品主要有碗、钵、罐、唾盂、盘口壶、泡菜罐、砚、虎子、洗、水盂、灯盏等。

横塘窑群：分布在上虞驿亭横塘村的马山、半界庵山，冯家村的石王山，岭下王村的倪阁岙，孙家塔村的夹坝山，杨溪村的馒头山等处，产品以碗为大宗，罐次之，还有洗、碟、鸡首壶、盘口壶等。

（二）龙窑遗迹

上虞尼姑婆山窑址曾揭露西晋龙窑1座。该窑由火膛、窑室和排烟坑组成，全长约13米，窑宽2.2米，进深1.7米，火膛后壁高0.5米。窑室长10.2米，宽2.2米，分前后两段，前段长4.2米，后段长6米。窑具见有喇叭形垫具、筒形垫具、圆形垫饼、双足垫具、三钉饼形垫具、锯齿口盂形间隔具等[1]。平面齿口的锯齿状间隔具克服了三足支钉的种种弊端，使得支烧点受力均匀，重量减轻，叠烧时可置较高高度而不塌。

（三）纪年瓷器

西晋纪年越瓷仍主要出自这一时期江浙等地的纪年墓葬中，以浙江绍兴、宁波、萧山、余姚、嵊州、慈溪、杭州和江苏南京、江宁、句容、吴县、宜兴等地发现最为集中（表6）。出土的部分青瓷堆塑罐上刻有纪年铭文，如余姚郑巷克山西晋墓出土的一件堆塑罐龟趺碑上刻有“元康四年九月九日越州会稽”铭文；平阳鳌江西晋墓出土堆塑罐刻有“元康元年八月二日造越州□□”铭文；上虞驿亭西晋墓出土堆塑罐龟趺碑上也刻有“太熙元年”等字样。

（四）器物特征与装饰风格

西晋越瓷胎土比前更厚，胎色更深，呈灰色。根据上虞上浦镇石浦所产瓷土氧化铁和氧化钛的含量，西晋瓷胎色泽本应与东吴一样呈淡青色，但此时可能有意识地选用了铁、钛含量较高的瓷土作坯料，或者在坯料中引入少量的紫金土，使胎中的氧化铁含量由东汉、东吴

1 郑嘉励、张盈：《浙江发掘上虞尼姑婆山三国西晋窑址》，《中国文物报》2007年6月20日。

表6 西晋纪年墓葬出土越瓷简表

公元	年号	墓葬地点	纪年依据	出土瓷器	资料来源
280	太康元年	江苏江宁淳化	纪年砖	盘口壶1、碗1、盏1	《考古》1987（7）
280	太康元年	浙江慈溪杜湖	纪年砖	罐1、香熏1、洗1、盆1、井1、盘口壶1、堆塑罐1	《文物》1980（10）
282	太康三年	浙江鄞州洞桥上庄山	纪年砖	青瓷盘口壶	《东南文化》2006（4）
286	太康七年	浙江诸暨牌头	纪年砖	壶1、钵1、香熏1、盘口壶1	《文物》1956（12）
286	太康七年	浙江绍兴坡塘后家岭	纪年砖	罐2、盆2、鸡笼1、鐎斗1、堆塑罐1、	《考古》1992（5）
286	太康七年	江苏扬州胥浦M93		罐1、盘口壶1、钵4、盏3	《考古学报》1988（2）
286	太康七年	浙江余姚郑巷克山	纪年砖	甑1、连盘鐎斗1、堆塑罐1、壶1、香熏1、双系罐2、盘口壶1、盘1、狗圈1、洗1	《东南文化》1998（3）
287	太康八年	浙江余姚梁弄九顶山	纪年砖	盘口壶3、双系罐2、狮形烛台1、三足盘1、水盂1	《文物》1995（6）
287	太康八年	浙江杭州钢铁厂	纪年砖	盘口壶1、堆塑罐1、鸡首壶1、双系罐2、洗、水盂1、钵1	《浙江纪年瓷》
288	太康九年	浙江嵊县石璜镇M75	纪年砖	堆塑罐1、虎子2、香熏1、水盂1、碗10、四系罐1、罍1、盘1、耳杯2、火盆鐎斗1、灶1、井1、桶1、鸡笼1、猪圈1、狗圈1	《考古》1988（9）
288	太康九年	浙江湖州升山	纪年砖	堆塑罐1、炉1	《浙江纪年瓷》
289	太康十年	浙江嵊州浦口棠头溪	纪年砖	水盂1、三足尊1	《浙江纪年瓷》
290	太康十一年	浙江嵊州浦口大塘岭	纪年砖	水盂1、钵1	《浙江纪年瓷》
290	太熙元年	浙江上虞驿亭	罐纪铭	堆塑罐1	《佛教初传南方之路》
291	元康元年	江苏吴县狮子山	罐纪铭	堆塑罐1	《佛教初传南方之路》

续表

公元	年号	墓葬地点	纪年依据	出土瓷器	资料来源
291	元康元年	江苏扬州胥浦M94	纪年砖	罐1、鸡首壶1、仓1、盏1、唾盂1、水盂1	《考古学报》1988（2）
291	元康元年	浙江平阳鳌江	罐纪铭	堆塑罐1	《浙江纪年瓷》
293	元康三年	江苏吴县狮子山	纪年砖	堆塑罐1、洗2、烘罐1、唾壶1、狗圈1、罐1、灶1、鸡圈1、猪圈1、盘口壶1、耳杯4、盘1、鐎炉11、小钵1	《考古》1983（8）
294	元康四年	江苏句容石狮	纪年砖	碟1、钵1、碗1、罐1、双系罐4、直筒罐1、壶1、唾壶1、香熏1、盘口壶1、盆1、砚1、堆塑罐1	《考古》1976（6）
294	元康四年	浙江余姚郑巷克山	罐纪铭	堆塑罐1	《浙江纪年瓷》
294	元康四年	浙江嵊州城关莲塘	纪年砖	唾壶1、狗圈1	《浙江纪年瓷》
295	元康五年	江苏吴县狮子山	纪年砖	堆塑罐2、虎子1、扁壶1、簋1、香熏1、仓罐1、兔形水盂1、格盘2、牛厩1、钵4、烘罐2、双系罐2、唾壶1、耳杯及承盘4、灶1、箕2、鸡圈1、猪圈1、狗圈2、小罐1、鐎炉1、盘口壶1、四系罐1	《考古》1983（8）
297	元康七年	浙江余姚郑巷克山	纪年砖	甑1、连盘鐎斗、堆塑罐1、双系罐1、狗圈、香熏、洗、盘、盘口壶	《东南文化》2006（4）
297	元康七年	江苏宜兴周家墩	纪年砖	双系罐1、扁壶1、香熏1、盖盂1、碗5	《考古学报》1957（4）
297	元康七年	江苏宜兴周家墩	纪年砖	扁壶1、砚1、香熏1、耳杯托盘1、鹅圈1、猪圈1、扫帚1、畚箕1、筛1	《中国考古学会第三次年会论文集》1981年
298	元康八年	浙江嵊州北金波山麓	纪年砖	虎子1、香熏1、唾壶1、罐4、耳杯托盘1、钵1、碗6、罍1	《文物》1987（4）
299	元康九年	浙江黄岩秀水岭水库	纪年砖	盘口壶1、罐1、碟1、碗1、井1	《考古学报》1958（1）

续表

公元	年号	墓葬地点	纪年依据	出土瓷器	资料来源
299	元康九年	浙江奉化白杜五岭北坡	纪年砖	唾壶1、盘口壶2、碗1、罐1、水盂2	《浙东文化》1997（1）
299	元康九年	浙江新昌	纪年砖	钵3	《考古》1993（5）
300	永康元年	浙江新昌孟家塘岭脚	纪年砖	水盂1	《考古》1993（5）
300	永康元年	浙江诸暨牌头	纪年砖	堆塑罐1	《文物》1956（12）
300	永康元年	浙江吴兴菁山	纪年砖	灯1、狗圈1	《浙江纪年瓷》
302	永宁二年	江苏宜兴	纪年砖	神兽尊1	《考古》1977（2）
302	永宁二年	江苏南京板桥石闸湖	纪年砖	俑2、罐5、碗10、盘1、狮形烛台1、镇墓兽1、壶1、小天鸡壶1、唾壶1、羊圈1、天鸡壶1、堆塑罐1、香熏1、鸡笼1、灶1、猪圈1、虎子1	《文物》1965（6）
303	太安二年	浙江杭州金门槛	纪年砖	罐8、洗2、盘2、碗4	《考古》1961（4）
303	太安二年	浙江杭州钢铁厂	纪年砖	三足砚1、狮形烛台1	《浙江纪年瓷》
305	永兴二年	江苏无锡张湾	纪年砖	香熏1	南京博物院藏宝录
305	永兴二年	浙江诸暨牌头	纪年砖	钵1、盘口壶1	《文物》1956（12）
308	永嘉二年	江苏南京迈皋桥	纪年砖	罐1、虎子1、唾壶1、香熏1、砚1、碗1、灶1、猪圈1、鸡笼1、羊圈1	《考古》1966（4）
309	永嘉三年	浙江诸暨牌头	纪年砖	三足钵1、兽首三足盆1、唾壶1	《文物》1956（12）
313	永嘉七年	浙江绍兴凤凰山	纪年砖	堆塑罐1、罐4、盖罐1、虎子1、磨1、鸡笼1、狗圈1、猪圈1、火药味盆1、鐎斗1、钵1、水盂1、香熏1、盘1、灶1、筛1、碟2	《文物》1991（6）
316	建兴四年	江苏宜兴	纪年砖	盏1、碗4、唾壶1	《考古》1977（2）

时的2%以下提高到2.5%～3%，钛的含量由1%以下增加到1%以上，因此使得瓷胎烧成灰色，釉色较深[1]。施釉仍采用浸釉法，釉层均匀，光泽较好，透明度高，胎釉结合紧密，很少见到脱釉现象。

这一时期器形与前相比也显得更加稳重端庄，瓷胎比前期稍厚，为避免由此产生的厚重感，工匠们有意将碗、碟一类器物的口沿做薄，把洗的唇面做成弧形内凹，从而使器物显得十分的轻巧。常见器物类型有碗、罐、鸡首壶、果盒、盘口壶、钵、三足炉之类的盛贮器，洗、樽、虎子、唾壶、香熏之类的卫生用具，灯、狮形烛台之类的照明用具，蛙形水盂、砚台之类的文房用具。明器主要有堆塑罐、水井、灶、鸡笼、猪圈、狗圈、磨、筛、镇墓兽、男女俑等。鸡首壶和狮形烛台是这一时期新出现的品种。余姚肖东五星墩出土的青瓷提梁鸡首壶堪称绝品，其肩部由联珠纹、弦纹、网格纹组成带状纹饰布于一周，肩腹部雕有正在啼鸣的鸡首和尾巴，羽毛丰满，形象逼真。宽敞的盘口之上，以黄鼬前两足作伏状，对准鸡冠似觅食，后两足夹住长长的尾巴停于口沿之上，造型别具一格[2]（图88）。此外如余姚梁辉九顶山西晋太康八年（287年）墓出土的青瓷盘口壶[3]（图89）、宁波鄞州蜈蚣岭西晋元康元年（291年）墓出土的青瓷三足炉[4]（图90）和江苏丹徒西晋墓中出土的青瓷狮形烛台（图91）等也都制作优良，造型大气，均是这一时期不可多得的越瓷艺术精品。

器物装饰风格多种多样，主要见有刻划、模印、压印、戳印、捏塑、雕塑、点染、褐彩等。有的将多种装饰手法运用于同一件器物上，如在一件器物上刻划弦纹，压印网格纹，戳印联珠纹，模印铺首、衔环、佛

图88　余姚肖东出土西晋青瓷提梁人物鸡首壶

图89　余姚梁辉出土西晋青瓷盘口壶

图90　浙江鄞州蜈蚣岭西晋墓出土青瓷三足炉

1　朱伯谦：《朱伯谦论文集》，第59页，紫禁城出版社，1990年。

2　徐定宝主编：《越窑青瓷文化史》，第49页，人民出版社，2001年。

3　浙江省博物馆：《浙江纪年瓷》，图版26，文物出版社，2000年。

4　宁波市文物考古研究所等：《浙江宁波市蜈蚣岭吴晋纪年墓葬》，《考古》2008年第11期。

像、四神等。联珠纹由并列连接的花蕊纹组成，常常装饰在网格纹的上下方；斜线篦点纹、忍冬纹、重线棱形纹、上下短条纹、佛像、铺首、禽兽纹常与网格纹、联珠纹带结合在一起；系耳面一般刻划杉叶纹、蕉叶纹或羽毛纹。西晋晚期开始盛行褐色点彩，系以铁为主要着色剂，在器物的口沿、肩部和器盖上缀以褐彩，非常醒目。东吴时常将器物的整体或局部做成动物形象的做法此时仍然流行，南京板桥镇石闸湖西晋永宁二年（302年）墓出土的鹰形盘口壶，肩部置对称系耳，一侧塑有一双目圆睁、喙尖若钩的鹰首，双耳下面划双翼，腹下部贴附双爪，与鹰首对称处饰短尾[1]（图92）。同一种动物形象还有多种运用形式，如熊，或将其做成器形，或将其做成足形，或置于堆塑罐上建筑模型的四角。由此可见，越窑生产的青瓷产品已不仅仅限于实用，同时也比较注重器物的装饰效果，使实用性与艺术性融为一体。

图91 江苏丹徒西晋墓出土青瓷狮形烛台

图92 江苏南京板桥西晋墓出土青瓷鹰头盘口壶

三、东晋时期

（一）瓷窑遗存

这一时期越瓷窑场明显减少，上虞地区发现的窑址不到30处，主要分布在上虞曹娥江中

1 南京市博物馆：《六朝风采》，图版25，文物出版社，2004年。

游两岸，如上浦姥山村绳头山、甲仗村华岗，联江夏埠村帐子山，皂湖鲤鱼山、沿山、后山头、窑山、西华瑶，横塘羊岙山、顶拱岙，百官龙山，梁湖晾网山等地。窑址时代为东晋至南朝时期[1]。此外如余姚陈家岙、乐安湖，绍兴灶窑头、禹陵，鄞州小白，慈溪上林湖等地虽也发现有东晋窑场，但已没有前期集中。

（二）龙窑遗迹

在上虞帐子山东汉龙窑的西部另发现有一座晋代龙窑，但仅存窑床后段和烟道部分，残长3.27、宽2.4米，根据迹象分析全长当在10米以上。窑的结构和建筑用料与汉代龙窑基本相同，窑床后段斜度为10°，同时窑底砂层上放置的窑具纵横成行，排列有序，行距有疏有密，用以调节窑内火焰的流向。窑内和窑外的废品堆积层中都极少发现生烧的产品[2]。这些现象说明至迟在两晋时窑工们应该已经解决了龙窑分段烧成的难题，发明了龙窑分段烧造技术，具体做法是在窑顶两侧或窑室上部隔一段距离设一个投柴孔，每个投柴孔下即是一个火膛，焙烧时自前往后投柴，逐段逐段烧成。它的发明大幅提高了瓷窑的单位产量，满足了人们对于瓷器日益增长的需求[3]。

（三）纪年瓷器

东晋纪年越瓷基本都出自这一时期的纪年墓葬中，主要分布在浙江杭州、淳安、黄岩、新昌、奉化、诸暨、嵊州、慈溪、余姚和江苏南京、江宁、镇江等地（表7）。

表7　东晋纪年墓葬出土越瓷简表

公元	年号	墓葬地点	纪年依据	出土瓷器	资料来源
320	大兴三年	浙江新昌孟家塘岭脚	纪年砖	钵4、水盂1	《考古》1993（5）
321	大兴四年	浙江黄岩秀岭水库	纪年砖	钵1	《考古学报》1958（1）
321	大兴四年	浙江奉化白杜余家坝	纪年砖	唾壶1、碗2、砚1、虎子1	《浙东文化》1997（1）
321	大兴四年	浙江淳安	纪年砖	水盂1	《考古》1959（9）
322	永昌元年	浙江萧山蜀山	纪年砖	堆塑罐1、熏炉1、耳杯1、井1、猪圈1	《浙江纪年瓷》

1　朱伯谦：《朱伯谦论文集》，第46页，紫禁城出版社，1990年。

2　朱伯谦：《试论我国古代的龙窑》，《文物》1984年第3期。

3　参阅权奎山、孟原召：《古代陶瓷》，第127页，文物出版社，2008年。

续表

公元	年号	墓葬地点	纪年依据	出土瓷器	资料来源
326	咸和元年	浙江黄岩秀岭水库M23	纪年砖	碟1、盂1	《考古学报》1958（1）
326 347	咸和元年 永和三年	江苏南京郭家山M3 江苏南京郭家山M1	纪年砖	盘口壶、唾壶、罐、钵、洗、碗、三足砚	《文物》1981（12）
327	咸和二年	浙江黄岩秀岭水库M2、M20	纪年砖	钵1、罐2、壶1、洗1、碗3	《考古学报》1958（1）
329	咸和四年	浙江黄岩秀岭水库M6	纪年砖	罐2、碗3、盂1、碟5、虎子1、洗1	《考古学报》1958（1）
333	咸和八年	江苏镇江龙山901工地M1	纪年砖	盘口壶3、青瓷碗4	《文物资料丛刊》第8辑
335	咸康元年	江苏镇江丹徒辛丰M6	纪年砖	罐1、碗3、盘口壶3、砚1、鸡首壶1	《文物参考资料》第8期
335	咸康元年	浙江黄岩秀岭水库M15	纪年砖	罐1、盂1、碟1	《考古学报》1958（1）
342	咸康八年	浙江诸暨牌头	纪年砖	盆1	《浙江纪年瓷》
344	建元二年	浙江黄岩秀岭水库M31	纪年砖	碟1	《考古学报》1958（1）
345	永和元年	江苏南京老虎山	墓志	壶2、盘6、碗5、唾壶1	《考古》1959（5）
347	永和三年	浙江黄岩秀岭水库M10	纪年砖	盂1、碟1、钵1、三足盘1、壶1、罐1	《考古学报》1958（1）
348	永和四年	江苏南京人台山兴之夫妇墓	墓志	盘口壶2、碗7、香熏1	《文物》1965（6）
351	永和七年	浙江嵊州城关M66	纪年砖	盘口壶2、罐1、香熏1、灯5、盆1、碟5、耳杯4、盘13、唾壶1、碗2	《考古》1988（9）
351	永和七年	浙江诸暨牌头	纪年砖	钵1	《文物》1956（12）
353	永和九年	浙江黄岩秀岭水库M18	纪年砖	罐1、钵1、壶1、三足器1	《考古学报》1958（1）
355	永和十一年	浙江黄岩秀岭水库M44	纪年砖	碟2、壶1	《考古学报》1958（1）

续表

公元	年号	墓葬地点	纪年依据	出土瓷器	资料来源
357	升平元年	江苏南京吕家山李氏家族墓M1	砖墓志	盘口壶2、筒形罐1、钵5、盏3	《文物》2000（7）
357	升平元年	江苏南京吕家山李氏家族墓M2	砖墓志	盘口壶2、钵2、盏3	《文物》2000（7）
357	升平元年	江苏镇江汝山贾家湾 M4	砖墓志	碗7、盘7、砚1	《文物资料丛刊》第8辑
358	升平二年	江苏南京象山M5、M6、M7	墓志	盘口壶1、鸡首壶1、唾壶1、碗2	《文物》1972（12）
364	兴宁二年	浙江杭州	纪年砖	盘口壶3、罐1、灯盏1、唾壶2、鸡首壶2、香熏2、盒3、托盘耳杯2	《考古》1961（7）
366	太和元年	浙江奉化白杜余家坝	纪年砖	唾壶1、砚台1	《浙东文化》1997（1）
367	太和二年	江苏南京象山M8	砖墓志	鸡首壶1、唾壶1、盏1、盘口壶2	《文物》2000（7）
368	太和三年	浙江嵊州城关剡山	纪年砖	鸡首壶1、四系罐1	《浙江纪年瓷》
368	太和三年	浙江瑞安桐溪水库	纪年砖	鸡首壶1	《考古》1960（10）
369	太和四年	浙江黄岩秀岭水库M45	纪年砖	碟1、壶1、盂1、罐1、碗4	《考古学报》1958（1）
371	太和六年	江苏南京象山M9	石墓志	盘口壶2、熏2、盏3	《文物》2000（7）
371	太和六年	江苏扬州胥浦M1	纪年砖	盘口壶1、罐2、盏1、钵1、唾壶1	《考古学报》1988（2）
374	宁康二年	浙江鄞州鄞江狮子山	纪年砖	青瓷罐	《东南文化》2006（4）
375	宁康三年	浙江奉化城北响铃岗	纪年砖	青瓷小盅	《东南文化》2006（4）
377	太元二年	浙江黄岩秀岭水库M16	纪年砖	盂1	《考古学报》1958（1）
378	太元三年	余姚湖山车山湖M4	纪年砖	青瓷四系罐、杯	《东南文化》2006（4）

续表

公元	年号	墓葬地点	纪年依据	出土瓷器	资料来源
383	太元八年	浙江慈溪窑头山M22	纪年砖	罐4、盘口壶2	《东南文化》1992（3、4）
384	太元九年	江苏南京苜蓿园M1	纪年砖	碗2、四系壶1	《考古》1958（4）
384	太元九年	江苏南京苜蓿园M2	纪年砖	碗1、唾盂1	《考古》1958（4）
385	太元十年	浙江新昌莲花庵	纪年砖	尊1、水盂1	《浙江纪年瓷》
391	太元十六年	浙江慈溪窑头山M23	纪年砖	盏2、碗1、罐2、盘1、盘口壶1、果盘1、唾盂1	《东南文化》1992（3、4）
392	太元十七年	江苏南京象山	墓志	碗3	《文物》1972（11）
393	太元十八年	浙江黄岩秀岭水库M24	纪年砖	鸡首壶1、碟1、三足器1、盖1、碗1	《考古学报》1958（1）
393	太元十八年	浙江新昌大岙底	纪年砖	盘口壶1、四系罐1、碗1	《浙江纪年瓷》
397	隆安元年	浙江新昌M14	纪年砖	钵1	《考古》1993（5）
398	隆安二年	江苏镇江畜牧场M2	纪年砖	碗4、盘口壶1、果盒1、盏托1、洗1、香熏1、鸡首壶1	《文物资料丛刊》第8辑
405	义熙二年	江苏南京南郊谢温墓	砖墓志	盘口壶1、鸡首壶2、碗4	《文物》1998（5）
406 416	义熙三年 义熙十二年	江苏南京南郊谢球夫妇合葬墓	砖墓志	盘口壶2、鸡首壶1、唾壶2、罐1、三足砚1、碗5、盘11	《文物》2000（7）

（四）器物特征与装饰风格

东晋时期越窑青瓷与前相比，胎土不太细腻，部分胎土中含有杂质，胎色较深，呈灰色。釉色有青色、青黄色、青灰色等，有的有剥釉现象。无论窑址还是墓葬，所出器物种类与数量也都比西晋时期有所减少，各种明器基本消失。常见的器物为日常生活用具，如碗、盘、盏托、盘口壶、鸡首壶、罐、钵、洗、香熏、灯、水盂、砚台、虎子等。器物体态逐渐增高，造型相对趋于规范化、定型化和实用化。如浙江新昌大岙底东晋太元十八年（393年）墓出土的青瓷盘口壶，弧腹较瘦长，平底微内凹，口部有四处褐色彩点，肩部饰三道弦纹，属于比较典型的东晋越窑器物[1]（图93）；新昌大岙底东晋大兴三年（320年）墓出土的一件越窑青瓷钵[2]（图94）和新昌莲花庵东晋太元十年（385年）墓出土的一件越窑青瓷水盂[3]（图95），也都造型工整，制作规范，体现出鲜明的时代特色。

装饰风格上，以动物形象作为器物造型的大为减少，弦纹与褐色点彩成为东晋越窑青瓷的主要装饰特色。器物的口沿、颈部、肩部一般都压印有一道或几道粗细不等的凹弦纹；点彩多饰于器物的口沿、肩腹部，有的散布成重圈形、十字形或花朵形。如江苏镇江谏壁砖瓦厂东晋墓出土的一件越窑青瓷褐彩羊形烛台，在其眼睛、耳朵、肌肉突出部位都点有褐彩，起到了画龙点睛的艺术效果（图96）。

图93 新昌大岙底出土东晋青瓷盘口壶

图94 新昌大岙底出土东晋越窑青瓷钵

图95 新昌莲花庵出土东晋青瓷水盂

图96 镇江谏壁出土东晋青瓷褐色点彩羊形烛台

1 浙江省博物馆：《浙江纪年瓷》，图版132，文物出版社，2000年。

2 浙江省博物馆：《浙江纪年瓷》，图版89，文物出版社，2000年。

3 浙江省博物馆：《浙江纪年瓷》，图版130，文物出版社，2000年。

四、南朝时期

（一）瓷窑遗存

南朝时期，越窑发展处于低落阶段，窑址发现不多，宁绍地区已发现的这一时期窑址还不到10处，主要分布在上虞、萧山、慈溪、奉化、鄞州等地，其中比较典型的有慈溪上林湖的鳖裙山窑、宁波江北的云湖窑和萧山的上董窑等。

鳖裙山窑：位于慈溪上林湖东面的鳖裙山，瓷片堆积南北宽23米，东西长45米，厚约2米。器型主要有碗、盘、盅、罐、盘口壶、鸡首壶、灯、砚台等，其中以碗、盘、盅居多。器物制作时多为拉坯成型，大件器物分段黏合，内壁往往留有泥片接痕和手指印痕。釉色以青为主，有的青中泛灰，施釉不及底，露胎处呈红色[1]。

云湖窑：位于宁波江北区的云湖村，瓷片堆积较厚，器物胎呈白灰色，内外施釉，大多数施釉到底，有的圈足也施釉。釉面薄，以青釉为主，有一部分青中泛灰，见有少量的酱色釉，釉面开细小片纹。常见器物包括碗、盘、壶、钵、盏、砚台、灯盏等。碗、盘、钵上常见有莲瓣纹和莲子纹，碗、壶口沿、肩、腹部饰有褐色点彩。窑具可分筒形窑具和圆形垫具[2]。

上董窑：位于萧山戴村，发现时已遭破坏，堆积层暴露，厚约1米，见有各类残器、窑具等。瓷胎一般为灰胎，以青釉居多，施釉不及底。常见器物主要有碗、盘、盅、鸡首壶、盘口壶、罐等。碗、盘、盅的口沿、腹部点有褐彩，并在器物内外壁刻划单瓣或双瓣莲瓣纹。窑具分盂形、锯齿形和扁圆形几种，明火迭烧，装烧时在垫具上置锯齿状具，把烧制的器物放在上面，在内底用正反两个锯齿状间隔，然后在锯齿向上处再放置器物[3]。

（二）龙窑遗迹

南朝龙窑继续向长的方向发展。浙江丽水发掘的南朝时期的龙窑，仅发掘中间一段长度即达10.5米，宽约2米[4]。窑身加长不仅使得装烧面积变大，产量增加，余热的利用率高，燃料节省，单件产品的成本降低，同时也使得器物冷却加快，能够掌握好烧成气氛，使坯件在还原焰中烧成，从而保持釉色纯正。

（三）纪年瓷器

与东晋时期一样，南朝纪年越瓷亦均出自纪年墓葬中，但这一时期的纪年墓葬目前所见

---

1 林士民：《青瓷与越窑》，第109页，上海古籍出版社，1999年。

2 林士民：《青瓷与越窑》，第109页，上海古籍出版社，1999年。

3 党华：《浙江萧山县上董窑窑址发现记》，《文物参考资料》1955年第5期。

4 朱伯谦：《朱伯谦论文集》，第107页，紫禁城出版社，1990年。

不多，主要发现于浙江黄岩、新昌、奉化、嵊州、慈溪和江苏南京、江宁等地（表8）。

表8　南朝纪年墓葬出土越瓷简表

公元	年号	墓葬地点	纪年依据	出土瓷器	资料来源
421	永初二年	江苏南京南郊谢琉墓	砖墓志	烛1、盘8、碗6、盘口壶2、鸡首壶3、唾壶2	《文物》1998（5）
428	元嘉五年	浙江黄岩秀岭水库M39	纪年砖	杯1、罐1、碟1	《考古学报》1958（1）
447	元嘉二十四年	浙江黄岩秀岭水库M49	纪年砖	壶1、天鸡壶1、罐2、碟1	《考古学报》1958（1）
462	大明六年	浙江黄岩秀岭水库	纪年砖	碗1、盂1	《考古学报》1958（1）
472	泰豫元年	浙江新昌莲花庵岭	纪年砖	碗3、钵1、盘口壶1	《文物》1983（10）
483	永明元年	浙江新昌象鼻山	纪年砖	盘口壶1、钵2、碗2	《文物》1983（10）
502	天监元年	浙江瑞安桐溪	纪年砖	盘	《考古》1960（10）
502–519	天监□年	浙江奉化白杜	纪年砖	碗10、壶2、盘3、盅1	《考古》1984（9）
588	祯明二年	浙江嵊州M76	纪年砖	灯1、碗3、盘4	《考古》1988（9）

（四）器物特征与装饰风格

南朝越瓷胎土不够细腻，有些胎土较松并含有杂质，胎呈灰色。釉色主要有青色、青黄色、青灰色等，部分器物见有剥釉现象。器物种类和数量大不如前，体形瘦长，品种单调，以日常生活用具为主要产品，器形仍是东晋以来的常见品种，如碗、盘、碟、钵、盏托、罐、盘口壶、鸡首壶、砚、灯、唾盂、果盒等。羊形烛台已不见。如新昌大岙底南朝齐永明元年（483年）墓出土的一件越窑青瓷盘口壶，弧腹高达27厘米[1]（图97）；砚台在东吴西晋时一般为三足，此时已渐增多至五足或六足（图98）；果盒流行圆形，盒格数目减少，器形稍有增高，造型与功能上更趋于实用（图99）。

1　浙江省博物馆：《浙江纪年瓷》，图版145，文物出版社，2000年。

图97 新昌大岙底出土南朝齐青瓷盘口壶

图98 浙江省博物馆藏南朝青瓷砚台

图99 浙江省博物馆藏南朝青瓷果盒

图100 慈溪市博物馆藏南朝青瓷划花莲瓣莲蓬纹托盘

器物装饰风格相对单一，多素面器，纹饰以弦纹和刻划莲瓣纹为主，常见于碗、盘、钵、碟、盂、罐等器物之上，有的碗、盘内外壁都刻划有莲瓣纹，外壁多以复线组成莲瓣，内底有的饰莲实纹（图100）。莲瓣数目多少不一，分单线刻花、复线刻花、多线刻花几种，也有浅刻莲瓣。

五、器形演变与成型工艺

（一）器形演变

纵观六朝时期，越窑青瓷器形的总体趋势是由矮胖向瘦高发展：东吴、西晋时期器形相对矮胖；东晋时期器形逐渐增高；南朝时期器形变为瘦长。如盘口壶，东吴时的盘口和底都较小，肩、腹部大，重心在上，给人一种不稳定的感觉；东晋以后盘口加大，颈增高，腹部变长，重心向下，底部扩大，给人一种稳重感；南朝时器身更加瘦长。罐，东吴、西晋时为大口，最大径在上部，平底较小；东晋以后，罐体加高，上腹收小，底部扩大，重心向下。鸡首壶于东吴晚期出现，浅盘口，在肩部饰一鸡头，鸡头为实心，无颈，在对称处堆贴鸡尾；东晋时壶身变高，鸡头为空心，无颈变有颈，且细颈高冠，对称处饰一把手，有的在上端部饰有龙头；南朝时器身变得秀长，颈部加高。碗，东吴、西晋时口大底小，腹部较浅；东晋时腹部加深，平底变大，有的为低假圈足；南朝时弧腹加深，假圈足，足部较高。器物造型也更趋于实用，如香熏，东吴时造型简单，器身普遍作三排圆形镂孔；西晋时制作精巧，器身出现三排三角形镂孔，下承三熊足承盘；东晋时体积变小，使用方便，器身有的为四层枫叶纹镂孔，下承立柱承盘，用以承接香灰和手执。虎子，东吴时一般为圆形虎子，口部基本不饰虎头，有的提梁作奔虎状；西晋时多为虎形虎子，口部饰虎头，呈蚕茧形，腹部饰羽翼纹；东晋、南朝圆形虎子较多，虎形虎子少见。唾壶，东吴时为浅盘口，盘口较小，颈部较长，腹较圆，平底或假圈足；东晋以后器形变矮，腹扁圆，平底；南朝时有的配以盖和托盏，似更合乎卫生和实用（图101）。

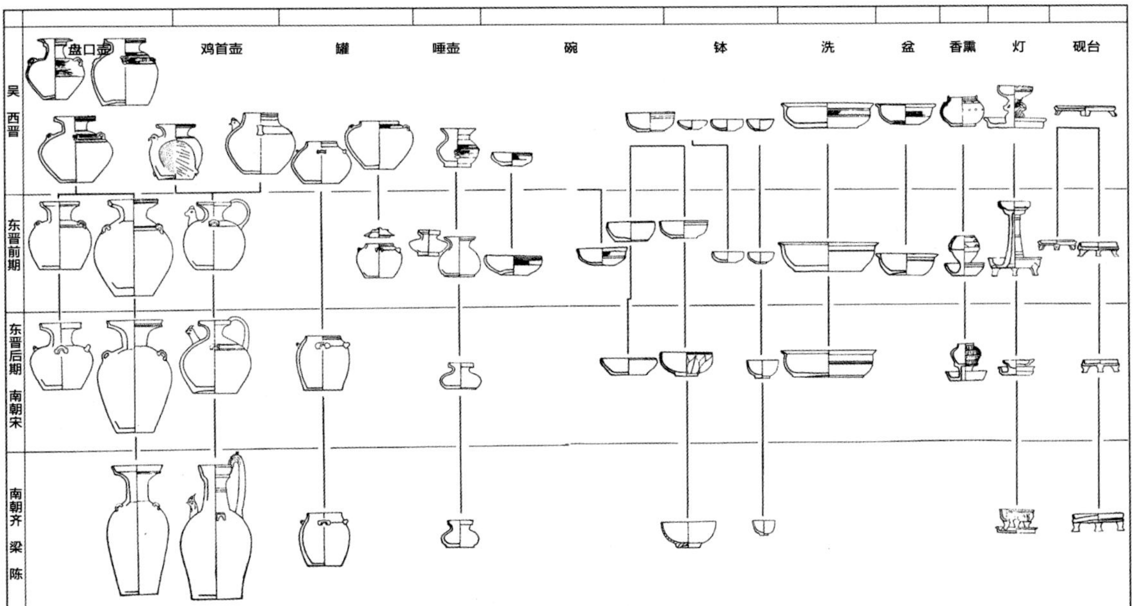

图101　六朝时期越窑青瓷常见器物形制演变图（采自《考古》1983年第4期）

（二）成型工艺

成型工艺以拉坯为主，同时采用拍片黏接、模印、捏塑、镂雕诸般技法。具体成型时根据器形的不同而分别施为：碗、盏、盘、钵、罐等一般都是采用拉坯成型，器物胎壁厚薄均匀，器型规整划一；扁壶、方壶、槅、灶等器物则先拍成器物形状，然后黏合成器，再将口、足、耳黏接上；堆塑罐成型工艺最为复杂，其口部和腹部为分段拉坯黏接而成，人物、动物等采用模印、捏塑，仓口、楼台等用镂雕工艺；狮形烛台是用坯泥在陶模中分别压印成器身的左右两半，然后黏接而成；动物兽首多用模具制成，如鸡首，乃是用坯泥在模中翻出，然后黏接于鸡首壶的肩部。

六、器物的名称与用途

器物名称一般依照器形而确定，有的则直接刻有器名。如唾壶，汉至六朝称唾器，为卫生用具，安徽阜阳双古堆西汉墓出土漆唾壶上即有“女阴侯唾器六年女阴库䜣工延造”等字[1]。香熏，汉时名熏炉，为熏香之用，湖南长沙汤家岭西汉墓出土一件香熏上有“张端君熏炉一”字样[2]，南朝诗人谢惠连《雪赋》诗云：“燎熏炉兮炳明烛，酌桂酒兮扬清曲。”扁壶，江苏金坛白塔东吴墓出土一件扁壶腹部刻有“紫是会稽上虞范休可作坤者也”；上虞百官镇西晋墓葬出土一件扁壶底部亦刻铭“先姑坤一枚”[3]；江西地区收集的一件西汉铜扁壶铭为“鉀”[4]；湖北江陵凤凰山167号墓遣策称漆扁壶为“大柙”[5]。可见扁壶在当时可称为坤、鉀和柙，只是因为所用的原料不同偏旁各异而已。另在江陵凤凰山10号汉墓出土的第6号牍上记有“酒柙二斗一”等字，说明柙是盛酒之器。果盒，用如其名，六朝时称槅，江西南昌晋墓出土漆果盒底部有“吴氏槅”3字[6]。鸡首壶，汉至六朝时称罂，1972年江苏南京化纤厂东晋墓出土一件鸡首壶底部刻字“罂主姓黄名齐之”[7]。罂在汉代已有，王充《论衡·遣告》：“酿酒于罂，烹肉于鼎”，说明鸡首壶亦为酒器。羊形烛台，一般在头顶有一圆形插孔，被认为是插物的插座。狮形烛台，在背部有一筒形插管，被认为是水注。但1993年南京上湖孙吴墓出土的一件狮形烛台插管内尚存一截白蜡[8]；1975年绍兴上游黄公山出土一件南

---

1 安徽省文物工作队等：《阜阳双古堆西汉汝阴侯墓发掘简报》，《文物》1978年第8期。

2 湖南省博物馆：《长沙汤家岭西汉墓清理报告》，《考古》1966年第4期。

3 朱伯谦：《朱伯谦论文集》，第95页，紫禁城出版社，1990年。

4 江西省博物馆藏品。

5 吉林大学历史系考古专业赴纪南城开门办学小分队：《凤凰山167号汉墓遣策考释》，《文物》1976年第10期。

6 江西博物馆：《江西南昌晋墓》，《考古》1974年第6期。

7 罗宗真：《六朝考古》，第197页，南京大学出版社，1994年。

8 罗宗真、王志高：《六朝文物》，第168页，南京出版社，2004年。

朝辟邪烛台，背部负方座，座上为长方形横梁，梁面置并列的三个圆筒形管，与底部不通[1]（图102）。据此可见羊形、狮形烛台不是插座、水注，而是烛台。

图102 绍兴上游出土南朝青瓷辟邪烛台

七、关于堆塑罐的若干问题

堆塑罐，又称谷仓罐，魂瓶，是流行于东吴至西晋时期的一种独特的随葬品。一般认为堆塑罐由东汉时期的五联罐演变而来：东汉时的五联罐在罐肩的四周设四个小罐，罐的上部刻有弦纹以及少量的动物；东吴时四小罐变小，其周围出现楼阁建筑、仙人、动物等；西晋时四小罐被亭台楼阁、人像动物所淹没，开始出现龟趺碑铭。

（一）堆塑罐的装饰

堆塑罐以罐为主体，在罐口部设四小罐分布于周围，罐顶、罐口、腹部层层堆塑，构成一幅题材丰富的画面。罐的顶部有的为飞鸟云集，有的为亭台楼阁。罐口堆塑人物、动物、铺首等，人物有的低眉合掌、虔诚祷告，有的跪拜行祭奠之礼，有仙人骑兽形象，有奉乐歌舞胡俑；动物有熊、羊、鹿、狮、鸡、狗等。腹部多饰海兽和寓意吉祥的瑞兽，如龟、螃蟹、鱼、蛇、蜥蜴、狮、熊、羊、鹿等。

东吴时期，堆塑罐装饰题材主要由建筑、人物和动物三大类别组成。如江苏金坛唐王东吴墓出土的越窑青瓷飞鸟百戏罐，塑有三层楼台1幢、阙2、仙人7尊、舞乐杂技胡俑10人，百鸟簇拥飞向罐顶，飞鸟68只，羊、猴、狗、龟、蜥蜴等海兽、瑞兽、爬虫69只[2]。在一件高仅47.5厘米的器物之上集如此多种题材为一体，充分体现了越瓷匠师们高超的工艺水平。西晋时，堆塑罐罐顶有的加盖成屋宇式，四小罐主要以支柱支撑的形式出现，在中罐与大罐之间形成一堆塑平台，中罐上堆塑飞鸟较多，堆塑平台上有仙人、动物、龟趺碑等。浙江平阳鳌江西晋墓出土的一件青瓷堆塑罐，有盖，盖的整体为庭院院落，罐的上部由正、背、左、右四面和上下两层堆塑人物、动物组成，罐口四角各置一小盂，盂下支撑

---

1 朱伯谦：《朱伯谦论文集》，第73页，紫禁城出版社，1990年。

2 刘兴：《江苏金坛出土的青瓷》，《文物》1977年第6期。

一柱与下层相连，罐的上层正面开有孔洞，有数只飞鸟簇拥，有侍者手持器械，有武士骑辟邪，有佛像、伎乐俑，并立一龟趺，上刻“元康元年八月二日会稽上虞”碑铭，下层有佛像、人物、动物等，并在罐口至下腹饰带状对龙纹[1]（图103）。

（二）堆塑罐的产地

迄今为止，东吴、西晋时期的堆塑罐已发现100多件，主要集中于浙江、江苏、安徽三省。从这些出土的堆塑罐看，有的直接刻有铭文，如1982年绍兴南池红星村出土的一件西晋堆塑罐，罐上龟趺碑铭刻“出始宁，用此鄨宜子孙，作吏高，粟众无极”[2]；1987年绍兴南池官山岙西晋墓也出土一件堆塑罐，罐上正面立一龟趺碑，碑额刻“会稽”，其下分三行竖刻“出始宁，用此丧葬，宜子孙，作吏高迁，众无极”铭文[3]；浙江嵊州石璜镇西晋太康九年墓出土的一件堆塑罐碑上刻有“出始宁用此□女□宜子孙作吏高迁众无极”铭文[4]（图

图103 平阳鳌江出土西晋青瓷堆塑罐

图104 嵊州石璜出土西晋青瓷堆塑罐

1 阮平尔：《浙江省博物馆藏隋以前文物的佛教因素研究》，《东南文化》1992年第5期。

2 王佐才、董忠耿：《试述绍兴出土的越窑“谷仓罐”》，《江西文物》1991年第4期。

3 周燕儿、蔡晓黎：《绍兴县出土越窑魂瓶初探》，《东南文化》1992年第5期。

4 浙江省博物馆：《浙江纪年瓷》，图版32，文物出版社，2000年。

104）；江苏吴县狮子山西晋傅氏家族墓出土的2件堆塑罐，在龟趺碑上分别刻有“元康二年闰月十九日超（造）会稽”“元康出始宁用此䴏宜子孙作吏高其乐无极”铭文[1]。根据这些碑文分析，刻铭中的“会稽”“会稽上虞”“始宁”均为地名，其中“会稽”为郡名，时辖山阴、上虞、余姚、句章、鄞、鄮、始宁、剡、永兴、诸暨十县[2]，“上虞”“始宁”皆为会稽郡辖县之一。始宁县，据《续会稽记》载：“顺帝永建四年，分上虞南乡立。”[3]“南乡”即为“始宁”，乃是东汉顺帝时从上虞县分立出去的。上虞西南上浦大善村（原始宁县）凤凰山麓东吴、西晋窑址中曾发现过堆塑罐的碎片[4]。又，江苏金坛东吴墓同时出土有青瓷扁壶和堆塑罐，扁壶上刻有“紫（此）是会稽上虞…… ”等铭文，其堆塑罐胎土、釉色都与扁壶相同，也应是上虞窑产品。由此推断，流行于东吴、西晋时期的堆塑罐产地当在会稽上虞、始宁一带。

（三）堆塑罐的用途

关于堆塑罐的用途及其相关问题，不少专家学者已有深入研究，但在观点上并不完全趋同：有的认为堆塑罐即谷仓罐，“五罐”象征着“五谷丰登”，是阴阳五行观念笼罩下的产物；有的则认为堆塑罐是佛事罐，即魂瓶。

堆塑罐流行于东吴至西晋时期，出土地点局限于以浙江、江苏为中心的南方地区，以越窑产品最具代表性。罐上装饰题材丰富，有丧葬仪式的场面，如作跪拜行祭奠之礼者，有百鸟簇拥飞向罐口，有羽人乘兽、吹笛、吹笙、舞乐、杂耍、动物以及佛像。按：佛像当为神像，因当时人们对佛的认识尚处于模糊阶段，故将佛与道等神仙联系起来看待，主要用意在于超度亡灵升天、祈求吉祥。这些题材内容与汉代画像镜上常见的羽人骑虎、羽人与瑞兽的组合以及汉代墓室壁画中的羽化升仙、仙人骑马、骑麟，画像石上的亭台楼阁等极其相似，是与当时人们的信仰崇拜紧密联系在一起的。汉代统治者梦想羽化升天，追求长生不死，倡导神仙方术，也在一定程度上推动了社会上鬼神崇拜习俗的盛行和求仙修道风气的泛滥。东吴孙权崇信神仙，结交方士，寻求长生成仙之道，并在都城建邺造兴国观，在京畿茅山造景阳观，共造观39所，度道士800余人。西晋时期崇道之风有增无减，世家大族一方面感叹世事无常，人命不永，一方面又留恋俗世荣华富贵，由贪生怕死而向往道教成仙之术，企图从神仙方术中寻求精神寄托，以达超脱的彼境。堆塑罐正是当时这种社会思潮具体而微的反映，如堆塑罐上的神仙像，后有背光，两眉之间凸出，称为白

1　张志新：《江苏吴县狮子山西晋墓清理简报》，《文物资料丛刊》第3辑。

2　《晋书》卷一五《地理志下》。

3　《宋书·志第二十五·州郡一》。

4　周燕儿、蔡晓黎：《绍兴县出土越窑魂瓶初探》，《东南文化》1992年第5期。

毫，名泥丸穴，乃脑神泥丸所居之处。《内景经》载：“至道不烦决存真，泥丸百节皆有神”[1]，认为人体头部有七神，发、脑、眼、鼻、耳、口、齿各部皆有主宰之神，修道者只要长期修炼，就可与天地同命。1983年安徽马鞍山佳山东吴墓出土一件青瓷俑，俑呈踞坐姿势，双手合于胸前，前额凸起有“白毫”[2]，说明当时人们认为不仅只是仙人有白毫，只要是长期修炼者都会有白毫出现。

堆塑罐上的其他装饰题材也各有不同寓意：亭台楼阁为仙人处所，即道观；蛇、蜥蜴、蛙等动物则寄托了人们重生不死的梦想；飞鸟往往被视作沟通人类与天神的重要使者，引领死者灵魂升入天国；羽人骑兽以及羊、虎、狮等动物刻划羽翼，从而赋予它们升天的力量，以达到成仙的目的。堆塑罐为上虞等地烧造，东汉时上虞人王充所著《论衡》一书中记述会稽一带旧有“羽人之说”，这与罐上的羽人形象正相吻合。据此，我们完全有理由认为，堆塑罐既是当时人们信仰、社会思潮、习俗风气和丧葬制度等的缩影，也是墓主人魂魄依托之所在。

第四节　唐宋越窑瓷

唐、宋两朝是我国历史上经济高度发达、文化繁荣昌盛的时期，也是我国古代手工生产全面推进、瓷业制造蓬勃发展的时期，出现了窑场林立、相互争艳的喜人局面，形成了以浙江越窑青瓷和河北邢窑白瓷为代表的“南青北白”的瓷业格局。这一时期的越窑青瓷，经过隋至唐初的短暂沉寂后，又迎来了新的春天，无论是在数量上还是在质量上都有了很大提高，制瓷作坊广泛分布于今浙江慈溪、宁波、鄞州、余姚、宁海、奉化、象山、上虞、绍兴、新昌、嵊州、诸暨等地。慈溪上林湖、上虞窑寺前和宁波东钱湖为当时越窑的三大中心产区，所出瓷器原料精细，胎质细腻，釉色滋润，釉层匀薄，器型轻巧，品种丰富。特别是在晚唐时期，越瓷生产空前繁盛，并成功烧制出了驰名中外享誉古今的秘色瓷器。五代至北宋初年，割据江浙一带的吴越虽偏安于一隅，但却较少受到战争的蹂躏，特别是吴越钱氏为保境安民，大量烧造贡瓷供奉宋廷，进一步促进了越窑青瓷的发展，其产品质量独步天下。北宋太平兴国三年（978年）吴越国纳土归宋后，越窑进贡瓷器数量锐减，贡窑易位，产品质量每况愈下，瓷业生产败象日显，历经千年的越窑青瓷逐步走向式微和衰落。

1　《内景经》之《治生章第二十二》、《至道章第七》。

2　王俊：《马鞍山文物聚珍》，第99页，文物出版社，2006年。

一、唐代

（一）瓷窑遗存

唐代越窑遗存广泛分布于慈溪、上虞、鄞州、奉化、象山、镇海、诸暨、绍兴、临海、黄岩和宁波东钱湖等地，并以慈溪和上虞为中心，初步形成了一个完整的瓷业系统。

1. 慈溪地区越瓷窑址

唐代慈溪地区的瓷业生产主要由上林湖、里杜湖、白洋湖和古银锭湖4大窑区组成，另在其周围的上岙湖、烛溪湖、梅湖等地也有零星窑场分布。

上林湖窑区：位于慈溪三北群山主峰栲栳山麓，自东汉中晚期创烧，至北宋晚期衰落，历时千年之久，是越窑青瓷的中心产区之一。窑区内已发现东汉至唐宋窑址110余处，其中唐，唐、五代，唐至北宋窑址56处，主要分布在木勺湾、黄家庵、吴石岭、荷花芯、皮刀山、沈家山、狗颈山、后施岙、牛角山、罗家岙、黄婆岙等处（表9）。

表9　上林湖窑区唐、唐五代、唐至北宋窑址一览表

窑址编号	时代	地点	堆　积
上Y1	唐	木勺湾	地表可见瓷片散布堆积1200平方米，断面堆积厚0.5米
上Y2	唐	木勺湾	地表可见瓷片散布堆积2100平方米，断面堆积厚0.5米
上Y3	唐	木勺湾	地表可见瓷片散布堆积2500平方米，断面堆积厚0.5米
上Y4	唐	木勺湾	地表可见瓷片散布堆积2400平方米，断面堆积厚0.7米
上Y5	唐	黄家庵	地表可见瓷片散布堆积1600平方米，断面堆积厚0.4米
上Y6	唐	黄家庵	地表可见瓷片散布堆积1200平方米
上Y7	唐	黄家庵	地表可见瓷片散布堆积400平方米
上Y8	唐	吴石岭	地表可见瓷片散布堆积600平方米
上Y9	唐	吴石岭	地表可见瓷片散布堆积300平方米
上Y10	唐	吴石岭	地表可见瓷片散布堆积1200平方米，断面堆积厚0.2米
上Y12	唐、五代	吴石岭	地表可见瓷片散布堆积400平方米，断面堆积厚0.3米

续表

窑址编号	时代	地点	堆　积
上Y13	唐—北宋	吴石岭	地表可见瓷片散布堆积1800平方米，断面堆积厚0.35米
上Y14	唐—五代	吴石岭	地表可见瓷片散布堆积1800平方米，断面堆积厚0.3米
上Y21	唐—北宋	茭白湾	地表可见瓷片散布堆积4200平方米
上Y23	唐	横塘山	地表可见瓷片散布堆积1500平方米，断面堆积厚1.4米
上Y24	唐、五代	横塘山	地表可见瓷片散布堆积200平方米
上Y26甲	唐	黄鳝山	地表可见瓷片散布堆积2500平方米，断面堆积厚1米
上Y26 乙	唐	黄鳝山	地表可见瓷片散布堆积3800平方米，断面堆积厚1米
上Y30	唐、北宋	马溪滩	地表可见瓷片散布堆积4200平方米，断面堆积厚1.2米
上Y36	唐、北宋	荷花芯	地表可见瓷片散布堆积2600平方米，断面堆积厚1米
上Y37	唐	荷花芯	地表可见瓷片散布堆积1400平方米
上Y38	唐	扒脚山	地表可见瓷片散布堆积1800平方米，断面堆积厚0.5米
上Y40	唐、北宋	燕子坤	地表可见瓷片散布堆积900平方米
上Y42	唐	皮刀山	地表可见瓷片散布堆积1600平方米
上Y45	唐	皮刀山	地表可见瓷片散布堆积1600平方米，断面堆积厚1米
上Y46	唐、五代	皮刀山	地表可见瓷片散布堆积500平方米，断面堆积厚0.4米
上Y50乙	唐	河头山	地表可见瓷片散布堆积4200平方米，断面堆积厚1米
上Y51甲	唐	沈家山	地表可见瓷片散布堆积4500平方米，断面堆积厚1米
上Y51乙	唐	沈家山	地表可见瓷片散布堆积2400平方米，断面堆积厚1米
上Y55甲	唐	狗颈山	地表可见瓷片散布堆积1800平方米
上Y57	唐	狗颈山	地表可见瓷片散布堆积2400平方米
上Y58	唐、北宋	狗颈山	地表可见瓷片散布堆积2000平方米
上Y59甲	唐、北宋	狗颈山	地表可见瓷片散布堆积1200平方米，断面堆积厚0.5米
上Y60	唐、北宋	庄基	地表可见瓷片散布堆积200平方米

续表

窑址编号	时代	地点	堆　积
上Y61	唐、北宋	庄基	地表可见瓷片散布堆积1500平方米
上Y62	唐	后施岙	地表可见瓷片散布堆积200平方米
上Y63	唐—北宋	后施岙	地表可见瓷片散布堆积4800平方米
上Y65	唐—北宋	后施岙	地表可见瓷片散布堆积3400平方米
上Y66甲	唐	施家斗	地表可见瓷片散布堆积800平方米，断面堆积厚0.6米
上Y66乙	唐、北宋	施家斗	地表可见瓷片散布堆积2000平方米，断面堆积厚1.5米
上Y72	唐	牛角山	地表可见瓷片散布堆积800平方米
上Y73	唐、五代	牛角山	地表可见瓷片散布堆积2100平方米，断面堆积厚1米
上Y76	唐	牛角山	地表可见瓷片散布堆积300平方米
上Y77	唐	周家岙	地表可见瓷片散布堆积800平方米，断面堆积厚0.8米
上Y80	唐	罗家岙	地表可见瓷片散布堆积300平方米，断面堆积厚1米
上Y81	唐	罗家岙	地表可见瓷片散布堆积2500平方米，断面堆积厚1米
上Y85	唐	吴家溪	地表可见瓷片散布堆积1800平方米，断面堆积厚1米
上Y90	唐	大片山	地表可见瓷片散布堆积400平方米
上Y91	唐	大片山	地表可见瓷片散布堆积500平方米，断面堆积厚0.6米
上Y92	唐	黄婆岙	地表可见瓷片散布堆积400平方米
上Y93	唐	黄婆岙	地表可见瓷片散布堆积420平方米
上Y96	唐	黄婆岙	地表可见瓷片散布堆积600平方米
上Y103	唐	扒脚山	地表可见瓷片散布堆积400平方米
上Y106	唐	罗家岙	地表可见瓷片散布堆积2000平方米，断面堆积厚1米
上Y107	唐—北宋	普济寺	地表可见瓷片散布堆积3500平方米，断面堆积厚2米
上Y108	唐	周家岙	地表可见瓷片散布堆积600平方米，断面堆积厚0.5米

（采自慈溪市博物馆编《上林湖越窑》，科学出版社，2002年）

里杜湖窑区：里杜湖位于慈溪鸣鹤境内，共发现唐宋窑址15处，其中唐代窑址7处。主要分布在湖西岸中部的碗窑山、栗子山、大黄山等沿湖平缓山坡之上。

白洋湖窑区：位于慈溪鸣鹤白洋湖畔。窑址均分布在湖的南部和西南部，在石马弄、对面山、碗片山、小弄口等地发现窑址计12处，其中唐代窑址3处，唐、五代1处，唐至北宋2处。

古银锭湖窑区：位于慈溪匡堰境内。窑址主要分布在石塘山、牧羊山、瓦片滩、野猫洞、汪家坪、大坪里、雉鸡山、开刀山、小姑岭、金鸡岙等处，共发现东晋以来各时期青瓷窑址37处，其中唐代窑址6处，唐至南宋1处。

2. 绍兴地区越瓷窑址

绍兴地区唐代越窑遗存主要分布在上虞曹娥江中游两岸，目前已发现唐宋时期窑址34处，其中唐代11处，唐、五代及唐至北宋各2处。另在绍兴上灶官山、东湖缸窑山，诸暨双桥甘里牌、排山坞、孤坟仓山、土箕山和下埠头等地也发现有唐或唐宋时期窑址。

上虞龙浦窑区：窑址散布于龙浦湾头村的风吹山头、仙人脚底板山和前进村的凤翼梢山、窑山、大鱼山等地。其中风吹山头窑时代为唐，废品堆积厚约1.8米；凤翼梢山窑时代为唐，废品堆积厚度在2米以上；窑山窑时代亦为唐，废品堆积面积约200平方米，堆积厚度1米左右；大鱼山窑时代唐宋，下层为唐代废品堆积层。这些窑场的产品均以碗为大宗，器物胎土较粗，胎色灰白，釉色青黄，底部多有泥点痕，窑具主要见有窑床垫座、间隔窑具等[1]。

上灶官山窑址：位于绍兴上灶村西南官山南面缓坡之上。遗物堆积长20多米，宽约10米，厚1米左右。窑址上部已被破坏，许多瓷片和窑具暴露在外。产品品种多样，主要有碗、杯、盘、执壶、粉盒、罐、枕、盏托、研磨工具等。器物胎色灰白，釉色青中泛黄。纹饰见有双蝶、鹦鹉、荷花、莲瓣、牡丹、菊、秋葵以及各种缠枝花草等。以匣钵为窑具。时代唐至宋[2]。

（二）龙窑遗迹

唐代龙窑长度进一步加长，窑炉进一步扩展，使流动火焰延长了在窑内的停留时间，有利于窑温的提升和均匀分布。如在慈溪上林湖荷花芯发掘的两条唐代龙窑（编号分别为Y36和Y37）中的Y37，残长即达41.83米。火膛平面略呈半圆形，前端正中火门长方形，残高0.6、残宽0.44米，底用直径约10厘米的“M”形匣钵平铺，火膛后壁宽1.86、高0.34米，从火门内侧到火膛后壁的距离为1.15米。窑床从前向后渐宽渐斜，窑头与窑尾高差达6.5米。窑床内铺砂，砂上残存垫具多为矮圆柱形，出土遗物以碗、碟居多，其中出土的一件匣钵上刻有“会昌三年（843年）”铭文，对窑址断代提供了依据[3]。

1　章金焕：《上虞龙浦唐代窑址》，《东南文化》1992年第3、4期。

2　绍兴市文物管理委员会：《绍兴上灶官山越窑调查》，《文物》1981年第10期。

3　浙江省文物考古研究所等：《慈溪上林湖荷花芯窑址发掘简报》，《文物》2003年第11期。

（三）窑具

越窑装烧工艺在有唐一代也有了很大的改进与发展。表现在窑具方面，唐代早期仍多使用垫具和间隔具两种装烧方法，初唐时还曾普遍采用坯件之间放扁圆形泥点垫隔的托珠叠烧法，一般泥点为6～12粒。中唐以来，窑具种类增多，其中垫具有筒形、覆钵形、圆锥形和扁圆形，间隔具有扁圆形、扁饼形、盘形和圆环形。中唐晚期，越窑工匠创造了装烧制品的匣钵，匣钵平面直腹，器壁较薄，对称位置有两个小孔，装置时匣钵口朝下，为使器物足部与匣钵不黏连，往往在器物与匣钵之间放置托珠，然后用另一个匣钵覆扣在上面，逐层扣叠而上。匣钵装烧是制瓷工艺的又一重要发明，在没有使用匣钵前，产品皆为明火叠烧，釉色难免不纯，釉面常有黏砂，有时在叠烧过程中还因部分器物变形使得成叠的瓷器黏在一起。使用匣钵后，坯件放在匣钵内叠烧，不仅不易烧坏变形，而且产品釉面纯正，具有“类冰”“似玉”的艺术效果。诚如清人陶英《陶冶图说》中言：“瓷坯入窑最宜洁净，一沾泥渣便成斑驳，因窑风火气冲突，易于伤坯，此坯胎之所以必用匣钵套装也。”晚唐时期，垫具、间隔具和匣钵继续同时使用，匣钵种类较多，并按不同器形制成钵形、碗形、长筒形、盅形、盘形等形状。装烧时普遍采用匣钵正烧法，匣钵底朝下，内放器物，在器物与匣钵之间用托珠间隔，器物内再放三足支钉，以此摞叠，其装烧方法与匣钵覆烧法正好相反。针对壶、罂等较高的器物，则采用二钵相扣的组合装烧方法，将一匣钵正放于下，里面放泥点，器物的足部放在泥点上，上面再扣一匣钵，两钵接缝处用釉封死[1]。

唐宋时期的越窑窑具，特别是在上林湖地区发现的窑具上还刻划有许多姓（名）氏的铭文和少量的数字记号，如“王嵩”“魏文”“马公受”“罗业师记”“徐庆记烧”“吴”“葛”“朱”“五”“八”“十”等，初步统计共有72例之多，其中属于唐代的就有57例，大都刻在窑具的外壁或底心处[2]。这些窑具铭文的出现，表明当时越窑的瓷业生产已有明确的分工，出现了专门从事制作瓷坯和烧窑的手工业者，有人形象地称之为“上林窑工”[3]。

（四）纪年瓷器

唐代纪年越瓷大多出自纪年墓葬内（表10），也有少量出于这一时期的遗址、窑址、地宫等遗存中，如宁波和义路遗址曾发现一件越窑青瓷碗，色泽青黄，釉面滋润，碗的内底中心模印有“寿”字、云鹤纹和“大中二年”4字楷书铭文[4]（图105）；慈溪上林湖窑址出土食瓶

1 李军：《论越窑青瓷的装烧工艺》，《东南文化》2000年第3期。

2 参阅徐定宝主编：《越窑青瓷文化史》，第117～121页，人民出版社，2001年。

3 童兆良：《上林窑工》，见《越窑·秘色瓷》，上海古籍出版社，1996年。

4 林士民：《浙江宁波市出土一批唐代瓷器》，《文物》1976年第7期。

表10 唐代纪年墓葬出土越瓷简表

公元	年号	墓葬地点	出土瓷器	资料来源
694	延载元年	江苏镇江阳彭山伍超墓	盘口壶1	《文物》1965（8）
627-649	贞观年间	浙江淳安官山	盅	《考古》1959（9）
794	贞元十年	浙江诸暨牌头	碗1	《朱伯谦论文集》
801	贞元十七年	浙江上虞帐子山	碗1、瓶1	《朱伯谦论文集》
810	元和五年	浙江绍兴古城村	执壶2、唾壶1、盘2、盒	《故宫博物院藏瓷选集》
819	元和十四年	浙江嵊州升高二村	纪铭罂1、碗1、多角瓶1	《浙江纪年瓷》
826	宝历二年	江苏镇江磷肥厂殷府君墓	执壶1、碗1	《考古》1985（2）
834	大和八年	浙江嵊州甘霖镇	纪铭罂1	《浙江纪年瓷》
840	开成五年	安徽合肥	玉璧底碗3	《文物》1978（8）
842	会昌二年	浙江余姚胜归山	墓葬志罐1	《浙江纪年瓷》
847	会昌七年		瓜棱执壶1	《中国青瓷史略》
850	大中四年	浙江慈溪上林湖朱氏四娘墓	纪铭罂1	《文物》1957（6）
851	大中五年	浙江绍兴	盘1、玉璧底碗1	林士民香港大学发表论文
866	咸通七年	浙江慈溪上林湖颍川府君墓	墓志罐1	《浙江纪年瓷》
866	咸通七年	浙江慈溪上林湖	墓志罐1	《浙江纪年瓷》
871	咸通十二年	陕西西安枣园张叔尊墓	八棱瓶1	《文物》1988（10）
879	乾符六年	浙江上虞丰惠庙后山	罂1	《浙江纪年瓷》
887	光启三年	浙江慈溪上林湖吴家溪	墓志罐1	《浙江纪年瓷》
900	光化三年	浙江临安钱宽墓	盒1、盏1、四系罐1	《文物》1979（12）
900	光化三年	浙江慈溪上林湖	墓志罐1	《浙江纪年瓷》
901	天复元年	浙江临安明堂山水邱氏墓	灯1、罂1、香炉1、油盒1、器盖1、四系坛2、粉盒2、双系罐15	《浙江省文物考古研究所学刊》1981

图105　宁波和义路出土唐“大中二年”印铭青瓷碗

肩腹部刻有“食瓶一口光化三年十月十一日造”铭文，另一件瓷质匣钵上刻划“会昌三年七月廿日”铭文[1]；陕西扶风法门寺塔地宫也出有14件唐咸通十四年（873年）越窑秘色瓷[2]。纪年墓中出土的部分器物自身也带有纪铭，如嵊州出土的一件青瓷四系盘龙罂腹部一侧刻有“元和拾肆年四月一日造此罂价值一千文”铭文2行（图106）；嵊州甘霖唐墓出土蟠龙罂腹部刻有“大和八年八月”铭文；慈溪上林湖东岙南山朱氏四娘墓出土罂上刻铭“维唐故大中四年岁次庚午八月丙午朔，胡珍妻朱氏四娘于此租地，自立墓在此，以恐于后代无志，故记此罂”，既是租地券，也是墓志铭。值得一提的还有晚唐开始盛行的一种随葬用青瓷墓志罐，罐铭纪年明确，内容翔实丰富，涉及人物众多，记载着这些人物的生卒年月、生平事迹、主要经历乃至婚姻家庭、生儿育女、活动状况等等，可补史料之不足。1977年慈溪上林湖吴家溪凌倜墓出土墓志罐所刻“……光启三年（887年）岁在丁未二月五日，殡于当保贡窑之北……”铭文，明确提到了贡窑的存在，为越瓷贡窑研究提供了不可多得的实物例证[3]（图107）。

图106　浙江嵊州出土唐代青瓷四系盘龙罂

图107　慈溪上林湖出土唐代青瓷墓志罐

1　浙江省博物馆：《浙江纪年瓷》，图版171，文物出版社，2000年；慈溪市博物馆：《上林湖越窑》，第9页，科学出版社，2002年。

2　陕西省法门寺考古队：《扶风法门寺塔唐代地宫发掘简报》，《文物》1988年第10期。

3　徐定宝主编：《越窑青瓷文化史》，第204页，人民出版社，2001年。

（五）器物特征与装饰风格

唐代越窑青瓷制作工艺精细，器物造型优美，釉色滋润匀净，装饰简朴大方，堪称越窑发展史上的繁盛时代。

1. 初唐时期

初唐越瓷基本延续隋代风格，胎土较粗，胎灰白色，胎釉结合不紧密，釉层容易剥落，釉色青黄，开细片纹。产品种类、造型变化不大，多数器物胎体厚重，品种主要有碗、罐、碟、壶、瓶、盅、砚等。碗以素面为主，一般为敞口，浅腹，假圈足或浅圈足；也盛行折腹碗。陕西礼泉唐龙朔三年（663年）郑仁泰墓出土的一件越窑青瓷碗为六瓣花口形，矮圈足[1]。盅多直口，深腹，假圈足。浙江淳安官山等地贞观年间唐墓中所出青瓷盅与隋代盅相比腹更深，假圈足较高。盘口壶盘口加大，与腹径相等，口沿外翻，腹瘦长。鸡首壶形制基本与前期相同，浙江杭州灵隐香料厂出土的一件鸡首壶，小盘口，肩颈部饰一鸡首，对称处设一龙首把，龙首俯视，紧衔盘口，平底，肩腹部刻划覆莲和忍冬纹[2]。瓶，陕西西安羊头镇唐总章元年（668年）李爽墓中出土一件越窑青瓷葫芦瓶，整器呈葫芦形，敛口，束颈，腹鼓，平底[3]。砚多面圆突起，四周为深凹水槽，砚足增多，往往有四足、五足以至多到排列成密集的一圈。

产品装饰朴素简约，偶见刻花、褐彩、堆贴和镂孔。纹样主要见有弦纹、篦纹等，弦纹多与篦纹组合，饰在器物颈、肩部，上下为弦纹中间为篦纹。褐彩由前期点彩发展为彩斑装饰，彩斑色彩有深有浅，相间排列；堆贴多为罐、壶类的器耳，有的做成泥条状堆贴于颈、肩部，或做成柿蒂状贴于肩部。

图108 慈溪上林湖出土唐贞元十年青瓷碗

2. 中唐时期

中唐越瓷胎质比较细腻，釉色青或青黄，胎釉结合紧密，剥釉现象少见，器物形制也逐渐向轻薄、小巧、精细方向发展。如碗类，盛行撇口，浅腹，玉璧底或矮圈足；也有翻唇、斜直腹、矮圈足碗和敛口、浅腹、平底碗等。浙江慈溪上林湖窑址出土唐贞元十年（794年）青瓷碗，撇口，斜直腹，玉璧形底[4]（图108）。陆羽《茶经》：“瓯，

1 陕西省博物馆等：《郑仁泰墓发掘简报》，《文物》1972年第7期。

2 陕西省文物管理委员会：《西安羊头镇李爽墓出土瓷陶俑》，《文物》1959年第3期。

3 中国硅酸盐学会：《中国陶瓷史》，第193页，文物出版社，1982年。

4 浙江省博物馆：《浙江纪年瓷》，图版161，文物出版社，2000年。

越州上，口唇不卷，底卷而浅，受半升而已……”，对照出土的相同器物，瓯即玉璧底碗。水盂一般为敛口，鼓腹，平底或假圈足，有的腹作瓜棱形。前期流行的鸡首壶消失，代之而起的是执壶，如唐元和五年（810年）户部侍郎北海王府君夫人墓中出土2件执壶，呈喇叭口，短流，流成六角形，鼓腹，壶流对称处设一宽扁把手，壶重心在下部[1]。盘口壶则演变为大口长颈的罂，嵊州曾出土一件越窑青瓷四系盘龙罂，器腹刻“元和拾肆年四月一日造此罂价值一千文”[2]，由铭文知此类器本名罂。扁壶，河南三门峡张弘庆墓中出土一件唐大历四年或十四年越窑青瓷扁壶，整体造型上扁下圆，仿皮囊壶状，口作盅形，壶颈窄细，扁圆腹，腹部设对称四系，浅圈足。有盖，作伞状。器腹两侧刻划花草纹，盖顶模印花纹。该器风格别致，极为少见[3]（图109）。

图109 河南三门峡唐张弘庆墓出土青瓷四系扁壶

器物装饰继承前期简朴之风，素面居多，主要以釉色取胜。装饰手法上运用刻划、模印、堆塑等不同技法。刻划常见于碗、盘类，有的将其做成四、五、六曲的花口，并在其内底刻划荷花、花叶、秋葵之类的题材，线条自然流畅；模印也多见于碗、盘类；堆塑则多用于罂，往往在其颈部堆塑龙纹；壶类有的在腹部压印几条内凹直线，作成瓜棱状；水盂类有时也在腹部压印几条凹线以作简单装饰。

3. 晚唐时期

晚唐越瓷质量显著提高，胎质轻薄细腻，釉面光滑滋润，但釉色尚不稳定，见有青色和青黄色，开细碎纹。生产品种增多，形式多样。碗类主要见有荷叶形碗、海棠式碗、葵瓣口碗等，如宁波和义路唐代遗址出土的青瓷荷叶纹碗，口外翻，浅腹，矮圈足，内腹底刻划三朵荷叶；海棠式碗口呈海棠形，弧腹，圈足，内壁刻划四朵荷叶，笔法简练，线条流畅[4]；扶风法门寺塔地宫出土14件唐咸通十四年秘色瓷中，有2件碗为葵瓣口形，侈口五曲，口下凸棱，腹壁斜收，平底内凹，另2件为用平脱手法装饰的鎏金镂空花鸟团花纹秘色碗（图110）。

图110 扶风法门寺塔地宫出土唐代秘色瓷碗

1 参阅陈万里：《中国青瓷史略》，上海人民出版社，1956年。

2 浙江省博物馆：《浙江纪年瓷》，图版163，文物出版社，2000年。

3 三门峡市文物工作队：《三门峡市两座唐墓发掘报告》，《华夏考古》1989年第3期。

4 林士民：《浙江宁波市出土一批唐代瓷器》，《文物》1976年第7期。

盘主要见有翻唇斜腹平底盘、撇口玉璧底盘、直口弧腹矮圈足盘、四角弧形折进委角方盘和葵瓣形盘等类。法门寺塔地宫出土的6件秘色瓷盘，或敞口或侈口，口沿呈五曲花瓣

图111　扶风法门寺塔地宫出土唐代秘色瓷盘

形，口下凸棱，坦腹斜收，平底内凹（图111）。盏一般为直口或葵瓣口，浅腹，圈足外撇。如宁波和义路唐代遗址出土的越窑青瓷盏，敞口，口下压印凹线，浅腹。盏托呈荷叶形，托沿卷起。水盂多呈小口，扁圆腹，腹部压有四至五条凹直线，有的在肩部往下用泥条堆贴四条直棱，平底。罂分大喇叭口或盘口等，嵊州甘霖唐墓出土一件越窑青瓷罂，大喇叭口，颈部堆塑龙纹，颈肩部置对称四扁系耳，弧肩鼓腹，平底内凹。腹部刻“大和八年八月”铭文[1]；临安明堂山唐天复元年（901年）水邱氏墓出土的一件青瓷罂，盘口，长颈，椭圆形腹，圈足外撇。有盖，盖纽呈宝珠状，纽下托一卷边荷叶。盖面及器身上下绘褐彩如意云纹[2]。执壶与前相比，颈部加高，腹作椭圆，呈瓜棱状，壶流变长。如宁波和义路唐代遗址出土的5件执壶，4件为喇叭口，长颈或短颈，肩部设长流或多角形流，对称处设扁带状把，瓜棱腹，圈足或假圈足；1件为直口，短颈，肩腹部一侧设多角形长流，对称处颈肩间设两小环形系，一侧设宽扁形把手（图112）。另有各式小壶，一般为喇叭口，短颈，肩部

图112　宁波和义路出土唐代青瓷执壶

1　浙江省博物馆：《浙江纪年瓷》，图版164，文物出版社，2000年。

2　明堂山考古队：《临安县唐水邱氏墓发掘报告》，《浙江省文物考古研究所学刊》，1981年。

图113　临安明堂山出土唐代青瓷褐彩如意云纹镂孔熏炉

设多角形短流，对称处设把，鼓腹，平底。瓶仅见瓜棱形和葫芦形两种，法门寺塔地宫出土秘色瓷瓶整器呈八棱状，小直口，圆唇，细长颈，浅圈足，颈部饰三道弦纹。熏炉又名香熏，临安明堂山水邱氏墓出土的一件越窑青瓷熏炉，全器由盖、炉、座三部分组成。盖为盝形，盖纽为镂空花瓣，盖身上半部镂空成菱形，下半部为褐彩如意纹，用弦纹间隔；炉身直腹，平底，下承三兽足；底座为束腰镂空形，绘褐彩如意纹（图113）。墓志罐是此时新出现的一种随葬用器，罐体多呈圆柱形或直筒形，分带盖和无盖两种，有的下附浅盘式座，盖、罐、座相互黏连，形同一体。

装饰风格仍以素面为主，注意追求釉质的效果，釉色滋润，如冰似玉，釉装饰成为这一时期越窑青瓷装饰的主流。唐人诗中的“千峰翠色”“捩翠融青”“嫩荷涵露”等优美佳句，可谓对越瓷釉色最为贴切的描述。唐代茶圣陆羽还从色泽上对当时“南青北白”的代表越瓷与邢瓷进行了比较，认为“若邢瓷类银，则越瓷类玉，邢不如越一也；若邢瓷类雪，则越瓷类冰，邢不如越二也；邢瓷白而茶色丹，越瓷青而茶色绿，邢不如越三也”，并得出了“或者以邢州处越州上，殊为不然”的结论。除釉装饰外，也有刻花、划花、印花、褐彩、堆塑、镂雕、金银饰等装饰技法。刻花、划花装饰，纹饰线条简练，寥寥数笔将荷花、海棠花、牡丹花等刻划出来；金银饰就是在器物上用金银镶嵌，使其更加美观华贵，如扶风法门寺塔地宫出土的2件秘色瓷碗，口部即用银器镶嵌；釉下褐彩在晚唐也得到了进一步的发展，其彩绘技术更加成熟，更加完善，制作精细，纹饰优美，如浙江临安水邱氏墓出土的釉下褐彩云纹镂空熏炉、青釉褐彩如意云纹罂等堪称晚唐越瓷褐彩装饰技术之典型代表。

二、五代北宋

（一）瓷窑遗存

五代至北宋时期的越窑制瓷作坊仍主要集中在慈溪、上虞、宁波等地，另外余姚、宁海、奉化、象山、镇海、绍兴、诸暨、新昌、嵊州等处也有少量这一时期的窑场散布。

1. 慈溪地区越瓷窑址

上林湖窑区：窑址遗存主要分布于上林湖四周，除早期的部分窑场继续延用之外，通过调查发现五代至宋时又增添了许多新的窑口，初步统计共有47处之多（表11）。

表11　上林湖窑区新增五代、北宋窑址一览表

窑址编号	时代	地点	堆　积
上Y16	五代	挑嘴山	地表可见瓷片散布堆积1500平方米，断面堆积厚0.3米
上Y17	五代、北宋	余家湾	地表可见瓷片散布堆积600平方米
上Y19	五代、北宋	洪洞山	地表可见瓷片散布堆积1400平方米
上Y20	五代、北宋	茭白湾	地表可见瓷片散布堆积600平方米
上Y26丙	五代	黄鳝山	地表可见瓷片散布堆积1500平方米，断面堆积厚0.5米
上Y27	五代	孝顺山	地表可见瓷片散布堆积600平方米，断面堆积厚0.3米
上Y28	五代、北宋	琵琶山	地表可见瓷片散布堆积800平方米，断面堆积厚1.2米
上Y31	五代、北宋	龙虎山	地表可见瓷片散布堆积1800平方米
上Y32	五代、北宋	白洋岙	地表可见瓷片散布堆积300平方米
上Y33	五代、北宋	掘网山	地表可见瓷片散布堆积1200平方米，断面堆积厚0.3米
上Y34	五代、北宋	掘网山	地表可见瓷片散布堆积1600平方米
上Y35	五代、北宋	高岭头	地表可见瓷片散布堆积2800平方米，断面堆积厚0.5米
上Y39	五代、北宋	扒脚山	地表可见瓷片散布堆积1000平方米，断面堆积厚0.3米
上Y41	五代、北宋	竹园山	地表可见瓷片散布堆积2400平方米
上Y43	北宋	皮刀山	地表可见瓷片散布堆积1600平方米
上Y44	北宋	皮刀山	地表可见瓷片散布堆积3200平方米
上Y47	北宋	皮刀山	地表可见瓷片散布堆积300平方米
上Y49	五代、北宋	桃园山	地表可见瓷片散布堆积150平方米
上Y50甲	五代	河头山	地表可见瓷片散布堆积3000平方米，断面堆积厚0.8米
上Y52	五代、北宋	沈家山	地表可见瓷片散布堆积2700平方米

续表

窑址编号	时代	地点	堆 积
上Y53甲	北宋	高车头	地表可见瓷片散布堆积3000平方米
上Y53乙	北宋	高车头	地表可见瓷片散布堆积3500平方米，断面堆积厚0.6米
上Y54甲	五代	高车头	地表可见瓷片散布堆积1600平方米
上Y54乙	五代	高车头	地表可见瓷片散布堆积1800平方米，断面堆积厚0.6米
上Y55乙	五代、北宋	狗颈山	地表可见瓷片散布堆积4800平方米，断面堆积厚0.6米
上Y56	五代、北宋	狗颈山	地表可见瓷片散布堆积1600平方米
上Y59乙	五代、北宋	狗胫山	地表可见瓷片散布堆积1500平方米，断面堆积厚0.6米
上Y64	五代、北宋	后施岙	地表可见瓷片散布堆积3200平方米
上Y67	五代、北宋	石塘山	地表可见瓷片散布堆积600平方米，断面堆积厚0.5米
上Y68	五代、北宋	焦角湾	地表可见瓷片散布堆积600平方米
上Y69	北宋	焦角湾	地表可见瓷片散布堆积600平方米
上Y70	五代、北宋	焦角湾	地表可见瓷片散布堆积1200平方米
上Y71	五代、北宋	焦角湾	地表可见瓷片散布堆积1000平方米
上Y74	五代、北宋	牛角山	地表可见瓷片散布堆积1000平方米
上Y75	北宋	牛角山	地表可见瓷片散布堆积400平方米
上Y79	五代	周家岙	地表可见瓷片散布堆积150平方米
上Y82	北宋	吴家溪	地表可见瓷片散布堆积600平方米
上Y83	北宋	吴家溪	地表可见瓷片散布堆积800平方米，断面堆积厚0.6米
上Y84	五代、北宋	吴家溪	地表可见瓷片散布堆积2100平方米
上Y86	五代、北宋	吴家溪	地表可见瓷片散布堆积1500平方米，断面堆积厚1米
上Y87	五代、北宋	吴家溪	地表可见瓷片散布堆积400平方米
上Y88	五代、北宋	吴家溪	地表可见瓷片散布堆积2800平方米，断面堆积厚1米
上Y89	五代、北宋	大片山	地表可见瓷片散布堆积500平方米

续表

窑址编号	时代	地点	堆　积
上Y95	五代	黄婆岙	地表可见瓷片散布堆积200平方米
上Y100	北宋	普济寺	地表可见瓷片散布堆积600平方米，断面堆积厚0.4米
上Y104	五代	石塘山	地表可见瓷片散布堆积1500平方米
上Y105	五代、北宋	牛角山	地表可见瓷片散布堆积500平方米

（采自慈溪市博物馆编《上林湖越窑》，科学出版社，2002年）

里杜湖窑区：北宋时新增窑口8处。以北栗子山窑较具代表性，该窑于北宋晚期开始建窑烧制，生产青瓷品种常见者有碗、盘、执壶、罐、盒、水盂、盏托、灯盏等，釉色多为青中泛灰，也有少量的青绿色。窑具主要见有垫具和间隔具，垫具分直筒形和覆盂形；间隔具有扁圆形、灯盏形、盘形、环形和喇叭形几种[1]。

白洋湖窑区：北宋时新增窑口6处。以石马弄窑较具代表性，该窑于唐代中晚期开始建窑烧造，一直沿用至北宋初期。产品釉色以青黄、青绿、青灰为主，灰胎，胎质粗细不一。器类常见者有碗、盘、盆、罐、执壶、盒、灯盏、水盂、枕、盏托等。窑具主要有匣钵、匣钵盖、垫具，匣钵分钵形、筒形和凹面匣钵几种，除少量匣钵用瓷土制成，余皆为夹砂粗胎；垫具有坦腹垫具、覆钵状垫具、覆盂状垫具、束腰状垫具以及垫圈等[2]。

古银锭湖窑区：古银锭湖地区早在东晋时期已开始建窑烧瓷，唐宋时期窑址目前共发现29处，其中五代7处，五代北宋3处，北宋5处，北宋南宋7处。另有一处为自唐代一直延烧至南宋初年的寺龙口窑，该窑于1998年和1999年由浙江省文物考古研究所、北京大学考古文博学院、慈溪市文管会联合发掘，发掘面积735平方米，清理龙窑窑炉一座，出土碗、盘、杯、盏、盏托、盒、灯盏、唾盂、钵、罐、执壶等大量瓷器标本。窑具见有匣钵、匣钵盖、垫具、支具等。可分为六期：第一期为晚唐至唐末五代之交，出有秘色瓷，器型见有花口碗、葵口盘、执壶、盏等，修坯精细，造型端庄，釉色滋润；第二期为五代，产品仍以釉色取胜，以青黄、青绿釉为主，釉面清亮；第三期为北宋早期，器物造型更趋轻巧，釉色以青黄、青绿为主，一改以釉取胜的风格，盛行划花装饰，构图繁密；第四期为北宋中期，划花装饰仍然流行，构图比前期简化；第五期为北宋晚期至北宋末，器物胎壁厚重，外底多呈鸡心形，粗器增多，大量生产韩瓶等，釉色以青灰为主，刻划花装饰更加

1　林士民：《青瓷与越窑》，第154~156页，上海古籍出版社，1999年。

2　浙江省文物考古研究所等：《浙江慈溪市越窑石马弄窑址的发掘》，《考古》2001年第10期。

草率；第六期为南宋初，除生产越窑传统的青釉产品外，新出现月白、天青釉瓷，釉面滋润呈半透明状，产品有炉、花盆等，以支钉垫烧，其胎质、釉色、烧成方式均与传统越窑风格不同，而与汝窑产品接近[1]。另在寺龙口窑东侧低岭头、西南开刀山、张家地等窑址也发现有同类产品。这类产品往往与一般青釉产品同炉共烧，并采用同一装烧组合，有称之为“官窑型”产品者，认为可能与南宋初期朝廷征烧宫廷用瓷有关，而同炉烧制的民用瓷器，或称为“后越窑”产品[2]。

2. 绍兴地区越瓷窑址

五代、北宋绍兴地区的越瓷窑址广泛分布于上虞、绍兴、诸暨、嵊州、新昌各地，主要窑址遗存包括绍兴唐宋上灶官山窑、五代北宋缸窑山窑、西水山窑，诸暨宋代青山弄窑、月垅湾窑、骆家桥窑、凉西窑、新蒋窑、伏虎山窑、龟山窑、船山窑、缸窑山窑、作坊村窑、瓶鬏山窑、红坞口窑，新昌宋代碗圆山窑、拔茅山窑、鞍山窑，嵊州宋代瓷窑山窑、缸窑背窑、碗盏山头窑、小洋山窑、独山窑、下阳山窑、姆姚山窑、下郑山窑等。上虞是其主产区，窑场数量众多，其中以窑寺前窑较为典型。

窑寺前窑位于上虞百官镇南约20公里，窑址分布在窑湖周围的寺山、坳前山、道士山、立柱山、盘口湾等处的小山坡上。寺山窑：面积长达数百米，产品以碗居多，大多素面无纹，少部分为刻划纹饰。坳前山窑：堆积厚1米至数米不等，瓷器有早晚精粗之分，位于窑址东北面的大多为精工之作，产品有碗、碟、盘、盒、罐、壶、杯、茶托、灯盏、熏炉等，釉色葱翠，器物上都刻划花纹；位于窑址西南面的产品以碗为主，胎质粗疏，器物烧造方法均采用叠烧法，每件器物之间以“托珠”相隔。立柱山窑与坳前山窑并列居南，窑址堆积层厚达数米。道士山窑在坳前山窑与立柱山窑之间，窑址堆积皆为匣钵，瓷片掩埋在下。盘口湾窑址面积较大，匣钵碎片散积各处。

关于窑寺前窑的年代问题，汪济英根据《上虞县志》转引《万历志》广教寺条记载：“广教寺，在县西南三十里，昔置官窑三十六所，有官院故址。宋开宝辛未有僧筑庵山下，为陶人所祷窑三十六所，有官院故址。吴越领华州节钺钱惟治创建为寺，名保安。治平丙午必今额，俗仍呼窑寺。”认为此窑是五代吴越国时在民窑基础上改建的官窑，设置时间应为钱弘俶在位时期，且该窑产品无论造型、纹饰还是釉色都深受上林湖窑的影响，当为上林湖派生出来的窑场[3]。

3. 东钱湖窑场

东钱湖窑场位于今宁波市东南20公里的东钱湖（原属鄞县）境内，创烧于东汉晚期，五

1　参阅浙江省文物考古研究所等：《寺龙口越窑址》，文物出版社，2002年。

2　林士民：《青瓷与越窑》，第163～166页，上海古籍出版社，1999年。

3　汪济英：《记五代吴越国的另一官窑——浙江上虞县窑寺前窑址》，《文物》1963年第1期。

代、北宋时期窑址目前已发现37处，占东钱湖周围窑场总数的75％左右，是当时仅次于慈溪上林湖的第二大越窑窑场。窑址分布范围广泛，大体上可分为7个区：郭家峙区，位于东钱湖西南，窑区内共有10多处窑址，出有北宋雍熙年号的碾磨器，并发现有制作匣钵的作坊。2007年曾对其中的郭童岙窑址进行过大规模的发掘，共清理龙窑遗迹8座，出土碗、盘、碟、壶、杯、盏托、垫具、支具等各类器物标本近千件[1]。窑区时代为五代北宋；窑棚区，位于东钱湖南端，靠花岙村西的两座窑时代为五代北宋，窑棚窑南端的王家弄有2座为东汉晚期，距此窑1公里左右的玉缸山窑也为东汉晚期；上水区，位于湖边上水村东侧的窑岙山，堆积丰富，时代为五代北宋；下水区，位于下水西村刀子山、官驿河头、上刀子山有2处东汉晚期的古窑，下水村也有2处窑，另在官驿河头有蛇山窑，时代为五代北宋；东吴区，位于东钱湖栗木圹东北角，发现的五代北宋窑址有东村窑、古坟潭窑、村南窑等。窑山头窑早期为晋代，晚期为五代北宋。另外还有属于东钱湖窑场同一类型的白村区窑址和宝幢区窑址[2]。

东钱湖窑场生产青瓷品种主要见有碗、茶盏、茶托、盘、壶、盒、罐、钵等。窑具主要见有匣钵与间隔垫具，匣钵大小成套，以宽矮的匣钵居多，另有钵形匣钵；间隔垫具以垫环为多，另有垫圈、覆钵形垫托、浅碟形垫托、灯状垫托等类。器物装饰包括划花、刻花、刻划并用、镂空、模印几种，其中以划花为多，线条精细，刚劲有力，一般用于盘、碗、杯上，纹饰题材有鹦鹉、蝴蝶、莲瓣、荷花、水草等；刻花线条较粗，多用于罐、钵、壶等器物上，题材以莲瓣为主，有单瓣和复瓣之分；刻划并用题材多见于复莲瓣；镂空多见用于香熏，镂空纹有方格、网格、花枝等；模印多见用于盒盖，花纹有菊花、牡丹、缠枝花等。与上林湖窑相比，这些器物无论是在造型、釉色上还是在装饰风格上都相同[3]。

东钱湖窑场所在的鄞县（今宁波市鄞州区）在五代北宋时是吴越钱氏对外贸易的重要港口，瓷器是当时最重要的输出商品之一。吴越钱氏为维持自己的统治，不断向朝廷进贡，文献记载开宝、太平兴国年间吴越九次向宋廷进贡，其中贡瓷数量达21万件以上。进贡如此之多的瓷器，光靠上林湖窑一地生产是远远不够供给的，因此又在鄞县东钱湖窑场烧造贡瓷。《宋会要辑稿》载开宝九年六月四日“明州节度使惟治进……瓷器万一千事，内千事银棱。”这些进贡朝廷的瓷器中可能有一部分就是东钱湖窑的产品。

（二）龙窑遗迹

五代、北宋时期的龙窑发展已较完善，结构基本定型。以寺龙口窑为例：该窑窑炉水平长度约48.9、斜长约49.5米，由火膛、窑室、窑门、排烟室等部分组成。其中火膛平面呈

1 宁波市文物考古研究所发掘资料。

2 林士民：《青瓷与越窑》，第204、205页，上海古籍出版社，1999年。

3 李辉柄：《调查浙江鄞县窑址的收获》，《文物》1973年第5期。

半圆形，宽约1.64米，底部由后向前倾斜；窑室顶部坍塌，窑壁由土坯砖错缝平砌而成，窑底以砂土铺成，窑室宽度火膛后壁为1.65米，中段约2米，近窑尾处约1.8米；窑底存有大量钵形匣钵、垫圈、束腰状支具等；窑门共11个，平面呈喇叭形，砖石砌成，间距为2.5～3.75米；排烟室破坏严重。窑内中、前段出土较多匣钵装烧的刻划花纹碗、盘、壶、瓶等，后段遗物较少，多为明火叠烧的折沿高圈足碗[1]。

（三）窑具

窑具主要采用匣钵及间隔具两类，其中匣钵种类较多，一般按器物形制制作，有碗形、长筒形、盅形、盘形等，其装烧方法多见二钵组合装烧法、盒状匣钵装烧法和二钵一凹底匣钵组合装烧法几种。二钵组合装烧法是在匣钵内底放数颗泥点，把坯件的圈足放在泥点上，在匣钵上再扣上一匣钵，接缝处用釉封死；盒状匣钵装烧法系在匣钵内底放数颗托珠托起环形垫圈，垫圈上放置托珠，其上放置坯件，然后在匣钵上加一盖，盖与匣钵接缝处用釉封死；二钵一凹底匣钵组合装烧法为北宋时使用的一种装烧方法，即将一匣钵在底部放一垫圈作支垫，支垫上放粗瓷土，上置坯件，用一呈“M”形的浅腹凹底匣钵扣在匣钵上，在底部置一垫圈支垫，上放粗瓷土支起另一件坯件，最后再用匣钵扣在上面。发现的许多匣钵上书写有铭文，内容包括姓氏类、数字类、干支类、年号类、作坊名称类等。间隔具种类也较多，主要见有圆筒形、扁圆形、直筒形、环形、喇叭形、灯盏形等[2]。

（四）纪年瓷器

五代、北宋的纪年越瓷仍主要来源于这一时期的纪年墓，特别是在吴越国都城杭州及钱氏故乡临安发现的钱氏家族墓葬和当时一些重臣的墓葬以及辽国一些王室贵族的墓葬（表12）。自身带有纪年铭文的瓷器一部分出自遗址、窑址或寺塔等遗存中，如上林湖窑址出有“太平戊寅”“太平丁丑”纪铭器，苏州虎丘塔内出有“建隆二年”纪铭瓷，上虞上浦甲仗村出有“绍圣五年”刻铭砚，东钱湖窑场出土青瓷有的刻有“大中祥符”“雍熙二年”等纪年铭文，黄岩灵石寺塔出有“咸平元年”青瓷熏炉[3]；一部分则出自墓内，如慈溪上林湖铁锚山五代梁墓出有“龙德二年”刻铭墓志罐，绍兴宋墓出有“咸平元年七月廿日记”刻铭青瓷粮罂，慈溪天东西花家宋墓出土青瓷砚外壁刻“嘉祐八年十月二十二日造此砚子东海记”，铭文集纪年、器名、名款于一身，对宋时越窑青瓷的研究具有一定的参考价值[4]。

1　参阅浙江省文物考古研究所等：《寺龙口越窑址》，文物出版社，2002年。

2　李军：《论越窑青瓷的装烧工艺》，《东南文化》2000年第3期。

3　浙江省博物馆：《浙江纪年瓷》，图版198，文物出版社，2000年。

4　浙江省博物馆：《浙江纪年瓷》，图版199，文物出版社，2000年。

表12　五代、宋、辽纪年墓葬出土越瓷简表

公元	年号	墓葬地点	出土瓷器	资料来源
909	开平三年	河南洛阳高继蟾墓	盆1、银扣葵口碗1	《文物》1995（8）
922	龙德二年	浙江慈溪上林湖	墓志罐1	《文物》1958（8）
929	乾贞三年	江苏邗江蔡庄	碗2、盘1	《文物》1980（8）
939	天福四年	浙江临安玲珑镇钱元瓘妃马氏墓	委角方盘9、瓜棱盖罐10、葵口碗3、侈口碗1、敛口碗1、圈足盘9、执壶1、托盘1、水盂2、粉盒2、盆1、四系罐1、葵口杯1、唾盂1、盏托1	《文物》2000（2）
942	天福七年	浙江杭州玉皇山钱元瓘墓	双龙瓶1、执壶1、方盘4、凤形划花盖3、洗6、平底碟2	《考古》1975（3）
942	辽会同五年	辽东丹国左相耶律羽之墓	双耳四系盖罐1、葵口碗1、碗1	《文物》1996（1）
946	开运三年	浙江宁波火车站袁从章墓	碗、官字款罐5	《考古》1984（11）
946	开运三年	浙江杭州三台山M32	碗5、洗1、执壶1、盏托1、盒1	《考古》1984（11）
952	广顺二年	浙江杭州施家山钱元瓘次妃吴汉月墓	瓜棱执壶1、器盖1	《考古》1975（3）
958	辽应历八年	辽北平王越德钧夫妇墓	莲瓣碗1	《考古》1962（5）
959	辽应历九年	内蒙古赤峰大营子驸马墓	葵口碗2、敞口碗1、小碗2	《考古学报》1956（3）
995	统和十三年	北京八宝山辽韩佚夫人合葬墓	执壶1、温碗1、托1、碟4、碗2	《考古学报》1984（3）
998	咸平元年	浙江绍兴	纪铭青瓷粮罂1	《浙江纪年瓷》
1023	天圣	江苏镇江宋墓	青瓷八棱瓶1	《文物资料丛刊》第10期
1063	嘉祐八年	浙江慈溪天东西花家	纪铭青瓷砚1	《浙江纪年瓷》

（五）器物特征与装饰风格

五代之际仍是越瓷的鼎盛阶段，器物坯胎细腻，制作精良，造型规范，品种丰富，主要产品包括碗、盘、盒、盏、水盂、碗托、执壶、罐、钵和少量的盆、罂、缸、釜等。碗、盘、盒、盏、碗托等形制多样，不一而足；水盂、执壶腹部较鼓，造型与晚唐相比有所变化；罐、钵的最大径下移至腹中部，罐体普遍增高；罂、缸、釜类器物出土不多，盆则仅见折腹平底一种。装饰风格上，刻花、划花、印花、釉下褐彩、金银扣、镂孔仍是这一时期的主要技法。从出土器物来看，五代早中期仍以素面为主，间以刻花装饰，器形规整秀美，原料处理精细，口沿纤薄，线条柔和，转折处分界明显，釉面腴润光亮，釉层薄而均匀，折射出以釉色和造型取胜的时代风尚。五代中晚期以后，刻花、划花、印花蔚然风尚，题材多为人物、山水、花鸟、走兽等，盛行莲花装饰，如莲瓣纹碗、唾壶、托、粉盒等。釉下褐彩与金银扣装饰继续发展，临安板桥五代墓出土的褐彩云纹罂[1]（图114）和苏州七子山五代钱氏贵族墓出土的秘色金扣碗[2]（图115）为其代表之作。新出现纤细刻花工艺和涂金装饰工艺，并吸取了唐代铜镜、织绣和金银锤揲细工上的花纹特点，将其融汇到瓷器装饰中来。

北宋早期越窑继续繁荣发展，青瓷制作优良，造型精巧秀丽，胎质细腻，釉色纯净，产品丰富，样式多变，主要见有各式碗、盘、盒、碗托、执壶和罐、钵、

图114　临安板桥出土五代青瓷褐彩云纹罂

图115　苏州七子山出土五代秘色金扣碗

1　浙江省文物管理委员会：《浙江临安板桥的五代墓》，《文物》1975年第8期。

2　苏州市文管会、吴县文管会：《苏州七子山五代墓发掘简报》，《文物》1981年第2期。

香熏、洗、盆、灯具、枕等。1987年浙江黄岩灵石寺塔第四层发现一件青瓷香熏，熏盖呈半圆，镂缠枝花灯，熏身子母口，弧腹，高圈足外卷，下腹刻重瓣仰莲，内外薄釉，釉色青绿，滋润光泽。熏内墨书二周题记，上周“当寺僧绍光括入塔买舍咸平元年（998年）茂（注：应为戊字）戌十一月廿四日”，下周“童行奉询弟子姜彦从周舍利永充供养”。整体设计玲珑优美，造型奇特别致，是实用与装饰的完美结合，堪称北宋越瓷精品[1]（图116）。装饰风格上，一方面承袭晚唐以来遗风，以釉色取胜，器型线条柔和；另一方面也继续采用刻划花、模印、镂雕、堆塑等手法，盛行纤细刻划花装饰，工艺技巧娴熟，构图简洁美观，形象生动逼真，装饰题材广泛，常见鸳鸯戏荷、双凤衔枝、鹦鹉对鸣、双蝶相向、龟伏荷叶、鹤翔云间、鸟栖花丛、人物坐饮、神仙活动等图案以及莲瓣纹、水波纹、牡丹纹、缠枝纹、龙纹等纹样。如北京西郊辽韩佚墓中出土的一件越窑六瓣瓜棱形带盖执壶，腹部划四组人物宴饮图，内容丰富，人物突出，构思新颖，富有诗意[2]（图117）。这种人物坐饮图、神仙活动图等的执壶残片在上林湖五代至北宋的窑址中也多见出土。

图116　黄岩灵石寺塔出土北宋青瓷香熏

图117　北京西郊辽韩佚墓出土越窑宴乐人物纹执壶

1　浙江省博物馆：《浙江纪年瓷》，图版198，文物出版社，2000年；徐定宝主编：《越窑青瓷文化史》，第158页，人民出版社，2001年。

2　徐定宝主编：《越窑青瓷文化史》，第158页，人民出版社，2001年。

北宋中期以后，越窑瓷业生产虽仍保持了一定的规模，但在工艺技术上已经停滞不前，产品质量与前相比也略显逊色。常见器物中，执壶、碗类的造型与前期相比变化不大；盘、盒主要有圈足外撇和卧足两类。1985年慈溪樟树砖瓦厂出土一件青瓷牡丹纹粉盒，整体呈扁圆形，带盖，子母口，盖面微鼓，刻划牡丹纹，图案清晰饱满。盒身作子口，弧腹，圈足稍外撇。施青绿色釉，釉面滋润光洁，是这一时期的代表性器物之一[1]（图118）；罐和水盂的造型不多，常见的有敛口鼓腹圈足罐和敛口鼓腹平底盂；瓷罂、瓷砚出土较少；瓷枕造型相对丰富，有长方形、兽座形几种。上虞博物馆收藏的一件虎枕，枕面呈委角方形，面刻划摩羯纹，下为虎座，左右两边各塑卧虎，通体施青黄釉，造型巧妙，是一件难得的艺术珍品[2]（图119）。装饰风格上，这一时期在继续流行细线划花的同时，也盛行刻划兼施的装饰技法，装饰纹样与前区别不大，主要见有牡丹纹、开光牡丹纹、莲瓣纹、波涛纹、摩羯纹、龙纹、龟心荷叶纹、双凤、蝴蝶、鹦鹉、缠枝荷花等，但有的划花已出现草率现象。压线技法也比较常见，多施用于碗、盘、杯、盏之类。印花与镂孔器物则仅在窑址中偶有发现。

图118　慈溪市博物馆藏北宋青瓷牡丹纹盒

图119　上虞博物馆藏北宋青瓷虎枕

北宋晚期，越瓷窑场数量锐减，器物制作粗糙不精，大量采用明火烧造，釉色趋于暗淡无光。器物品种相对单调，装饰手法简陋草率，前期那种纤细的划花被粗劣的刻花所取代，刻划花纹刀法不够规整，纹饰呆板，构图杂乱，主题不明。这些现象都显示出越窑瓷业已进入了衰落时期。

1　慈溪市博物馆：《慈溪遗珍——慈溪市博物馆典藏选集》，第73页，上海辞书出版社，2008年。

2　徐定宝主编：《越窑青瓷文化史》，第162页，人民出版社，2001年。

第五节　越窑秘色瓷

秘色瓷是越窑青瓷中名闻遐迩、享誉中外的精品之作，也是越窑青瓷制作水平的最高代表。文献记载与考古发现表明，秘色瓷至迟出现于晚唐时代，全盛于五代宋初，北宋中期以后渐趋式微，北宋晚期随着越瓷的逐步衰落而彻底退出了历史舞台。

一、秘色瓷的出现、发展与衰落

“秘色”一词最早见于晚唐诗人陆龟蒙的《秘色越器》诗：“九秋风露越窑开，夺得千峰翠色来。好向中宵盛沆瀣，共嵇中散斗遗杯。”诗文不但极尽赞美秘色瓷器釉如“千峰翠色”，而且明确指出其为越窑所产。晚唐诗人徐夤《贡余秘色茶盏》诗亦云：“捩翠融青瑞色新，陶成先得贡吾君；巧剜明月染春水，轻旋薄冰盛绿云。古镜破苔当席上，嫩荷涵露别江濆；中山竹叶醅初发，多病那堪中十分。”不惜连用“捩翠融青”“巧剜明月”“春水”“轻旋薄水”“盛绿”“古镜破苔”“嫩荷涵露”诸溢美之词来形容秘色瓷的釉色纯净与器型精巧，且点明秘色瓷为当时贡品之一。又《新唐书·地理志》载“越州会稽郡……土贡：宝花、花纹等罗……瓷器、纸、笔。”根据这些记载可知，至迟在晚唐时期越窑已开始生产秘色瓷器并作为越州地方贡品进献于朝廷。考古发现也证明了这一点。1987年陕西扶风法门寺唐代塔基地宫中出土了14件越窑青瓷，均胎质细腻，形体薄匀，釉层柔润，制作精工，其中除2件漆平脱瓷碗为青黄色外，其余均为青绿色或湖绿色。同时出土的《监送真身使随真身供养道具及恩赐金银器物宝函等并新恩赐到金银宝器衣物账》第六行记载：“瓷秘色碗七口，内二口银棱，瓷秘色盘、叠（碟）子共六枚。”[1] 另1件青釉八棱瓶虽未上账，但其胎釉特征与上述之13件秘色瓷基本类似，且符合秘色瓷所应具备的式样、御用等要素，亦可归属为秘色瓷。相同的八棱瓶还有2件存世，1件现藏于故宫博物院，1件出于陕西西安咸通十二年（871年）张叔尊墓，此外，20世纪50年代故宫博物院学者陈万里在上林湖窑场也曾采集到相似的八棱瓶残片。按：法门寺地宫封闭于唐懿宗咸通十五年（874年），秘色瓷的烧造时间当在此之前。1973年浙江宁波和义路唐代遗址出土过一批包括“大中二年”铭文碗在内的精美越瓷，其碗、盘造型、釉色与法门寺地宫出土的秘色瓷相同，发掘者认为这批瓷器的生产时间可上溯至9世纪50年代之前[2]。又，临安晚唐天复元年（901年）水邱氏墓出土有秘色瓷25件，器型包括灯、熏炉、

1　陕西省法门寺考古队：《扶风法门寺塔唐代地宫发掘简报》，《文物》1988年第10期。

2　林士民：《青瓷与越窑》，第221页，上海古籍出版社，1999年。

罂、碗、粉盒等，釉色大多青中泛黄，小部分呈青绿、青灰色，其出现时间也在晚唐时期[1]（图120、图121）。

图120　临安明堂山出土唐代青瓷褐彩如意云纹油灯

图121　临安明堂山出土唐代青瓷花口碗

唐末五代，钱镠在江南杭州建立吴越国，割据江浙一带长达70余年。吴越王室长期奉行保境安民政策，不断对中原王朝纳贡称臣，曾先后向后唐、后晋、后汉、后周供奉大量方物，其中就有数目可观的秘色瓷器。史载：后唐同光二年（924年）九月钱镠“遣使钱询贡唐方物……秘色瓷……”[2]；后唐清泰二年（935年）九月钱元瓘贡唐“金棱秘色瓷器二百事”[3]；后晋天福七年（942年）十一月钱弘佐遣使“又贡……秘色瓷器……”[4]；后汉乾祐二年（949年）十一月钱弘俶“遣判官贡汉……秘色瓷器……”[5]；后周广顺二年（952年）十一月钱弘俶遣使“贡奉……秘色瓷器”[6]。可见秘色瓷为当时的主要贡品之一，其发展也由此进入全盛时期。

五代秘色瓷在钱越王室、贵族墓葬中也屡有发现。临安玲珑镇天福四年（939年）钱元瓘妃马氏墓、杭州玉皇山天福七年钱元瓘墓、杭州施家山广顺二年（952年）钱元瓘次妃吴汉月墓等都曾出土秘色瓷器[7]（图122、图123、图124）；江苏苏州七子山五代钱氏贵族墓出有一批精美的秘色瓷浮雕双龙贴金四鋬罂、褐色云纹罂、划花瓜棱执壶、盖罐、方形委角套

1　明堂山考古队：《临安县唐水邱氏墓发掘报告》，《浙江省文物考古研究所学刊》，1981年。
2　《十国春秋》卷78《吴越・武肃王世家》。
3　《十国春秋》卷78《吴越・文穆王世家》。
4　《十国春秋》卷80《吴越・忠献王世家》。
5　《十国春秋》卷81《吴越・忠献王世家》。
6　《册府元龟》卷160。
7　浙江省文管会：《杭州临安五代墓中的天文图和秘色瓷》，《考古》1975年第3期。

图122　临安玲珑镇出土五代青瓷唾盂

图123　临安玲珑镇出土五代青瓷盆

盒、盏托、金扣碗、洗、碟等[1]，器物釉色温润如玉，制作精细，其中不乏气魄宏大、造型生动、极富艺术表现力与感染力的杰作。上林湖窑址也曾出土过类似的残片。

图124　杭州玉皇山出土五代青瓷蟠龙纹罂

北宋立国之后，吴越王朝危在旦夕，不惜倾国以事北宋。据载，自北宋立国（960年）至吴越纳土归宋（978年）的18年间，钱弘俶共向宋廷进贡“金银饰陶器”达14万多件[2]。这些贡瓷种类丰富，其中相当部分属于秘色瓷器。钱氏政权归宋后，至迟到北宋中期越州地方仍将秘色瓷作为贡品，《宋会要辑稿》食货四一载神宗熙宁元年（1068年）“尚书户部上诸道府土贡物……越州……秘色瓷器五十事。”当时许多秘色瓷珍品还作为礼物被朝廷贡奉或赠与辽国，辽会同五年（942年）辽东丹国左相耶律羽之墓、应历八年（958年）辽北平王越德钧夫妇墓、内蒙古赤峰大营子辽应历九年驸马墓、统和十三年（995年）北京八宝山辽韩佚墓、内蒙古哲里木盟奈曼旗开泰七年（1018年）辽陈国公主驸马合葬墓等都出土有数量不菲的秘色瓷器[3]（图125）。

北宋中期以后，越窑工艺逐步衰退，同时贡瓷易位，秘色瓷器生产渐趋式微，产品质

1　苏州市文管会等：《苏州七子山五代墓发掘简报》，《文物》1981年第2期。

2　《吴越备史》卷四，四部丛刊续编本。

3　内蒙古文物考古研究所：《辽耶律羽之墓发掘简报》，《文物》1996年第1期；北京市文物工作队：《北京南郊辽赵德钧墓》，《考古》1962年第5期；徐定宝主编：《越窑青瓷文化史》，第200页，人民出版社，2001年；孙新民：《越窑秘色瓷的烧造历史与分期》，《文物》1995年第6期。

图125　内蒙古文物考古研究所藏北宋秘色双蝶纹盘

量明显下降，工艺精品难得一见。北宋晚期，越瓷产业全面衰退，大部分窑址中已不见秘色一类残器，秘色瓷随着越窑的停滞而彻底衰落。虽然在后世的文献中仍可偶见关于“秘色瓷”的记载，如明人李日华的《六研斋二笔》卷二云：“南宋时，余姚有秘色瓷，粗朴而耐久，今人率以官窑目之，不能别白也。”但这里所谓的“秘色瓷”，竟用“粗朴”一词来形容，表明这时的“秘色瓷”已经完全失去了其作为青瓷精品的特殊意义。

二、秘色瓷的含义

秘色瓷之要义无非在于“秘色”二字，然现今研究者对于“秘色”二字的解释尚不同一。有的认为“秘”是一种色泽常青的香草，秘色即香草色，但已经出土的秘色瓷釉色有青绿、青黄、青灰之分，用香草色来形容的论点难以成立；也有的根据宋人周辉《清波杂录》卷五所载“越上秘色器，钱氏有国日，供奉之物，不得臣庶用，故曰秘色”，以此为秘色瓷之定义；还有的按照陆龟蒙《秘色越器》、徐夤《贡余秘色茶盏》诗对秘色瓷颜色的誉美以及清人蓝浦《景德镇陶录》关于秘色瓷“其式似越窑器，而清亮过之”的记载，认为秘色就是青色，是越窑青瓷中精选出来的上等瓷器，认同此种说法的较多。宋代文人笔记虽对“秘色”诠释不置可否，但也大多对秘色瓷为青釉色并不怀疑。徐兢《宣和奉使高丽图经》卷三十二《器皿》云：“陶器之青者，丽人谓之翡色……狻猊出香，亦翡色也，上有蹲兽，下有仰莲以承之，诸器惟此物最精绝。其余则越州古瓷器、汝州新窑器大概类似。”扶风法门寺地宫出土的14件秘色瓷，胎呈灰或灰白色，质地细腻致密，器内底无窑具支烧的痕迹，外底有圈状或米粒状支钉痕，是在匣钵中烧成的。除2件平脱碗饰黄釉外，余皆为青绿色或湖绿色，釉面光滑纯净，釉色晶莹滋润，这与古人对秘色瓷“千峰翠色”“捩翠融青”“嫩荷涵露”“古镜破苔”“春水”“盛绿”的诸般形容是相一致的。造成部分秘色瓷釉色不同的原因，可能是因为其在氧化气氛中烧成，胎釉中的铁和足够的氧结合，处于高价铁状态，故釉呈黄色；如在还原气氛中烧成，因火焰中的氧不足，会把胎釉中氧化铁的氧夺去一部分，使铁处于低价铁状态，则呈青色。

秘色瓷作为盛行一时的越窑精品佳作，自唐以来即成为南北各窑学习的对象。陆游《老学庵笔记》载：“耀（州）出青瓷器，谓之越器，以其类余姚县秘色也。”宋人庄绰《鸡肋编》载：“处州龙泉县，多佳树……又出青瓷器，谓之秘色。”金人赵秉文《汝瓷酒尊》中称汝窑青瓷为“秘色”。另外广东生产的青瓷也曾被称为“南越秘色磁”[1]；高丽青瓷则被誉为“高丽秘色”[2]。从这些记载中可知当时南北各窑生产的青瓷无论造型抑或釉色都或多或少受到了越窑的影响，所产青瓷人们皆称为秘色瓷，秘色瓷成为青瓷器的代名词。

三、秘色瓷窑场性质

关于秘色瓷窑场的性质问题，学术界先后提出了官窑论、官监论、官搭民烧论等几种观点。按：晚唐诗人徐夤《贡余秘色茶盏》诗云：“捩翠融青瑞色新，陶成先得贡吾君”，表明秘色瓷首先是作为贡奉之用的。《新唐书·地理志》卷四一亦载：“越州会稽郡……土贡瓷器。”1977年慈溪上林湖吴家溪发现一件越窑青瓷罐，上刻“……中和五年岁在乙巳三月五日，终于明州慈溪县上林乡……光启三年岁在丁未二月五日，殡于当保贡窑之北山，其坟丙向……”，说明至迟在唐僖宗光启年间，朝廷已在上林湖指定“贡窑”生产贡瓷。蔡乃武《“东窑”出上林湖》一文提及新发现了2件五代越窑青瓷墓志罐，1件是五代梁开平四年（911年）墓志罐，罐上刻有“大梁越州余姚县上林乡石仁里故俞……以开平四年八月廿八……于东窑吞内……”；1件是五代吴越宝正二年（927年）墓志罐，罐上刻有“吴越故项府君墓志铭……以宝正二年三月十六日绵疾终于私第……于年秋九月廿二日买得余姚县上林乡东窑之里……”。上述2件墓志罐铭文可确证东窑出自越窑腹地之上林湖窑场，即当时的余姚县上林乡石仁里，设立时间在晚唐五代时期[3]。联系慈溪上林湖吴家溪出土光启三年墓志罐所称“殡于当保贡窑之北山”，可见东窑与贡窑在地点和时间上均十分接近，或同一窑场之不同称谓亦未可知。此外，考古工作者还在上林湖窑址中采集到1件净水瓶，其形制与法门寺地宫出土的八棱瓶相近；在施家㪷、狗颈山、马溪滩等窑采集到的一些荷花碗、葵口盘口沿一周刮釉，可能是作金银扣用的[4]。这些发现都与文献中关于贡奉朝廷的有“金棱秘色瓷”“金银陶器”之记载吻合，说明早在唐时越窑已开始为朝廷烧造贡瓷。

五代之际，吴越钱氏采取保境安民政策，对朝廷称臣纳贡。据《十国春秋·吴越世家》《吴越备史》《宋史·吴越世家》等文献记载，历年吴越王向朝廷进贡，每次贡品中都有秘色瓷。北宋建国后，吴越王钱弘俶愈加恭谨，“始倾其国以事贡献”，仅太平兴国三年钱弘俶就贡奉“越器五万事”“金扣越器百五十事”“银扣大盘十”，足见当时贡瓷需求之大，烧造规模之盛。

烧制贡瓷自然要与官府发生联系，这一时期的墓葬和窑址中出土的部分瓷器上便发现有

1 （明）徐应秋：《玉芝堂谈荟》卷三《自奉之侈》，笔记小说大观本。

2 （宋）太平老人：《袖中锦》，学海类编本。

3 蔡乃武：《“东窑”出上林湖——从新发现的两件五代墓志罐谈起》，《中国文物报》2007年11月16日。

4 林士民：《青瓷与越窑》，第223页，上海古籍出版社，1999年。

“官”字款识，如临安板桥五代吴氏墓出土的越窑青瓷罐，其腹部刻有草书“官”字[1]；浙江省博物馆收藏的一件上林湖出土的五代青瓷，其底部刻有“官样”二字[2]；上林湖窑址还发现有刻划“官样”字款的碗、盘、盏残器和“官”字款匣钵[3]以及“官丞”字样的碗[4]。这些带有“官”字款识和“官样”字款的瓷器，有人称之为“官窑”产品，而“官窑”瓷器是按宫廷设计的式样专窑生产，严禁民间使用的，但实际上，在慈溪上林湖、上虞窑寺前、宁波东钱湖等烧制秘色瓷的窑场遗址中发现的瓷器残片却有粗细之分，说明这些窑场在烧造精品瓷外，也烧造一般用瓷，其性质应是烧制贡瓷的贡窑，而非官窑。贡窑在民窑的基础上发展起来，同时又在官方的监督下进行烧制，即所谓的官搭民烧，烧造贡瓷完成后，还可兼烧商品用瓷，它不完全受官方控制，属于民窑性质。那些带有“官”字款识和“官样”字款的瓷器，有可能是为了与商品瓷加以区分而刻划上去的。

第六节　越瓷的影响

越窑青瓷是我国陶瓷史上出现时间最早、烧造历史最长、传播影响最大的瓷器品种，自东汉开始创建以来，至唐宋时期已形成了一个规模庞大的瓷业体系，1000多年间长盛不衰，从未间断过生产。它不仅在我国古代陶瓷史上占有十分重要的历史地位，同时对国内其他一些著名窑口和国外瓷业都产生了积极而深远的影响。

一、对南北窑口的影响

受到越窑影响的南北著名窑口主要有南方的龙泉窑、景德镇窑和北方的耀州窑、汝州窑、定州窑等。

（一）对龙泉窑的影响

龙泉窑位于浙江南部的龙泉县，创烧于北宋早期。越窑衰落之际，大批工匠迁往龙泉一带立窑烧瓷，早期龙泉窑的产品风格、窑炉结构、制瓷窑具等均与越窑相同[5]。宋人庄绰《鸡肋编》载：“处州龙泉县，多佳树……又出青瓷器，谓之秘色。”“秘色”是对越窑青瓷精品的一种称谓，宋人将龙泉青瓷也称为秘色，表明龙泉青瓷在造型、装饰、釉色上与越窑青瓷难

1　浙江省文管会：《浙江临安板桥的五代墓》，《文物》1975年第8期。

2　方正：《秘色瓷刍议》，《越窑论集》，浙江人民出版社，1988年。

3　郑建华：《越窑贡瓷与相关问题》，《纪念浙江省文物考古研究所建所二十周年论文集》，西泠印社，2000年。

4　晋武成，张旭东等：《上林湖唐宋青瓷铭字款探讨与欣赏》，《宁波收藏》2010年第3期。

5　李刚：《古瓷新探》，第21页，浙江人民出版社，1999年。

以辨分，因此在某种程度上，可以说龙泉窑是越窑式微后在另一个地点的承继与延伸。

（二）对景德镇窑的影响

江西景德镇窑所烧器物的釉色、造型、支烧方法等都明显透出其与越窑青瓷的渊源关系。景德镇窑自唐、五代时开始烧制青瓷，器物胎土青灰，釉色青绿。胎呈灰色乃因受越瓷的影响，在瓷土中掺入含铁较高的泥土调和而成。五代时景德镇的湖田、杨梅亭、石虎湾等窑所烧青瓷，其胎土、釉色与唐、五代越窑青瓷相似，好者几可乱真。

（三）对耀州窑的影响

耀州窑位于陕西铜川黄堡镇，创烧于唐，产品有白瓷、黑瓷、青瓷等。五代、北宋早期的耀州窑青瓷与越窑青瓷很相似，如耀州窑产品青瓷套盒、青瓷花口碗、圈足外撇的杯等都明显受到越窑的影响，如宋初耀州窑所产青瓷碗，往往在其外壁刻划莲瓣纹，与同期越窑青瓷刻划莲瓣纹碗相同，唯釉色偏黄而已。因耀州窑青瓷与越窑秘色瓷风格仿佛，故时人亦称之为“越器”，陆游《老学庵笔记》云：“耀（州）出青瓷器，谓之越器，以其类余姚县秘色也。”

（四）对汝窑的影响

汝窑位于河南宝丰清凉寺，北宋晚期开始为朝廷烧造青瓷。在烧造工艺上，越窑采用满釉裹足支烧法，北宋汝窑也采用此法，显示出二者之间在生产工艺方面的传承关系。1989年宝丰清凉寺窑址出土2件越窑青瓷盅，器物内外刻划纤细的纹饰，通体施青绿釉，被认为是官府发出的样品，让汝窑仿越窑青瓷器生产[1]。陈万里认为，吴越不断向北方进贡瓷器，河南青瓷制造业因此深受影响，汝窑为其中佼佼者，明显“受着南方越窑秘色瓷的影响”[2]。

（五）对定窑的影响

定窑位于河北省曲阳县，始烧于唐代。研究认为，定窑在晚唐五代至北宋早期的器物造型、装饰、纹样均与越窑有一定的联系，在刻划花工艺上也受到越窑的影响，如莲瓣纹在越窑早期青瓷上就已使用，北宋时定窑吸收其浮雕技法并为己所用。

二、对世界瓷业的影响

越窑瓷器是中国古代早期外销陶瓷中最重要的产品之一，外销范围横跨亚非两洲，东北亚、东亚、南亚、西亚以及北非、东非等许多国家和地区都曾发现过大量的越窑青瓷。

1　河南省文物考古研究所发掘资料。

2　陈万里：《汝窑的我见》，《文物参考资料》1951年第2期。

（一）对朝鲜的影响

越窑青瓷早在汉晋时期已输入朝鲜半岛，百济武宁王墓中出土有南朝时的青瓷灯、碗、四耳壶、六角壶等越瓷器物[1]。统一新罗时期（668～918年），朝鲜半岛与中国唐朝交往密切，越窑青瓷也因此源源不断地运往朝鲜半岛。朝鲜半岛各地，如扶余出土有越窑青瓷玉璧底碗15件；益山弥勒寺遗址出土有越窑青瓷残片，并伴出“大中十二年”（858年）铭文陶器；雁鸭池宫殿出土了越窑青瓷玉璧底碗等器物，时代考证为公元907年前[2]。9世纪初，张保皋从中国越（明）州带回生产瓷器的工匠，使之移居到新罗专门从事陶瓷生产，他们带去的先进制瓷技术与新罗传统的古陶艺相结合，促发了当地青瓷的创烧，约在9世纪后半叶，新罗已烧制出与唐代玉璧底造型相似的青瓷器。10世纪左右，朝鲜半岛开始进入瓷器生产时代，学习仿造中国越窑瓷器，并在康津设立窑厂，其窑炉结构、装烧工艺、产品造型、装饰纹样等都深受越窑影响，所产青瓷釉色青翠，纹线流畅，如窑址中出土的一件刻划鹦鹉纹器物即与上虞窑寺前、宁波东钱湖窑出土的鹦鹉纹器相同。

同处朝鲜半岛的高丽早期（约唐、五代时期）也已开始对越窑青瓷进行学习仿制。北宋宣和年间徐兢奉命出使高丽时著《宣和奉使高丽图经》云：“陶尊……皆窃仿定器制度……其余则越州古秘色……”，[3]高丽青瓷在效仿“越州古秘色”的过程中，初期釉色青中偏黄褐，而后青中偏灰；到成熟期，釉呈半透明的青绿色，色调与越瓷秘色相接近；但到鼎盛期，高丽青瓷釉色已从青绿变为偏蓝的天青色，与越州秘色瓷釉有了明显区别，创出了自身的独特风格。

（二）对日本的影响

日本各地发现越窑青瓷也很多，据调查日本已发现中国瓷器的遗址共188处，其中明确断定为越窑系的有48处[4]。如福冈发现的鸿胪遗址中，出土越窑系瓷片2500多片[5]；奈良法隆寺保存有高26.4、口径13.6、底径10.1厘米的越窑青瓷四系壶[6]；平城京出土了越窑青瓷碗；于治市发现了双耳执壶；京都仁和寺出土唐代瓷器，以瓷盒为典型[7]。另外还在长崎县离岛一歧原遗址发现了相当数量的五代越窑青瓷碗、碟等残片。

1 徐定宝主编：《越窑青瓷文化史》，第236页，人民出版社，2001年。

2 林士民：《青瓷与越窑》，第289页，上海古籍出版社，1999年。

3（宋）徐兢：《宣和奉使高丽图经》卷三十二《器皿》，天禄琳琅丛书本。

4 袁风：《中国唐五代时期外销日本的陶瓷》，《唐研究》第四卷。

5〔日〕龟井明德、石丸详：《关于九州出土的中国陶瓷器》，《东京国立博物馆美术志》1975年6月。

6〔日〕《东洋陶瓷大观》。

7〔日〕小山富士夫：《支那青瓷史稿》，昭和十八年（1943年）中文堂刊。

（三）对印尼的影响

印尼爪哇、苏门答腊、苏拉威西、加里曼丹等地均出有越窑青瓷钵、壶、水注等物。2003年2月，爪哇井里汶岛海域发现了公元10世纪左右的沉船，出水越瓷器物超过10万件，包括9万多件碗、碟，200多件执壶以及7万多件水盂、盏托、套盒等，其中一件刻花莲瓣碗上刻有“戊辰徐记造”五字，戊辰为公元968年，属五代末期[1]。沉船中出水的几件龙纹大盘与北宋咸平三年元德李皇后陵中出土的一件龙纹大盘一样，出土的牙盘也与李后陵中发现的相同。

（四）对菲律宾的影响

20世纪20年代密执安大学在菲律宾中部和南部地区搜集到了8000余件瓷器，后又在五六十年代进行了古遗址的发掘，出土瓷器约4万件，其中有越窑系刻花青瓷[2]。

（五）对埃及的影响

在埃及开罗南部的福斯塔特古遗址中发掘出土了大量的中国陶瓷残器，仅1965年发掘时就出土中国陶瓷达10106片，其中唐代越窑瓷器673片[3]，比较典型的有唐代上林湖所产的平底凹形玉璧底碗。出土的9～12世纪初的越窑青瓷，有些刻有莲花、凤凰等纹样，风格与越窑同类器相似。

（六）对其他地区的影响

印度、泰国、伊朗、斯里兰卡、马来西亚、巴基斯坦、伊拉克等国历年来都发现了数量可观的越窑青瓷器和瓷片。印度科罗德海岸的阿里曼陀古址出土过唐末五代的越窑青瓷器[4]；泰国马来半岛苏叻他尼州的柴亚及附近地区的文化遗址中发现大量瓷器残片，其中有越窑的青瓷钵、水注、壶等[5]；伊朗席拉夫遗址调查发现了大量中国瓷片，以唐代越窑青瓷和邢窑白瓷最为引人注目[6]；斯里兰卡迪迪伽马遗址发现了越窑青瓷碎片，马霍城塞出土有越窑青瓷狮头，马纳尔州满泰地区的古港遗址也发现有越窑青瓷；马来西亚沙捞越河口的各遗址出土过越窑青瓷；巴基斯坦布拉明那巴德遗址和巴博古港发现了9世纪的越瓷水注和北

---

1 〔印尼〕Adi Agung Tirtamarta《井里汶海底十世纪沉船打捞纪实》，《故宫博物院院刊》2007年第6期。

2 冯先铭：《元代前我国瓷器销行亚洲的考察》，《文物》1981年第6期。

3 〔日〕小山富士夫《支那青瓷史稿》，昭和十八年（1943年）中文堂刊。

4 徐定宝主编：《越窑青瓷文化史》，第236页，人民出版社，2001年。

5 徐定宝主编：《越窑青瓷文化史》，第236页，人民出版社，2001年。

6 〔日〕三上次男：《陶瓷之道》，岩波新书，1970年。

宋初期的越窑刻花瓷片；伊拉克的斯萨、拉线司、迦姆希托城址、赫个姆兹、阿比达等地出土有晚唐、五代的越窑青瓷，其中平底、小凹底碗和葵口圈足碗与宁波海运码头出土的碗一样，萨马古都发掘出土的唐代越窑青瓷也与慈溪上林湖出土的标本完全相同。此外，阿曼、苏丹、肯尼亚等地也都发现过不同时期的越窑青瓷器物或其残件[1]。

纵观以上各国各地出土的越窑青瓷，其在9世纪以前外销不多，9世纪以后外销数量明显增加，到10世纪后半叶达到顶峰。印尼爪哇井里汶沉船出土的越窑青瓷不仅数量庞大，而且其中为数不少的本应用于贡御的精美青瓷也出现在沉船中，表明当时同样的器物既可用于供奉，又可用于出口。这些风靡亚非各国的越窑瓷器主要从当时的明州（今宁波）港扬帆出海，再通过海上陶瓷之路销往亚非诸国，它不仅是作为一种商品交换形式在古代世界各地贸易流通，同时也是作为一种文化交流方式在人类文明发展史上起着不可替代的作用。

1　徐定宝主编：《越窑青瓷文化史》，第236～239页，人民出版社，2001年。

后 记

越王剑、会稽镜、越窑瓷，曾经闪烁着智慧光芒的高度物质文明，而今散落在世界各地的古代越人遗珍。收集并梳理这些古越遗珍蕴含的文化信息与艺术内涵，融汇并撰写这样一本综合反映古越遗珍历史价值与现实意义的小书，曾经是我持之以恒的追求和持续不断的愿望。2010年初秋，在我进入昔之越地今之浙江工作、生活了整整七年之后，这本尚不成熟的《古越遗珍研究》得以正式出版，多少也算是了却了自己的一个心愿。2017年初夏，在又经过了将近七年之后，本书因需求的不断而得以重新印刷，无疑更是一件令人倍感欣慰之事。

与我合著本书的另外两名作者毛颖女士和刘丽文女士都曾经是我在江苏镇江工作时的同事，然而现在三人却已是天各一方：我自己早于2003年秋调至宁波市文物考古研究所工作，毛颖女士也已于2009年初正式前往南京博物院《东南文化》杂志社高就，只有刘丽文女士风雨不改依旧坚守在镇江博物馆。虽然分处异地，但因为相同的研究兴趣与相近的研究方向，所以我们选择了这样一个能够共识共鸣的研究课题。在此，我要真诚感谢毛颖和刘丽文两位女士，是她们的辛勤耕耘与不懈努力，并经过3人近三年时间的分工协作与统筹磨合，才最终催生了本书的出版面世。而本书的重新印刷，同样得到了毛颖女士的鼎力襄助，对此再次深表感谢。

也借此机会再次表示感谢：浙江省文物考古研究所研究员陈元甫先生于百忙之中欣然应邀为本书作序；上海市文物局副局长、宁波市文物考古研究所原所长褚晓波先生对本书的出版给予了充分支持；镇江博物馆袁瑛女士、宁波市文物考古研究所张华琴女士和宁波市文物保护管理所杨晓维女士为本书的文稿校对及图版制作提供了积极帮助。科学出版社原责任编辑宋小军、杨明远和责任编辑王琳玮诸位更是不辞苦累，为本书的编辑出版与重新印刷付出了辛勤劳动。值此书稿重印之际，请允许我再致衷心的谢忱。

由于著者水平有限，本书虽属重印且作了些微改动，但其中可能的疏漏与谬误仍在所难免，尚祈行家批评指正，并请各位读者见谅。

王结华

二〇一七年五月